세월호, 우리가 묻지 못한 것

세월호, 우리가 묻지 못한 것

재난 조사 실패의 기록
박상은

진실의힘

추천의 말

절대 실패해서는 안 되는 일에 실패했음을 깨달았을 때 우리는 어떻게 해야 하는가. 그 실패를 직접 목격했으며 더구나 자신이 그 실패의 일부였음을 인정하는 이는 무엇을 할 수 있는가. 이 책의 저자에게는 세월호 참사 진상규명이 바로 그런 일이었다.

수많은 사람의 요구와 지지를 바탕으로 설립한 세월호 조사위원회가 참사의 진실을 밝혀내고 피해자를 위로하고 안전한 세상을 위한 변화의 동력이 되라는 염원을 이루지 못하고 종결했을 때, 그는 잠시 좌절한 다음 곧 위원회들의 회의록과 보고서를 읽어나갔다.

실패한 재난조사의 기록에는 한국 현대사의 고통스런 궤적이 있었고, 한심한 정치적 다툼이 있었고, 무능과 비겁과 어리석음이 있었고, 무엇보다 피해자들의 고통이 있었다. 박상은이 관찰하고 분석하며 또 고백하고 성찰하는 세월호 참사 조사 실패에서 우리는 마지막 배움의 기회를 얻는다. 세월호 이후 우리는 과연 조금이라도 배우고 조금이라도 나아질 것인가.

— 전치형(카이스트 과학기술정책대학원 교수)

이 책은 세월호 참사와 관련해 '오늘까지의 답'을 내놓고 있다. 지난 8년간 진상규명을 위해 설치됐던 여러 조사위원회도 질문을 던지는 데만 급급했는데, 조사관으로 참여했던 30대 저자는 '왜 세월호 참사 조사는 성과를 내지 못했는가'라는 물음에 대한 답을 홀로 찾아나선다. 한국 사회 그 자체가 빚어낸 사건이라던 세월호 참사가 음모론으로 빠져들고 진상규명 운동이 사그라드는 과정과 이유, 무엇보다 책임을 집요하게 짚어낸다. 지금 멈춰 서서 그 여정을 돌아보지 않으면 우리는 같은 실패를 반복하게 될 것이다. 아직 늦지 않았다. 이 책을 읽는 독자가 늘어날수록 이책은 '어제의 기록'이 아니라 '내일의 해법'이 되리라 믿는다.

— 정은주(《한겨레》기자)

아들의 유골함을 가슴에 안고 그 온기를 마지막 체온으로 기억해야 했던 순간부터 물었습니다. 도대체 내 아이가 왜 죽었는지, 누구에게 책임이 있는 건지, 어디서부터 무엇이 어떻게 잘못된 건지 알고 싶었습니다. 2014년 4월 16일 최초 신고로부터 마지막 생존자의 탈출 시각까지 무려 100분이 넘는 시간이었습니다. 우리 아이들은 그 긴 시간 동안 기다리고 기다리다 고통스럽게 죽었습니다. 구조할 시간도 장비도 배들도 충분했건만 왜 304분이나 희생된 것인지 그 이유를 밝히고 싶었습니다. 그래야만 다시는 이런 일이 생기지 않을 것이라 믿었습니다. 그 질문이 그토록 위험한 것이었는지, 그 믿음이 그렇게 순진한 것인지 그때는 몰랐습니다.

지난 8년간 4·16 세월호참사 특별조사위원회(특조위)가 강제 해산당하고, 세월호 선체조사위원회(선조위)가 찢어지고 사회적참사 특별조사위원회(사참위)가 비틀거리는 모습을 목격했습니다. 사라진 기록으로 위태로워지고 난무하는 음모론으로 무거워진 세월호는 여전히 안개 낀 밤바다에서 출렁거리며 탐욕스럽게 우리 모두를 삼키고 있습니다. 그러나 숨통을 조여 오는 불안과 실망감 속에서도 아직 포기할 수 없게 만드는 고마운 손길들이 있습니다. 함께 울어주고 함께 외쳐준 많은 사람들입니다. 제겐 이 책도 그 손길 중 빛나는 하나였습니다. 어차피 내겐 사라진 행복이지만 아직 행복할 기회를 가진 모든 이들에게 절실히 권해주고픈 책입니다.

지난 고통을 반추할 수밖에 없어서 이 책의 초안을 읽는 동안 너무 아팠습니다. 원망도 컸습니다. 솔직히 이 책은 너무 늦게 나왔습니다. 한편으로 돌아보면 우리 모두 유가족은 처음이라 좌충우돌 부족한 점이 많았습니다. 무수한 시행착오도 경험했습니다. 나처럼, 우리처럼 또 다른 누군가는 유가족이 되지 않기를, 나처럼, 우리처럼 뼈아픈 시행착오를 경험하지 않기를 간절히 바라기에 이 책을 계기로 이제 재난 참사의 조사 방법과 조사기구에 대한 사회적 논의가 광범위하게 시작되면 좋겠습니다.

이제 진실을 밝히는 책임은 우리 유가족의 몫이 됐습니다. 그나마 다행인 것은 8년 전 그때와는 다른 시작점에 서 있다는 것입니다. 그동안 3개의 조사기구를 거치며 많은 어려움과 심리적 고통 속에서도 적지 않은 성과를 내준 조사관들과 위원들, 보고서 집필진들이 있었기 때문입니다. 이 책을 통해 결국 부족함은 우리 사회 모두의 탓이었고 성과는 끝까지 애써주신 분들의 덕택이라는 것을 알게 됐습니다. 고맙습니다.

부디 이제 국가 권력의 첫 번째 책임은 전쟁뿐 아니라 다양한 재난으로부터 국민의 생명을 지키는 것이라는 원칙이 실현되기를 바랍니다. 재산보다 생명이 중하다는 사회적 가치가 인정되기를 바랍니다. 그리하여 국민의 생명과 안전을 수호하기 위한 노력을 세금 낭비라고 모욕하고 방해하는 일은 더이상 허용되지 않길 바랍니다. 가해자의 책임을 면제하기 위해 피해자의 인권을 짓밟는 무자비함이 반복되지 않기를 바랍니다. 권력의 견제 기구가 아니라 스스로의 권력을 지키는 데 급급한 검찰과 사법부가 재난 참사의 수사와 결론을 독점하지 않기를 바랍니다. 무엇보다 일시적 처방이 아닌 상시적 예방을 위해 전문성을 갖춘 재난 참사의 상설 조사기구가 탄생하기를 바랍니다.

이 모든 바람을 이루기 위해 이 책에서 제시한 여러 문제를 다 함께 논의하고 해결책을 찾아갈 수 있다면, 언젠가 준형이를 다시 만나는 날 아주 조금은 당당할 수 있을 것 같습니다. 저도 노력하겠습니다만, 세월호 참사를 아프게 기억하는 모든 분들이 잡은 손 놓지 말고 끝까지 함께 해주길 간절히 부탁드립니다.

— 장훈(4.16 안전문제연구소 소장, 단원고 2-8 장준형 아빠)

책을 펴내며

아무것도 밝혀진 게 없는 재난조사?

"여기 헌정사상 전무후무한 350만 명 시민 서명을 담은 416개의 서명 박스가 놓여있습니다." 2014년 7월 15일, 서명용지로 채워진 416개의 노란 상자를 들고 1000명이 넘는 사람들이 국회로 향했다. 그곳에는 세월호 참사 유가족과 과거의 또 다른 재난 참사 피해자 가족, 그리고 이들에게 연대의 손을 내민 사람들이 있었다. 그해 11월 특별법이 제정되기까지 600만 명이 넘는 사람들이 서명에 참여했다. 그 결과, 한국에서 처음으로 단일 재난을 다루는 '특별조사위원회'가 만들어졌다.

그로부터 8년이 지난 지금, 그 많은 열망들은 어디로 갔는지 생각한다. 왜 '헌정사상 전무후무한' 운동을 통해 구성된 재난조사위원회는 당시의 기대를 충족하지 못했는지 생각한다. 물론 세월호 참사를 둘러싼 갈등은 참사 후 한 달도 지나지 않은 시점부터 시작되었고, 진상규명을 지지한 사람들마저 피로감을 호소한 지 오래다. 결정적으로, 아무리 뛰어난 재난조사라도 사회를 바꾸는 데는 아주 제한적인 역할만을 할 수 있다. 그러니까 설령 세월호 특조위나 선조위가 훌륭하게 조사를 끝마쳤어도, 2014년에 그렇게 외쳤던 '세월호 참사 이전과는 다른 나라'는 여전히 먼 이야기였을지 모른다. 그럼에도 이 긴 시간 동안 '아무것도 밝혀진 게 없다'는 말을 되뇌는 선택지밖에 없었을까. 조사위원회가 하나둘 종료될 때마다 우리가 앞으로 나아가고 있다고 확인하는 것은 불가능했을까.

왜 세월호 참사 조사는 성과를 내지 못했는가? 이 책은 이 질문에 대한 '단순하지 않은' 답을 찾기 위해 2014년 봄부터 2018년 여름까지의 시간을 되짚는다. 2014년 봄 세월호 참사가 발생하고, 2018년 여름 세월호 선조위의 종합보고서가 2개로 나뉘어 발간되기까지의 4년은 그 뒤의 진상규명 방향에도 큰 영향을 미쳤다. 이 책이 발간될 2022년 6월 활동을 종료할 사참위는 3년 반의 시간 동안 과거의 유산 위에서 조사를 했다.

세월호 참사 조사가 유독 곤란을 겪은 이유에 대해서는 이미 유력한 설명들이 있다. 가장 일반적인 답은 정부 혹은 관료의 방해다. 특조위를 향한 방해는 재판을 통해 사실로 드러났지만 이것만이 유일한 이유는 아니다. 정부의 방해가 가장 결정적인 이유였다면, 왜 정권 교체 후 5년 동안 같은 어려움이 반복됐는지 설명되지 않는다.

또 하나의 손쉬운 결론은 한국의 사고조사 수준이 국제 기준에 미달하며 해외의 모범 사례를 제대로 배우지 못했다고 보는 것이다. 오늘날 재난조사와 관련해 국제적으로 확립된 기준은 그 자체로 많은 재난을 경험하며 사회적으로 학습한 결과라는 점에서 참고하고 숙고할 가치가 있다. 그러나 해외 사례가 곧 모범 사례는 아니며, 만인이 이견 없이 합의할 수 있는 '과학적 조사 방법' 같은 것은 존재하지 않는다. 나는 이 책을, 흔히 과학적 영역으로 여겨지는 '재난조사'의 장이 실은 조사하는 자와 조사받는 자, 재난에 책임이 있는 여러 기관과 인물, 서로 다른 의견을 가진 전문가들이 경합하고 타협하는 '정치의 장'이라는 전제 위에서 썼다.

음모론 때문이라는 설명도 무시할 수 없다. 이는 주로 보수 진영에 의해 제기되는데, 박근혜 정권에 대한 정치적 선동을 목적으로 '고의 침몰설'을 주장하는 이들과 '잠수함 침몰설'과 같은 비과학적 음모론을 지지하는 유족들로 인해 조사위원회가 결론을 내리지 못했다는 것이다. 그러나 여러 의혹에 대해 합리적인 답을 내놓으려 한 진보 언론과 사회운동의 여러 노력, 독립적 조사기구로서 특조위와 선조위의 성격 등을 고려했을 때 이는 온당하지 못한 평가다. 조사의 결론이 나지 않는 이유를 반대 세력을 공격하기 위한 행위나 대중의 무지로 생겨난 음모론 때문이라고 일축해버리면, 이미 해명되거나 기각된 가설이 계속 되살아나는 현상을 이해하기 어렵다. 의혹의 해명이 피해자들에게 잘 수용되지 않는 이유는 무엇인지, 조사위원회가 의도하지 않았는데도 결과적으로 의혹을 부각시키는 역할을 했다면 왜 그러했는지, 그 이유와 과정을 이해할 필요가 있다.

이 책은 책임 문제가 매우 복잡하고 해결하기 어렵게 제기되었기 때문에 세월호 참사 조사가 특히 어려움을 겪었다고 본다. 재난은 여러 행위자들의 결정적이지 않은 잘못과 실수로 발생하지만, 대중들은 그중 결정적인 책임자가 누구인지 묻는다. 바로 여기에 재난 책임 고유의 딜레마가 있다. 세월호 참사는 골든타임 내 구조 세력이 도착했는데도 승객 구조에 실패했고, 이로 인해 국가 책임이 강하게 제기됐다는 점에서 독특한 사건이었다. 그런데 국가에 책임을 물어야 한다는 똑같은 주장 속에 책임의 주체와 형태에 대한 서로 다른 의견이 혼재해있었다. 피해자들은 법정에서 국가기관의 상층 책임자에 대한 책임을 물으려 했지만 이 시도는 계속 좌절되었다. 법적 책임을 묻는 시도가 실패하는 과정에서 개인 처벌을 위한 사법적 조사가 구조적 원인 규명의 문제의식을 압도하고, 정치적 진영과 법적 책임을 물을 수 있느냐의 여부가 인과 관계의 타당성을 판단하는 기준이 되었다. 그 결과 책임이 흩어져 보이는 서사가 거부되었고, 결론으로 향하는 길을 잃고 말았다.

이 과정 속에서 우리 사회는 세월호 참사가 제기한 많은 질문들을 제대로 묻지 못하게 되었다. 생명보다 이윤을 우선하는 기업을 어떻게 통제할 수 있는가? 개인 처벌에만 그치지 않고 사회 시스템을 바꾸기 위한 재난조사란 어떻게 가능한가? 권력을 가진 이들을 면제하지도, 우리 자신을 면제하지도 않는 사회적 책임의 방식은 무엇인가? 이 거대한 질문들에 대한 대답은 점점 앙상해져 갔다.

세월호 참사 조사 과정은 개인에게만 책임을 돌릴 수 없는 참사의 구조적 원인을 누군가의 잘못으로 환원하려 할 때, 즉 구조적 원인에 대한 책임을 인격화할 때 발생하는 곤란을 보여준다. 이는 세월호 참사 조사에서 특히 심각하게 드러났지만, 앞으로도 같은 현상이 충분히 발생할 수 있다. 고도로 발전된 현대 기술과 기후 위기와 더불어 살아가는 우리는 앞으로도 재난을 맞닥뜨릴 것이다. 재난을 통과하며 사회는 새로운 권리를 구성해내기도 하지만, 사회의 모순을 재생산하기도 한다. 새로운 인식론이 등장할 수도 있지만, 오래된 인식론으로 회귀할 수도 있다. 그러므로 우리는 재난조사 과정을 돌아보며 사회가 재난을 통해 무엇을 배우고 바꿀 수 있는지를 가늠해볼 수 있다. 내가 세월호 참사 조사 초기 4년간의 복잡한 과정을 다른 이들과 함께 되돌아보려고 하는 이유는 바로 이런 것이다.

이 책은 2021년에 발간된 나의 석사 학위 논문 『재난 인식론과 재난조사의 정치: 세월호 참사 조사위원회를 중심으로』를 바탕으로 쓰였다. 본문은 총 다섯 장으로, 세월호 특별법 제정 운동(1장), 재난조사의 국내외 사례(2장), 세월호 특조위 활동(3장), 2016~2017년 촛불집회와 선조위 출범(4장), 선조위 활동(5장)으로 이뤄져 있다. 책으로 다시 쓰는 과정에서 1장의 구성을 상당 부분 수정했고, 2장 대부분이 새로 쓰였다. 이외에도 기술적으로 복잡한 부분은 줄이고, 설명이 더 필요한 부분은 보완했다. 또한 곳곳에 나 자신의 경험을 담았다.

내가 세월호 참사 조사에 대한 책을 쓰게 된 것은, 이것이 곧 나의 일이기도 했기 때문이다. 나는 세월호 참사 국민대책회의에서 활동했고, 특조위 조사관으로 일했으며 선조위 종합보고서 외부집필진으로 참여했다. 내게는 이 일련의 활동을 지속하며 품었던 의문을 해명하는 과정이 필요했다.

돌이켜보면 이 책의 씨앗은 2015년 가을쯤에 내 마음속에 심어진 것 같다. 특조위에서 막 조사관으로 일을 시작했을 당시, 조사 방법 세미나 모임에서 한 팀장급 조사관이 '강기훈 유서 대필 사건' 조사보고서를 참고 자료로 가져왔다. 다른 재난조사보고서를 참고해야 한다고 생각했던 나는 왜 성격이 다른 과거사위원회의 사건보고서를 검토해야 하는지 의문을 가졌다. 그러나 이런 의문은 그리 중요하게 여겨지지 않았고, 이를 계기로 세월호 참사에 대한 나의 접근 방법이 다른 조사관들과 다르다는 사실을 발견했다. 한편 세월호 참사의 구조적 원인을 조사할 것이라 예측한 안전사회과에서는 전문가들의 보고서 작업을 보조하라는 말을 들었다. 특조위에서의 일은 시작부터 구상과 완전히 어긋났고, 나는 하나라고 생각했던 세월호 진상규명 운동에 여러 요구들이 공존했음을, 따라서 특조위에도 생각보다 여러 갈림길이 있었음을 깨닫게 되었다.

2016년 9월 세월호 특조위가 종합보고서를 발간하지 못한 채 종료했을 때, 나는 그 이유를 조사위원회와 세월호 진상규명 운동 내부에서 찾아야 한다고 생각했다. 또 그로부터 2년 뒤인 2018년 8월 선조위가 2개의 종합보고서를 발간했을 때, 이 전례 없는 결과 역시 특조위가 남긴 유산과 세월호 진상규명 운동의 상호작용 속에서 해명될 필요가 있다고 느꼈다. 특히 선조위의 두 보고서가 그 후에 세월호 참사를 조사한 사참위의 활동 방향과 세월호 진상규명 담론에 미친 영향이 컸다는 점에서 선조위가 종료될 때까지의 역사를 잘 정리하는 것이 중요했다.

나는 독자들이 이 책을 내부 고발이 아니라 자기 평가로서 읽어주길 바란다. 나는 조사위원회와 사회운동의 일원이었고 지금도 그러하다. 나는 이 평가에서 예외가 아니며 또 예외가 되지 않기 위해 이 책을 썼다. 그러나 동시에 내부자라는 점이 독이 되지 않도록 노력했다. 이 책을 특조위 파견 공무원의 미시적 방해를 고발하는 회고록으로 만들지 않기 위해, 나는 특조위 조사관 당시에 거의 매일 기록한 일지 같은 개인적 기록은 의식적으로 펼쳐보지 않았다. 그 대신 최대한 언론 기사와 위원들의 인터뷰, 활동가들의 발언문과 기고문, 사회운동 단체의 성명과 자료집, 위원회의 회의록과 백서와 같은 공식 기록에 의존해 이 시간을 복원하고 재구성했다. 다행히도 풀뿌리 위원회라는 성격 덕분에 특조위와 선조위는 한국의 다른 위원회와 달리 회의록을 자세히 남기고 공개했으며 내가 인용한 회의록 대부분은 지금도 사참위 홈페이지를 통해 열람할 수 있다. 또 나는 회의록의 행간을 활동가들과 위원, 조사관들의 인터뷰로 채우지 않았다. 이러한 접근은 현재의 시점으로 과거를 회고하는 증언에 의존하지 않게 해주었고, 개인적 경험과 기억으로 논증을 대신하지 않는 데 도움을 주었다. 그러나 인터뷰를 추가한다면 회의록에 기록되지 않은 여러 중요한 사실들이 발견될 것이라는 점은 명확하다. 언젠가 다른 훌륭한 연구자가 활동가, 위원, 조사관 들의 인터뷰를 더해 더 나은 연구를 발표해주었으면 한다. 그 작업은 나의 몫은 아니라고 생각했다.

굳이 실패를 헤집는 작업을 해야 하나 생각이 들 때면 한 단원고 희생자 아버지의 말을 떠올렸다. 2016년 여름 특조위 강제 종료에 항의하는 단식농성장에서, 그는 조사위원회가 잘못하거나 성과 없이 끝나면 결국 그 비난과 책임을 유가족이 지게 된다고 말했다. 그의 말은 결코 조사관들을 압박하기 위함이 아니었고, 몇 달 뒤 그는 대통령 탄핵 촛불 국면에서 자책하는 조사관들을 위로했다. 피해자 가족의 그런 태도 때문에 나는 사회운동과 조사위원회의 무능과 실수, 선의였으나 의도치 않은 결과에 대해 책임질 수 있도록 그 과정을 정리해야 한다는 생각을 하게 되었고, 이 작업을 계속할 수 있었다. 피해자 가족들은 이미 너무 많은 책임을 진 반면, 우리는 아무 책임도 지지 않았기 때문이다.

수많은 사람들의 도움 덕에 이 책이 탄생할 수 있었다. 세월호 참사와 관련한 일에서 멀어지려 할 때마다 나를 다시 불러온 사람들이 있었다. 특히 선조위 종합보고서 집필 경험이 중요했다. 회의감에 빠져있지 않고 할 수 있는 일을 하는 것의 중요성, 분노가 내부로 향할 때 그 에너지를 전환하는 법을 다른 집필진들의 태도와 자세를 보고 다시 배웠다. 아마 2018년 여름 공동 작업이 없었다면 세월호 참사와 관련한 연구와 활동을 계속할 일은 없었을 것이다. 집필진인 정은주 기자, 최형섭 선생님, 전치형 선생님, 그리고 이정일 사무처장을 비롯한 선조위 종합보고서 작성기획단과 조사관 여러분께 감사드린다.

충북대 사회학과 선생님들과 동료들의 도움도 컸다. 대학원 동료들은 인내심을 갖고 나의 정리되지 않은 생각을 들어주었다. 작성 중인 논문을 수차례 읽고 조언해주신 이해진, 서선영 두 심사위원 선생님들과 지도교수이신 홍덕화 선생님께도 깊이 감사드린다. 졸업 동기인 황연수도 특별히 언급하고 싶다. 하루의 논문 작업을 마치고 아무도 없는 새벽에 학교를 걸어나가면서 나눴던 대화들이 크나큰 힘이 되었다. 그 힘이 나의 문장 곳곳에 새겨졌다고 생각한다.

세월호 특조위 안전사회과 동료인 김선애, 김진희 조사관은 초고를 검토하고 유의미한 조언을 해주었다. 2017~2018년 인권운동사랑방 노란리본인권모임에서의 토론을 통해 피해자 입장에서 생각해야 한다는 태도를 지킬 수 있었고, 2020년 상반기 한국노동안전보건연구소와 서교인문사회연구실 활동가들과의 위험·안전 세미나를 통해 책임 문제에 집중해서 재난조사의 어려움을 분석해야겠다는 생각을 굳힐 수 있었다. 특히 이 모임에서 만난 많은 분들이 논문이 완성된 뒤에 이를 함께 읽고 의견을 나눠주었다. 그 격려가 이 책을 완성하는 중요한 자양분이 되었다.

플랫폼C 동지들은 오랜 책 작업이 활동에 영향을 미치는 것을 알면서도 묵묵히 기다려주었다. 부모님과 여동생은 뒤늦은 공부에 아낌없는 지지를 보내주었고, 학문적·실천적 동반자인 장진범은 본인의 연구를 제쳐두고 내가 시도 때도 없이 제기한 토론에 기꺼이 시간을 내주었다. 작업이 벽에 부딪혔을 때 돌파할 수 있도록 해준 이들에게 고마움을 전한다.

마지막으로 진실의 힘 조용환 변호사님과 김정은 선생님, 편집자이신 김희진 선생님께 깊은 감사를 드린다. 세 분과의 토론을 통해 이 책의 많은 부분이 다시 쓰였다. 이 책이 논문보다 나아졌다면 모두 세 분의 덕이며, 날카로운 문제제기를 모두 소화하지 못한 것은 나의 실력 부족 때문이다. 그 문제들을 화두 삼아 나아가다 보면 새로운 해결책을 찾아내리라 믿으며, 부족하지만 이 책을 세상에 내놓는다.

2022년 6월
박상은

차례

추천의 말   5

책을 펴내며 | 아무것도 밝혀진 게 없는 재난조사?   9

1장 세월호 특별법을 제정하라

1. 무엇을 바꾸고 싶었나 ——————————————— 27

2. 세월호 특별법 제정 운동에 담긴 상이한 요구들 ————— 38

3. 안전사회운동이 떠오르다 ——————————————— 55

4. 국가 폭력 담론 ————————————————————— 67

5. 국가란 무엇인가 ———————————————————— 88

2장 우리는 왜 재난을 조사하는가

1. 해외의 재난조사 ———————————————————— 100

2. 한국의 재난조사 ———————————————————— 122

3. 원칙과 딜레마 ————————————————————— 133

4. 한국의 독특한 재난 인식론 —————————————— 145

3장 세월호 특별조사위원회 활동

1. 위원회 구성부터 예견된 한계 —————————————— 158

2. 특조위의 혼란 —————————————————————— 175

3. 사법적 조사와 정책 연구로 나뉘다 ———————————— 203

4. 특조위가 선택하지 않은 것들 ——————————————— 217

4장 2016~2017년 탄핵 정국과 선체조사위원회의 출범

1. 촛불집회와 세월호 참사의 재소환 ——————————— 227

2. 진상규명 운동의 재난 인식론은 어떻게 바뀌었나 ———— 232

3. 징검다리 위원회의 출범 ————————————————— 244

5장 선체조사위원회의 두 보고서

1. 새로운 문제와 반복된 문제 ——————————————— 255

2. 침몰 원인 논쟁 ————————————————————— 274

3. 두 보고서가 의미하는 것 ———————————————— 307

결론 | 재난조사와 책임 311

주 321

참고문헌 340

일러두기

이 책 본문에 인용한 회의록의 문장들은 독자가 읽고 이해할 수
있도록 어법에 맞지 않는 구어적 표현을 최소한으로 다듬었다.
인터뷰 등 녹취된 구어를 문서화할 때 다듬는 범위 안에서,
가령 주술 관계의 호응을 맞추고 생략된 목적어를 집어넣는 등의
수정을 했다.

1장
세월호 특별법을 제정하라

2014년 4월 16일 아침, 여객선이 침몰하고 있다는 소식을 들은 것은 사무실에 출근한 지 얼마 되지 않아서였다. 인터넷 뉴스를 들여다보던 동료가 말했다. "근데 다 구했대." 우리는 이내 업무로 돌아갔다. 정부를 믿지는 않았지만, 사회에 대한 믿음이 있었다. 평범한 사람들이 어딘가에서 수십 년간 이 사회를 개선해왔으리라 믿었다. 전원 구조 '오보'를 믿은 것은 그 때문이었다.

믿음은 곧 깨졌다. 그날 오후 나는 TPP(Trans-Pacific Partnership, 환태평양경제동반자협정) 반대를 위해 일본에서 온 활동가들을 수행 통역해야 했다. 식사 자리에서 나와 또 한 명의 한국 활동가는 거의 말이 없었다. 구조자 숫자가 늘어나기만을 바라며 계속해서 TV 화면을 확인했던 기억이 난다. 통역자로서 매우 무례한 일이었다. 하지만 아마 다시 그때로 돌아가더라도 TV에서 시선을 떼지 못했을 것이다. 비극은 이렇게 일상을 비집고 들어와 멈춰 세웠다.

한국은 이전에도 대형사고가 종종 일어나는 나라였다. 1990년대 중반, 서해훼리호 침몰, 성수대교 붕괴, 대구 지하철 공사장 가스 폭발, 삼풍백화점 붕괴 등 사망자만 세 자릿수가 넘어가는 대형사고가 몇 달 간격으로 일어났다. 당시 한국이 얻은 별명이 '사고공화국'이었다. 이런 한국 사회에서 세월호 참사의 사회적 충격은 왜 그렇게 특별히 강력했을까? 이 질문에 대한 답은 한 가지일 수 없다. 누군가는 고등학생 희생자가 많았다는 점을, 누군가는 침몰해 가는 배를 온 국민이 실시간 화면으로 목격한 것을, 누군가는 모든 승객이 살아남았다고 믿었다가 그것이 아니라는 사실을 알게 된 충격을 이유로 들 것이다. 이 모든 답이 맞다. 하지만 그 외에도 2014년 4월 16일 세월호 참사는 이전의 대형사고들과 몇몇 지점에서 다른 특성이 있었다.

다른 여객선 침몰사고와 비교할 때 그 차이는 더 명확해진다. 세월호 참사는 이전의 여객선 침몰사고와는 선박의 구조와 규모, 희생자의 구성, 구조 골든타임의 유무 등에서 차이가 컸다. 먼저 배의 규모와 구조가 달랐다. 1953년 창경호, 1970년 남영호, 1993년 서해훼리호 등이 100~300톤급의 작은 여객선이었다면, 세월호는 6800톤급의 대형 카페리선*이었다. 뒤에 설명하겠지만 배의 구조와 규모가 다르다는 것은 침몰의 양상이 다르다는 점을 의미한다. 희생자의 구성도 달랐다. 대다수 선원들은 탈출해 목숨을 건진 반면, 승객의 상당수는 선내에서 사망했다. 구명조끼를 입고 배 안에서 대기하라는 선원의 잘못된 방송 때문이었다. 희생자의 다수는 수학여행을 가던 고등학생들이었다. 희생자 304명 중 250명을 차지한 안산시 단원고 학생들은 '가만히 있으라'는 말을 들었다가,

---

* 차를 직접 운전해 실을 수 있는 화물칸을 아래층에 만들고, 위층에 승객용 선실이 위치한 형태의 배를 말한다. 로로(RO-RO)선이라고도 한다.

그러니까 책임 있는 어른들의 말을 곧이곧대로 들었기 때문에 희생되었다.

　무엇보다 가장 큰 차이는 구조 골든타임의 유무다. 이는 선박의 규모와 연결된다. 110톤급의 작은 여객선인 서해훼리호가 순식간에 전복된 것과 달리, 세월호는 워낙 큰 배였기 때문에 서서히 침몰했다. 골든타임은 숫자로도 명확히 확인된다. 급선회가 발생한 것은 8시 48분이며, 첫 신고는 8시 52분에 이뤄졌다. 배 안에서 "지금 더 기울어"라는 카카오톡 메시지가 10시 17분에 마지막으로 전송되었다. 위성조난신호(Emergency Position Indicating Radio Beacon, EPIRB)*를 기준으로 한 세월호의 침몰 시각은 10시 30분이다.[1] 이를 바탕으로 급선회부터 EPIRB 신호 수신 시각까지 101분, 혹은 마지막 카카오톡 메시지가 발신된 시각까지 88분을 구조가 가능했던 골든타임으로 본다.[2] 그러나 앞서 언급했듯이 대부분의 승객은 이 시간 동안 '가만히 있으라'는 여객부 승무원의 방송을 듣고 갑판으로 나오지 않고 선내에서 구조를 기다리고 있었다.[3] 목포 해경 소속 헬리콥터가 9시 30분에, 100톤급 연안 경비정이 9시 35분에 현장에 도착했으나 이들은 승객에게 퇴선 방송을 하지 않고 소극적으로 구조에 임했다.[4] 최선을 다했지만 어쩔 수 없어 구조하지 못했다고 하기에는, 날씨는 맑았고 바다는 잔잔했다. 이 역시 악천후에 침몰한, 이전의 모든 여객선 침몰사고와 다른 부분이었다. 선원들의 무책임, 잘못된 대피방송, 구조 세력의 무능 등이 더해져

• EPIRB는 선박 침몰 시 수색구조기관에 선박 위치를 통보하는 무선설비로서, 선박이 침몰하면 수심 4미터에서 자동 부양해 조난신호를 발신한다.

배에 탄 476명 중 304명이 사망·실종되었다. 골든타임 안에 해양
경찰의 함정과 헬기가 침몰 현장에 도착하고도 승객 구조에 실패
했다는 점, 구할 수 있었는데 구하지 못했다는 점, 이것이 세월호
참사의 가장 큰 특징이었다.

　위에서 짧게 나열한 사실들은 2014년 4월 16일 당일에는 온전히
드러나지 않았다. 하지만 그날 밤 세월호가 선수만 남기고 침몰한
장면을 화면으로 지켜보면서 사람들은 무언가 크게 잘못됐다고
느꼈다. 그날 지켜본 것은 배 1척의 침몰이 아니라, 사회의 참담한
실패였다. 그렇다면 2014년 4월 16일 이후 우리 사회는 이 실패를
어떻게 규정하고 또 어떻게 해결하려 했을까? 무엇을 바꿔야 이런
실패를 또다시 반복하지 않을 거라고 생각했을까? 구할 수 있었던
이들을 구하지 못한 참사, 사회의 참담한 실패를 보여준 참사, 세
월호 특별법 제정 운동과 세월호 조사위원회의 이야기는 여기에
서 시작된다.

1. 무엇을 바꾸고 싶었나

성역 없는 조사, 제대로 된 처벌

4월 16일 밤, 세월호는 선수(뱃머리) 일부만 남긴 채 떠있었다. 배가 완전히 가라앉기 전, 실종자 가족은 물론 모두가 희망을 버리지 않고 있었다. 국가•가 영토 안에서 벌어지는 모든 사고의 책임을 져야 하는 것은 아니지만, 세월호가 침몰하고 있다는 신고가 들어왔을 때부터 생존자를 수색하고 구조하는 것은 명확히 국가의 책임이었다. 4월 16일 초기대응이 참담히 실패하는 모습을 보았지만, 다음 날에도 그다음 날에도 피해자 가족들은 국가밖에 믿을 곳이 없었다. 잠수사들을 실어 나를 바지선을 동원하는

• 국가는 일상적으로는 '정부' 혹은 '국가기구'와 바꿔 써도 큰 무리가 없는 개념이지만, 이를 넘어서 '자본주의 국가', '신자유주의 국가'와 같이 더 높은 추상 수준에서 논의되기도 한다. 세월호 참사의 책임 논의에서의 국가와 정부도 대체로 혼재되어 사용되었다. 이 책은 당시의 행정부와 정부기관을 주로 가리킬 때는 대체로 '정부'를, 정부에 한정되지 않는 국가의 본분 혹은 국가 시스템 등 더 큰 범위를 가리킬 때는 '국가'라는 용어를 사용하고자 했다. 그러나 엄밀히 나눌 수 없는 부분도 있었다는 점을 미리 밝혀둔다.

것도, 당시에는 있을 것으로 믿었던 에어포켓에 공기를 주입할 설비를 마련하는 것도 국가가 나서지 않으면 할 수 없는 일이었다. 그러나 재난 상황에서 국가가 국민을 구할 것이라는 믿음은 4월 16일부터 매일매일 깨져나갔다.

> 나는 대한민국에서 살면서, 열심히 살아서 세금 잘 내고 자식 잘 키운 것밖에 없어. 근데 당신들이 왜 그래. 구해준다고 했잖아. 그런데 왜 바다에다가 풍덩 더 가라앉혔어. 대통령이 왔는데 해결을 이것밖에 못 해줘?

다큐멘터리 「부재의 기억」에서 한 유가족은 에어포켓 공기 주입 후 배가 더 가라앉는 것을 보았을 때의 심정을 이렇게 표현했다. 다큐멘터리 제목이 비유하는 것처럼, 4월 16일과 그 이후의 시간을 거치며 평범한 사람들이 위기에 처하고 생명을 위협받을 때 국가가 '부재'한다는 강렬한 '기억'이 만들어졌다. 살아 돌아올 수 있었던 사람들이 돌아오지 못한 책임을 국가에 묻는 것은 자연스러웠다. 검찰 수사를 포함해, 세월호 참사에 대한 조사에서 국가 책임을 과연 제대로 물었는가는 조사가 제대로 이루어졌는지 판단할 중요한 평가기준이 되었다.

이전에 일어난 대형참사와 마찬가지로, 제일 먼저 세월호 참사의 원인 규명과 책임 추궁에 나선 것은 검찰이었다. 참사 이튿날인 4월 17일, 검찰은 해양경찰청과 함께 광주지검에 검경합동수사본부(검경합수부)를 꾸리고 세월호 참사의 원인을 규명하기 시작했다. 검찰은 발 빠르게 방향을 정하고 수사를 진행해나갔다. 참사

이튿날 '급격한 변침'으로 인해 결박된 화물이 풀려 한쪽으로 쏠리면서 침몰한 것으로 보인다고 발표할 정도였다.[5] 검경합수부는 참사 이후 1달여 동안 무리한 증·개축으로 인한 복원성 악화, 부실한 화물 고박 등이 세월호 침몰의 주요 원인이라는 점을 발표하고, 5월 15일 세월호 선장·선원 기소를 시작으로 청해진해운 임직원, 청해진해운 실소유주 관련자 등을 차례로 기소했다.[6]

검찰은 세월호 참사에 한정하지 않고 해운업계 전반에 걸쳐 광범위한 수사도 진행했다. 해운업계에 만연한 '구조적 비리'를 근절하겠다는 이유였다. 검찰은 4월 20일 인천지검에 세월호 실소유주 비리 특별수사팀을, 4월 21일 부산지검에 해운항만 비리 특별수사팀을 구성했다. 두 특별수사팀은 세월호 수입·검사·면허취득의 과정에서 일어난 비리에 한정하지 않고 연안여객선 업계 전반에 걸쳐 광범위한 수사를 진행했다. 연안여객선의 출항관리를 담당하는 전국의 운항 관리자들이 수사를 받았고, 여객선 검사기관인 한국선급이 다른 선박 검사와 관련해 받은 뇌물도 밝혀졌다. 2014년 10월 6일 발표한 최종 수사 결과에 따르면 검찰은 사고 원인, 구조 실패, 청해진해운 비리, 해운업계 비리 관련 총 399명을 입건하고 154명을 구속했다.[7]

399명 입건과 154명 구속. 기존 재난 수사와 비교했을 때 대대적 기소였지만, 그럼에도 검찰 수사는 비판을 받았다.[8] 과연 기소 결과가 구조 실패에 대한 책임을 온전히 묻는 것인지 의문을 낳았기 때문이다. 검찰은 해경 지휘부와 청와대 같은 권력 상층부를 거의 수사하지 않음으로써 국가의 책임을 최소화했다. 검찰은 운항 관리자와 한국선급 임직원 등은 광범위하게 기소한 데 비해, 구조 과정과 관련해서는 세월호가 급선회할 당시 관제 책임이 있던 진도 VTS 센터장, 침몰 현장에 출동한 123정장 등 17명을 입건하고 5명을 구속하는 데 그쳤다.[9]

검찰의 수사 결과는 정부 책임을 최소화하려는 청와대의 틀짓기(framing) 전략과 일치하는 것이었다. 청와대는 컨트롤타워 역할을 제대로 하지 못했다는 추궁을 피하기 위해 국가 책임 프레임을 전환시키려 했다. 먼저 정부 책임보다 선사와 실소유주 유병언의 책임, 즉 기업의 책임을 강조했다. 삼성중공업이 원청이었던 허베이스피리트호 원유유출 사고나 SK케미칼이 원료를 제공한 가습기 살균제 참사처럼 재벌 대기업이 연루된 재난이었다면 쉽지 않았을 일이다. 그러나 청해진해운은 자본금 55억 원 남짓의 중소기업이었다.[10] 참사 후 일주일도 지나지 않아 해경 책임에 대한 언론 보도가 쏟아지자, 4월 21일 당시 이정현 청와대 홍보수석은 《KBS》 보도국장에게 전화해 해경 보도를 줄일 것을 요구했다. 청와대 홍보수석의 발언에서 세월호 참사를 바라보는 당시 정부의 관점을 유추해볼 수 있다.

> 일차적인 책임은 그쪽[선사·선원]에 있고 [해경 책임은] 부차적인 것이라고 한다면 이것은 어느 정도 지난 뒤에 [지적]할 수도 있는 거잖아요. 아니 이렇게 진짜 이런 식으로 전부 다 나서서 방송이 지금 해경을 밟아놓으면 어떻게 하겠냐고요. [……] 정부를 이렇게 짓밟아가지고 되겠냐고요. 직접적인 원인도 아닌데.[11]

1차적 책임은 선원과 선사에 있는데 해경의 잘못을 드러내는 보도로 정부 책임이 과도하게 부각되었다는 것이 청와대의 시각이었다. 청와대 홍보수석의 보도 개입은 효과가 있었던 것으로 보인다. 그 후 몇몇 영향력 있는 언론은 해경에 대한 보도는 축소하고 실소유주 유병언과 구원파에 대한 보도를 쏟아내기 시작했다.[12]

그러나 청와대도 아예 책임을 인정하지 않을 수는 없었다. 청와대가 다음으로 취한 전략은, 정부의 책임을 어느 정도 인정하면서도 다른 정부부처와 청와대를 구분해 인식하도록 하는 것이었다. 책임 추궁은 현장에서 구조를 담당한 해경(123정)과 정부의 관리감독 업무를 해이하게 만든 '해피아(산하기관이나 해운업계와 결탁한 해양수산부 관료)'에 집중되었다. 박근혜 대통령은 2014년 4월 29일과 5월 19일 두 차례에 걸쳐 입장을 밝혔는데, 4월 29일에는 주로 '해피아' 관행 근절을, 5월 19일에는 '해경 해체'를 발표했다.[13] 5월 19일 담화는 공식적으로 대통령의 책임을 인정하는 담화였다. 대통령은 "이번 사고에 대한 최종 책임은 대통령인 저에게 있다."라는 말로 담화를 시작했고 눈물도 흘렸다. 대통령의 책임을 말하며 '해경 해체'를 대책으로 내놓은 데에 대한 반응은 '진정성 있다.'와 '유체 이탈 화법'의 둘로 나뉘었다.[14] 청와대는 해양경찰청을 해체해 다른 정부 부처로 흡수시키는 한이 있더라도 해경 지휘부의 기소는 막고 싶었던 것 같다.[15] 해경 지휘부에 대한 재판이 시작되면 컨트롤타워인 청와대에 대해서도 문제가 제기될 수밖에 없었다. 해경 지휘부와 청와대는 소극적으로 수사하고 침몰 현장에 출동한 123정만 기소한 것은 전형적인 꼬리 자르기였다. 이처럼 해경 지휘부와 청와대에 대한 사법 책임을 묻지 못한 것은 구조 실패가 참사의 핵심 원인이라고 생각하는 피해자와 시민 들에게 검찰 수사의 불의(不義)를 상징했다.

공무원과 공공기관에 대한 행정처분을 목적으로 하는 감사원 감사 역시 유사한 비판에 직면했다. 감사원은 1) 초동대응 및 구조 활동, 2) 선박 도입 및 검사, 3) 연안 여객선 안전 운항 관리, 4) 재난 대응 체계 등 네 분야로 나누어 대대적인 감사를 진행했다.[16] 그러나 역시 청와대라는 권력 상층을 감사하지 못했다는 비판을 받았다. 감사원이 청와대 감사를 시도하긴 했다. 그러나 단 하루 동안 직원 2명을 파견해 청와대 행정관 4명을 면담 조사했을 뿐, 청와대 내부 자료는 전혀 열람하지 못했다. 1달 뒤 받은 청와대의 서면 답변만으로 감사원은 무혐의 처분을 내렸다.[17]

일련의 비판은 검찰과 감사원 등 기존의 국가기관이 '할 수 있는 데도 하지 않은 일'을 가리키고 있었다. 청해진해운 임직원과 실소유주 일가를 기소한 것처럼 해경 지휘부에 대한 기소도 검찰의 의지가 있었다면 불가능하지 않았을 것이다. 청와대에 대한 감사 역시 감사원의 권한하에 있는 일이었다. 그러나 현실적으로 국가기관이 국가 최고 권력기구를 조사한다는 것은 어려운 일이었다. 진상규명 요구를 대표하는 구호로 '성역 없는 조사'가 채택된 것은 이런 맥락에서였다. 성역 없는 조사를 통해 국가 최상위층의 책임을 명확히 밝히고 합당한 처벌을 내릴 때, 다시는 이런 참사가 일어나지 않을 것이라 믿었기 때문이다.

사회 시스템의 변화와 '안전한 나라'

　　검찰에 대한 비판에 왜 권력자에게 법적 책임을 묻지 않느냐는 전통적인 의미만 있었던 것은 아니다. 검찰이 '구조적 비리'를 수사하겠다고 하면서도 여전히 개인 혐의만을 나열하고 비리 발생의 근본 원인은 제대로 다루지 못했다는 점도 지적되었다. 감사원도 조직 전반의 변화를 촉구하기보다 개인에 대한 행정처분만을 해결책인 양 제시했다는 비판을 받았다.[18]

　개인에게만 책임을 돌리지 말고 소위 '근본 원인'을 제대로 다뤄야 한다는 이러한 인식이 널리 퍼지게 된 것은, 언론을 통해 세월호 참사의 구조적 원인이 속속 알려졌기 때문이다. 정해진 기준보다 훨씬 많은 짐을 싣고, 이 사실을 속이기 위해 배의 균형을 잡아주는 평형수를 빼온 선사의 관행이 드러났다. 선사를 감독했어야 할 운항 관리자는 과적을 잡아내지 못했고, 세월호의 면허를 내준 해양항만청 공무원들과 청해진해운은 유착 관계였으며, 선박의 운항을 관제하며 세월호의 이상 신호를 빨리 잡아냈어야 하는 VTS 담당자는 자리를 비웠고, 해양경찰은 경비 업무에만 중점을 두고 구조 업무는 옆으로 치워둔 조직이었다. 하루가 멀다 하고 쏟아지는 뉴스는 한국 사회의 총체적 부실을 드러내고 있었다.

　'썩은 사과' 하나만 골라내 버리는 방식으로는 세월호 참사를 일으킨 근본 원인을 해결하기 어렵다는 것이 분명해졌다. 썩은 사과 프레임에서는 다른 사과나 사과를 보관한 방식은 문제삼지 않는다. 썩은 사과 하나가 모든 잘못의 원인이기 때문이다. 잘못을 특정 행위자에게만 돌리고, 그를 둘러싼 환경은 문제삼지 않기 때문에 이 프레임은 현행 시스템을 그대로 유지하고 싶어하는 보수주의자들이 주로 선호한다. 세월호 참사의 경우에도 국가의 책임을 현장에 출동한 해경의 책임으로 환원하고, 세월호 선장과 선원에게 대부분의 책임을 돌리는 현상이 나타났다.[19]

그런데 검찰이나 감사원은 임무의 특성상 썩은 사과를 골라내는 일을 할 수밖에 없다. 검찰 수사는 개인 처벌을 전제로 한 기소를, 감사원 감사는 현행법을 어긴 공무원과 공공기관 구성원에 대한 행정처분을 목적으로 한다. 청와대와 해경 지휘부 등을 제외한 나머지 수사 대상과 관련해 검찰과 감사원은 규정에 맞게 자신의 역할을 한 셈이었다.[20] 그러므로 왜 개인만을 처벌하고 그 개인이 잘못을 일으키게 한 조직의 문제나 더 근본적 원인을 지적하지 못했냐는 비판은 검찰과 감사원이 '구조적으로 할 수 없는 일'을 가리키고 있었다.

시민들은 개인에 대한 처벌과 행정조치를 아무리 광범위하게 한들 세월호 참사가 제기한 과제가 해결되지 않을 것이라 생각했다. 실패한 기존 시스템을 근본적으로 전환하지 않고 세월호 참사를 일으킨 문제들이 해결될 수는 없다는 생각이 참사 직후부터 강하게 부상했다. 세월호 참사의 원인을 빠르게 진단한 것은 검찰만이 아니었다. 그동안의 정책 기조, 관행과 같은 한국 사회의 구조적 문제가 세월호 참사의 원인이라는 진단도 참사 직후부터 출현했다. 참사 이틀 뒤인 4월 18일, 세월호 참사의 대표적인 구조적 원인으로 알려진 규제 완화, 즉 선박 연령 제한 완화 문제를 새정치민주연합 의원들이 지적했고,[21] 《경향신문》에는 「세월호 참사, 한국사회 구조적 모순의 표출이다」라는 사설이 참사 4일 뒤인 4월

20일에 실렸다. 이 사설은 선장에게만 책임을 물어서는 안 된다며 다음과 같이 주장했다.

> 세월호 침몰은 몇몇 악당이 벌인 사건이 아니다. 만일 그런 성격의 사건이었다면 [······] 문제를 쉽게 풀 수 있을 것이다. 그러나 불행하게도 이건 한국 사회 그 자체가 빚어낸 비극이다. 예외적 사건이 아니라는 뜻이다. 한국 사회를 바꾸지 않으면 또 어떤 비극이 닥칠지 모른다. 우리가 위험 사회를 벗어날지는 이 비극을 얼마나 깊이 성찰하느냐에 달려 있다.

세월호 참사는 한국 사회 그 자체가 빚어낸 사건이라는 판단은 어떻게 이렇게 빨리 이루어졌을까? 언론에서는 이전 재난과 세월호 참사에 대한 시민의 반응에 중요한 차이가 있다고 지적했다.[22] 가장 큰 차이는 외부가 아니라 자신에게서 원인을 찾으려는 현상이었다.[23] "나도 기성세대가 됐는데, 못난 세상을 만드는 데 일조한 책임이 있는 것 같다."[24]라는 반응에서 알 수 있듯이 세월호 참사 직후에는 진보·보수를 가리지 않고 "사실상 국민 스스로가 가해자이자 피해자"라는 생각이 있었다.[25] 의문을 제기하지 말고 '가만히 있으라'는 말이 세월호에서만 존재했던 것은 아니다. '가만히 있으면 어련히 (어른이, 국가가) 알아서 해줄 것을.' 한국에서 나고 자란 이라면 익숙하게 들어온 말이었다. 사람들은 간혹 그 말이 부당하다고 생각했을지라도 대체로 그 말을 따랐고, 다음 세대에도 그 말을 전하며 살았다. 그런데 2014년 4월, 이런 평범한 사고방식이 대규모의 희생을 낳을 수 있음을 온 국민이 확인한 것이다. 사회 전체에 책임이 있다는 말은 사회 구성원으로서 자신도 이 참사에 연루되어 있다는 감각에서 비롯했다. 사회 구조의 전환이 필요하다는 생각은 재난에 관한 이론의 소개나 전문가들의 진단에서 시작된 것이 아니라, 세월호 참사가 촉발한 시민들 개개인의 자기 성찰로부터 비롯된 것이었다.

참사 직후부터 피해자 가족을 지원하며 이후 세월호 특별법 제정 운동에서 주요한 역할을 한 민주사회를 위한 변호사모임(민변)은 2014년 5월 8일 세월호 참사 진상규명을 위한 17대 과제를 발표했는데, 여기에서도 사회 시스템 전환의 문제의식이 잘 드러난다. 민변은 17대 과제를 세월호 침몰의 근본 원인, 직접적 원인, 구조 과정에서의 문제점, 사고 이후 정부 대응과 수사 과정에서의 문제로 분류했는데, 그중 근본적인 원인이 제일 앞에 배치되어 있었다. 근본 원인 관련 과제는 1) 정부의 규제 완화 정책으로 인한 안전장치의 해체, 2) 2008년 해양수산부 해체로 인한 행정공백 및 혼란, 3) 부패한 감독기관에 의한 부실한 선박 운항 및 안전 관리, 4) 해양사고 위험 신호에 대한 무시와 무대책 등이었다.[26]

세월호 참사가 한국 사회의 총체적 부실을 상징하는 사건이라는 인식은 자연스럽게 문제의식을 확장했다. 세월호 참사와 산재 사망은 생명보다 이윤을 중시하는 사회에 대한 문제제기로 통합되었으며[27] 선령 제한 완화는 규제 완화 기조 전반에 대한 문제제기로, 비정규직 선장·선원의 문제는 외주화·민영화 문제로 확장되었다.[28] 진짜 살인자는 선장이 아니라 신자유주의라는 비판도 들렸다.[29] 이러한 문제의식은 '안전한 나라'라는 구호 속에 집약되었고, 진상규명은 안전한 나라로 가기 위해서 반드시 거쳐야 할

길이었다.

뒤에 더 자세히 이야기하겠지만 이러한 확장성은 세월호 진상 규명 운동의 강점이자 약점이었다. 사회 시스템 전환의 문제의식이 있었기 때문에 하나의 재난에 대응하는 수준을 넘어섰으며, 기존 국가기구에 임무를 제대로 수행하라고 요구하는 데 그치지 않고 새로운 재난조사기구를 만들어낼 수 있었다. 그러나 직접적 원인과 구조적 원인 사이의 연결고리가 취약한 상태에서 근본 원인을 넓게 바라보자는 논의는 비약의 경향이 있었다. 이는 직접적 원인이 중요하다고 생각하는 사람들의 비판에 제대로 대응하지 못하는 결과로 이어졌다.

또 사회 시스템을 전환해 안전한 나라를 만들라는 요구는 국가의 정책 기조에 전면적 변화를 요청하는 것이었기에 정부와 보수 세력의 강력한 저항에 부딪힐 수밖에 없었다. 이런 요구는 기존 정치에 문제를 제기하는 측면이 있기 때문에 세월호 참사의 정치화는 어느 정도 불가피한 일이었다. 그러나 '안전한 나라'가 이렇게 강한 정치적 요구라는 사실, 세월호 진상규명 과정에 반영하기에는 너무 큰 요구라는 사실을 2014년 초반에 인지한 이들은 많지 않았다.

2. 세월호 특별법 제정 운동에 담긴 상이한 요구들

서명 운동에서 법 제정까지

국가의 책임을 묻고 안전사회를 위한 근본 대책을 마련할 방안에 대해 곧 논의가 시작됐다. 2014년 5월 1일, 그동안 정부와 여당(새누리당)에 대한 비판을 자제하던 새정치민주연합(민주당)은 대응 기조를 수정해, 국회 차원의 진상규명이 필요하다며 국정조사를 요구하기 시작했다. 불과 나흘 전만 해도 민주당의 입장은 국정조사 요구는 시기상조라는 것이었다. 그러자 정부에 대한 비판과 더불어 민주당의 미온적 대응에 대한 비판 여론도 거세졌다. 민주당은 세월호 책임 추궁에 "당의 명운을 걸"어야 하는 상황이 되었다.[30] 정의당은 이미 하루 전인 4월 30일 세월호 국정조사와 대책기구 구성을 제안한 상태였다.[31] 정치권이 국정조사 요구에 집중하는 동안, 한편에서는 더 장기적인 방안에 대한 논의가 시작되고 있었다. 대한변호사협회(변협)와 민변 등 법률가 단체들이 독립적 조사기구를 구성하기 위한 특별법 제정 필요성을 검토하기 시작한 것이다. 한국에서 재난을 조사하기 위한 특별조사위회가 구성된 적은 없었지만, 의문사진상규명위원회(의문사위), 진실·화해를 위한 과거사정리위원회(진화위) 등 국가의 잘못을 조사하고 책임을 묻고자 한 위원회들이 있었다. 이러한 위원회를 구성하고 운영하는 과정에서 법률가들이 적지 않은 역할을 했었기에 이들은 세월호 참사에 대해서도 유사한 독립 조사기구를 구성할 수 있지 않을까 생각했다.

법률가 단체들이 봤을 때, 국가의 책임을 묻는 진상규명에는 3가지 방식이 있었다. 첫째는 특별검사 제도(특검), 둘째는 국정조사 청문회, 마지막으로 특별법 제정을 통한 독립 조사기구이다. 변협이 보기에 국정조사 청문회는 국회의원들의 정파적 속성으로 인해 정쟁에 치우칠 우려가 있었고, 특검은 범죄 수사 및 공소 제기가 목적이기에 진상규명뿐 아니라 재해·재난 예방과 사후 대처까지 포함해야 하는 세월호 참사에는 적절치 않았다. 반면 특별법을 제정해 독립 조사기구를 구성할 경우, 활동의 독립성과 더불어 위원회 구성의 중립성과 민주적 정당성을 확보할 가능성이 더 높고, 전문성 있는 위원을 선출해 심도 있는 진상규명 및 안전사회 대책 마련이 가능하다고 보았다.[32] 변협은 초기에는 특별법 제정에 대해 유가족들로부터 별다른 반응을 얻어내지 못했다고 밝힌 바 있어, 5월 초까지만 하더라도 피해자 가족들이 재난조사위원회 구성을 진상규명의 최우선 수단으로 고려하지 않았다는 점을 알 수 있다.[33] 그러나 피해자 가족들도 곧 제대로 된 진상규명을 위해 독립적 재난조사기구 구성을 위한 특별법 제정이 필요하다는 데 의견을 모았다. 피해자 가족들이 입장을 바꾸게 된 계기는 검찰 수사 발표였다.

2014년 5월 15일, 국회는 세월호 국정조사에 합의했고, 검찰은 중간 수사 결과를 발표했다. 검찰은 선박직 승무원 15명을 일괄 기소했으나 해경 등 정부 책임자에 대한 수사 결과는 없었다.[34] 이튿날인 5월 16일, '세월호 사고 희생자·실종자·생존자 가족대책위원회(가족대책위)'는 기자회견을 통해 피해자 가족이 참여하는 독립적 진상조사기구의 구성을 요구했다.[35] 정부 책임자가 제외된 수사 결과를 보며 가족대책위는 국가기관인 검찰이 일부 책임자에 대한 형사처벌에만 집중해 의혹을 제대로 밝히지 않고, 권력자에 대한 수사를 피한다고 보았다. 참사 1달 만에 검찰 수사에 대한 불신이 커지고 있었다. 이미 특별법 제정을 고민하고 있던 변협과 민변을 비롯한 법률가 단체들은 즉시 이에 호응했다. 그 후 시민 사회단체들까지 응답하면서 독립적 진상조사기구 설립을 위한 특별법 제정 운동이 본격적으로 시작됐다.[36]

세월호 특별법안 기본 원칙[37]
(5월 16일 가족대책위 성명을 바탕으로 민변이 재정리)

- 진상규명의 전 과정에 피해자 가족들의 참여가 보장되어야 합니다.
- 세월호 참사의 전 과정을 조사 범위로 하고 충분한 조사 기간이 보장되어야 합니다.
- 모든 관련 공무원, 국회, 언론 및 관련 민간인을 그 조사 대상으로 합니다.
- 모든 정보가 투명하게 공개되어야 합니다.
- 독립성과 전문성을 갖춘 진상조사기구가 구성되어 조사 권한을 행사할 수 있어야 합니다.
- 여러 민관 차원의 진상조사 결과 등을 반영하여야 합니다.

> - 진상규명 결과에 근거하여 관련 기관 및 관련자에 대하여 책임을 물을
>   수 있어야 합니다.
> - 진상규명 결과에 근거하여 확실한 재발 방지 시스템이 구축되어야
>   합니다.

 5월 17일 단원고가 있는 안산에서 세월호 특별법 제정 1000만 서명 운동이 시작됐다. 한국의 사회운동이 대대적인 서명 운동에 돌입하며 상징적 목표로 100만을 설정하던 관행을 고려할 때, 세월호 특별법 제정 서명 운동은 목표의 규모부터 달랐다. 5월 22일, 세월호 참사 대응을 위한 사회운동 연대 조직인 '세월호 참사 국민대책회의(국민대책회의)'가 출범하면서 서명 운동은 본격화되었다.[38] 국민대책회의는 5월 초에 구성된 회의체인 '세월호 참사 대응 원탁회의'가 공식 연대 조직으로 발족한 것으로, 출범 당시 600여 개(최종 800여 개) 단체가 참여한 거대한 연대체였다.* 국민대책회의가 활동하기 시작하면서 서명 운동은 체계화되고 확산될 수 있었다. 전국 곳곳에 서명 가판대가 세워지기 시작하고, 피해자 가족과 활동가들은 지나가는 시민들에게 지지를 호소했다. 서명 참가자는 6월 7일 100만 명을 돌파한 후, 7월 8일에는 320만 명을 넘어섰다.[39]

 세월호 특별법 논의가 본격화되자 정치권에서도 경쟁적으로 세

---

* 국민대책회의는 2015년 6월 4·16연대 출범 전까지 1년여 동안 세월호 참사에 대응하는 유일한 사회운동 연대 조직으로 활동하며 피해자 가족 및 법률가 단체와 더불어 세월호 특별법 제정 운동의 중요한 축을 담당했다.

월호 특별법안을 발의했다. 국회의원들은 여야를 가리지 않고 세월호 참사 진상규명과 피해자 지원 관련 법을 너도나도 발의해 2014년 7월 10일 기준으로 총 11개의 법안이 국회에 발의되어 있었다. 그중 피해자 지원과 관련한 법들은 5~6월에 주로 발의된 반면, 진상조사와 관련한 법은 7월 초에 대부분 발의되었다. 세월호 특별법 제정 서명 운동을 보며 더 이상 독립적인 조사위원회 구성 요구를 외면할 수 없다는 점을 국회의원들도 뒤늦게 깨달았기 때문이다. 그러나 피해자 가족들이 보기에 여야의 특별법안은 한계가 많았다. 새누리당의 진상조사 관련 특별법은 국회의원이 중심이 된 위원 구성, 기본 6개월 연장 3개월의 짧은 조사 기한, 불명확한 조사 범위와 목적, 자료 제출 거부 시 강제할 방법이 없는 약한 조사 권한 등이 문제가 되었다. 야당인 새정치민주연합의 특별법안은 최대 2년의 조사 기한을 보장하고 새누리당이 따로 떼자고 한 피해자 지원 업무 등을 포함했지만, 안전사회 과제가 빠져 있다는 점이 한계였다.[40]

피해자 가족, 국민대책회의, 법률가 단체가 공동으로 논의한 청원안은 7월 9일에 완성되었다. 피해자 가족들의 청원안은 양당의 법안보다 조사 기한이 길고, 수사권·기소권 등 강한 조사 권한을 명시했다. 또 안전사회소위원회를 두고 안전사회 종합 대책을 제출하도록 하는 등 재발 방지 대책에도 힘을 쏟았다. 피해자 가족들은 과도할 정도로 배·보상 요구를 제외하려 했다. 자신들의 요구가 보상금 때문이라는 오해를 어떻게든 피하려 했기 때문이다.

그러나 피해자 가족들의 뜻에도 불구하고 세월호 참사 피해자들이 다른 재난보다 과도한 보상을 요구한다는 소문이 돌기 시작했다. 의사상자 지정, 생존자 특례 입학에 특히 비난 여론이 집중되었다. 카카오톡 등을 통해 세월호 참사 유가족에게 특혜를 제공하는 특별법에 반대해야 한다는 메시지가 돌기 시작하고, 서명 가판대에도 전해지기 시작했다. 그런데 이러한 내용은 피해자 가족들의 청원안이 아니라 여야의 피해자 지원 관련 법안에 포함돼 있었다. 의사상자 지정은 새정치민주연합의 특별법안에, 특례 입학은 새누리당과 새정치민주연합의 특별법안에 포함되어 있었다.[41] 두 거대 정당은 피해자 가족의 의견 청취 없이 이를 국회에서 일방적으로 추진하려고 했다. 피해자 가족들과 세월호 참사 국민대책회의는 "유가족의 특별법안은 오직 진상규명과 재발 방지에 초점이 맞춰 있"다며 잘못 알려진 사실을 정정하려 노력했지만, 특별법 제정 운동에 한 번 불기 시작한 역풍은 가라앉지 않았다.

2014년 여름, 세월호 특별법 제정을 둘러싼 갈등은 정점에 이르렀다. 피해자 가족들이 7월 9일 입법 청원을 하며 여야와 피해자 가족 간 3자 협의체를 제안했으나 국회는 이 요청을 받아들이지 않았다.[42] 협의 주체는 여야에 한정되었다. 기본적으로 입법 활동은 선출된 대표자들이 해야 한다는 이유였지만 피해자 가족들은 자신들의 목소리에 귀를 기울이지 않는 정치권에 다시 절망했다. 7월 14일 350만 명이 참여한 1차 서명을 국회에 전달하는 행진과 전달식이 있었고, 이날부터 피해자 가족들은 국회, 광화문, 청운동사무소 앞에서 3자 협의체 구성을 촉구하며 단식 농성을 시작했다.[43] 참사 100일인 7월 24일에는 전날 안산에서 출발해 서울시청까지 걸어온 피해자 가족들과 시민들이 모여 특별법 제정을 촉구하는 문화제를 열었다. 8월 초, 교황 방문을 위해 광화문광장에서 철수하라는 요청 속에서도 유민 아빠 김영오 씨는 단식을 멈추지 않았고, 8월 16일, 교황은 카퍼레이드 중 차에서 내려 김영오 씨의 손을 잡고 위로했다.[44] 김영오 씨는 이후로도 2주 가까이 단식을 계속했고, 8월 28일이 되어서야 46일간의 단식을 끝냈다.[45] 그사이 여야는 유가족들을 제외하고 8월 7일과 19일 두 차례 합의를 했으나 피해자 가족들의 반대로 재협상에 나서야 했다. 8월에 이뤄진 두 번의 합의가 전혀 사전 소통 없이 발표되고 철회되길 반복했기 때문에 피해자 가족들은 자신들의 의사를 무시한 채 일방적으로 합의를 계속하는 정치권을 깊이 불신하게 되었다.[46]

그러나 2014년 여름이 절망적이기만 했던 것은 아니다. 피해자 가족들을 향한 시민들의 정서적 연대는 여전했다. 《시사IN》은 세월호 참사 100일 집회 당시의 현장을 이렇게 묘사했다. "서울광장에 앉아서 가족들을 기다리던 시민들은 다들 일어나 박수를 치다 눈물을 훔칩니다. 미안하다고요. 그런 시민들에게 가족들 또한 고맙다며 눈물을 흘립니다."[47] 8월 중순부터는 동조 단식을 하는 사람들이 늘어나면서 단식장인 광화문광장은 점차 세월호 진상규명 운동의 상징이 되었다. 다양한 연령, 다양한 직업의 사람들이 광화문으로 모여들었다. 최장 3일간으로 제한된 동조 단식이 끝난 후에도 농성장에 남아 서명과 리본 만들기를 돕는 사람들이 있었다.[48]

최은영 작가의 소설 「미카엘라」는 2014년 8월의 풍경을 잘 그리고 있다. 교황을 보러 상경해 성당 사람들한테는 딸 미카엘라의 집에서 잔다고 하고 서울에 남았지만, 딸에게 먼저 전화하지 못한 엄마는 찜질방에서 하루를 보낸다. 그리고 그곳에서 친구의 손녀가 희생되었다는 할머니를 만난다. 딸은 교황의 퍼레이드 다음 날,

TV를 보다 광화문 농성장에서 엄마의 모습을 발견하고 뛰어나간다. 미카엘라가 TV 화면에서 본 사람은 엄마가 아니었지만, 얼굴만 다를 뿐 모든 면에서 엄마를 닮은 유가족이었다. 엄마는 찜질방에서 만난 할머니와 광화문광장으로 가, 할머니 친구 손녀의 세례명도 '미카엘라'라는 것을 알게 된다.[49] 딸을 잃은 어머니는 나의 어머니였고, 그녀가 잃은 딸은 나의 딸이었다.

그러나 김영오 씨의 단식이 끝나고 광화문 농성장 열기가 한풀 꺾이자 추석을 전후로 상황이 반전되었다. 아직 동조 단식이 이어지던 광화문광장 바로 옆에서 9월 6일, 일부 극우 온라인 커뮤니티 이용자들이 이른바 '폭식 투쟁'을 자행하며 피해자 가족에게 돌이킬 수 없는 상처를 줬다.[50] 이들은 광화문광장에서 피자, 치킨 등을 먹으며 피해자 가족과 동조 단식자들을 조롱했고, 13일에는 시민들에게 초코바를 나눠주는 퍼포먼스를 벌이기까지 했다. 사람이 50일 가까이 아무것도 먹지 않고 살 수는 없다는 빈정거림이었다.[51]

9월 30일, 세월호 가족대책위가 명시적으로 반대하는 후보는 위원에서 제외하기로 하면서 3차 원내 대표 협의가 이뤄졌다. 사실 첫 번째 합의에서 큰 변화가 없는 안이었지만, 그 이상을 요구하기 어려운 상황 속에서 피해자 가족은 합의안을 받아들였다. 11월 7일, 드디어 「4·16세월호참사 진상규명 및 안전사회 건설 등을 위한 특별법(세월호 특별법)」이 국회에서 통과되었다.[52] 수사권·기소권을 조사위원회가 얻지 못한 점은 한계로 평가되었다. 그러나 동행명령권 등 강력한 조사 권한을 명시하고 위원회가 도출한 안전사회 종합 대책 이행을 국회에서 정기적으로 보고하도록 한 것 등은 전에 없던 성과였다. 봄부터 가을까지 세 계절에 걸친 싸움 끝에,

드디어 한국에서 재난을 조사 대상으로 다루는 첫 '특별'조사위원회 구성이 결정되었다.

세월호 특별법 제정 운동은 성공한 운동이었을까, 실패한 운동이었을까. 세월호 진상규명이 어려움을 겪을 때마다 2014년으로 시계를 돌려 이 질문을 했다. 8년이 지난 지금 돌아보아도 여전히 이 운동의 의미는 크다. 수많은 사람들이 참여한 대중 운동으로서 재난 대응을 위한 새로운 기구를 만들어냈고, 안전을 새로운 권리로 각인시키는 데에도 성공했기 때문이다. 물론 수사권과 기소권을 얻지 못했고, 이 운동으로 만들어진 4·16 세월호참사 특별조사위원회(특조위)와 세월호 선체조사위원회(선조위)의 성과는 초라했다. 그럼에도 2014년 세월호 특별법 제정 운동에 대한 평가를 역전시킬 수는 없을 것이다. 다만 현재 세월호 조사가 마주한 난관이 이 시기부터 발생하고 있었다는 점에서 2014년의 진상규명 운동을 더 자세히 들여다볼 필요가 있다. 이제 세월호 진상규명 운동 내 존재했던 이중의 요구와 상이한 담론을 살펴볼 차례다.

이중의 요구, 상이한 이해

2014년 당시에는 누구도 명확히 인식하지 못했지만, 세월호 특별법 제정 운동은 상충하는 2가지 요구를 포함하고 있었다. 또 세월호 참사를 이해하는 관점에도 차이가 존재했다. 검찰이 '할 수 있는데도 하지 않은 일'과 '구조적으로 할 수 없는 일' 양자를 모두 해야 한다는 요구로 다시 돌아가보자. 이 둘은 당시에는 당연히 동시에 달성할 수 있는 요구로 여겨졌다. 특별법 제정 운동의 대표적 구호인 '진상규명, 책임자 처벌, 안전한 나라' 역시 서로 떨어져 있지 않았다. 이 세 구호의 관계를 구체적으로 생각한 사람은 없었고, 대다수 사람들은 이를 병렬적으로 인식했다. 진상규명은 책임자 처벌을 위해서도, 안전한 나라를 위해서도 필요한 것이었다.

세월호 특별법 제정 운동에 대한 사회운동의 초기 고민을 알 수 있는 자료에도 이러한 생각이 잘 나타난다. 국민대책회의는 출범 직후인 5월 28일, '세월호 참사 진상규명 특별법, 어떻게 만들어야 하나'라는 토론회를 진행했다. 기조 발제 격인 참여연대 토론문에서는 진상규명 및 대책 마련의 요소로 3가지를 꼽고 있다. 첫째, 법률 위반과 관련한 진상규명과 그에 따른 사법 처리. 둘째, 사법 처리 여부에 국한되지 않는 근본 원인 및 직간접적 원인 규명과 행정적·도의적 책임의 추궁, 그리고 재발 방지 대책의 마련. 셋째, 피해자에 대한 충분한 지원(보상) 및 치유와 이 참사를 교훈으로 삼기 위한 추념(기억) 사업이다. '법 위반에 대한 사법 처리'와 '사법 처리에 국한되지 않는 원인 규명과 도의적 책임의 추궁'이 나란히 명시된 데서 세월호 참사에 대한 사법적 원인 규명과 구조적 원인 규명 양자가 필요하다고 생각했음을 알 수 있다.[53]

토론회 발제자들은 3가지 과제를 달성하기 위해 특검과 독립적 조사위원회의 장단점이 각각 무엇인지도 짚었다. 이들은 특검은 강제력을 발휘하는 데는 용이하다는 장점이 있지만, 범죄 성립 여부를 고려해 수사 대상을 제한하는 단점이 있다고 보았다. 반면 조사위원회는 범죄로 볼 수 없는 참사의 배경과 관련 사항에 대해서도 포괄적으로 조사할 수 있다는 장점이 있지만, 강제력에서 효율

적이지 못할 수 있다는 단점이 있다고 생각했다.[54]

7월 9일 발표된 '세월호 특별법 청원안(청원안)'에는 특검과 조사위원회 각각의 장점을 취해 단점을 보완하려 한 문제의식이 잘 드러난다. 세월호 진상규명 운동은 사법 처리에 국한되지 않는 포괄적 조사가 가능한 조사위원회를 진상규명을 위한 기본틀로 채택하고, 특검에 비해 약한 강제력은 위원회 내에 수사권·기소권을 둠으로써 보완하고자 했다. 또 5월 국민대책회의 토론회에서 제시된 3가지 과제는 조사위 내에 진상규명소위원회, 안전사회소위원회, 피해자지원소위원회를 구성하고, 동등한 위상을 지니는 세 소위원회가 각각 담당하는 방식으로 반영되었다.[55]

변협 백서에 따르면, 청원안을 만드는 과정 중 국민대책회의에 참여한 단체 실무자들과의 토론에서 안전사회 건설 부분이 미흡하다는 지적이 특히 많이 나왔다고 한다.[56] 즉 안전사회와 관련해서는 피해자 가족이나 법률가 단체보다 국민대책회의가 가장 강한 문제의식을 가지고 있었다. 위 토론을 거치며 청원안은 법적 책임에 국한되지 않는 사회 개혁의 문제의식을 대폭 강화했다. 당시 야당조차 진상규명과 보상 모델에만 국한된 특별법을 제안한 데 비해, 청원안이 가해자와 책임자 '개인'에 대한 강한 법적 처벌 못지않게 '조직'과 '구조'에 대한 진상규명을 강조하고 세월호 참사에 국한하지 않은 안전사회 건설과 확립이라는 목적을 표방한 점은 높게 평가되었다.[57]

그러나 5년여 후인 2019년 여름, 특조위 안전사회과와 선조위에서 일했던 한 연구자는 이런 질문을 했다. "왜 초반에 '안전사회'를 이야기했어요? 운동을 확장하려는 전략적인 선택이었나요?" 이 질문은 세월호 진상규명 운동이 안전사회 구호를 상징적으로만 내걸었으리라는 전제를 깔고 있었다. 그녀에게 두 조사위원회의 경험은 '안전사회' 구호가 겉치레용에 불과한 것을 깨닫고 실망하는 과정이었던 것이다. 피해자들과 사회운동을 존중하는 태도를 한시도 잃은 적이 없는 이의 질문은 무거웠다.

분명 2014년엔 피해자 가족들도 사회운동도 진상규명과 안전사회를 동일한 무게로 생각하고 있었다. 뒤에 살펴볼 것이지만, 시간이 지날수록 안전사회운동은 세월호 진상규명 운동과 분리되었고, 특조위와 선조위 내에서 구조적 원인 규명의 문제의식은 점차 사라졌다. '구조'의 문제를 원인으로 짚을 경우, 개인 책임이 면제된다는 생각이 사회운동과 위원회 안팎에서 늘어났기 때문이다. 처음에는 분리되지 않았던 요구들은 점차 상충하는 것으로 여겨졌고, 진상규명과 안전사회 요구 간의 간극이 발생하기 시작했다. 여기서 독자들은 고개를 갸웃거릴 수 있다. '안전사회'는 여전히 세월호 진상규명 운동을 대표하는 구호이며 그 안에는 구조적 진상규명의 문제의식이 포함되어 있지 않은가 하고 말이다. 맞다. '안전사회'는 여전히 핵심 구호이다. 그러나 그 내용은 2014년 당시보다도 빈약하다. 개인 책임을 묻기 위한 사법적 원인규명이 구조적 원인 규명 요구를 압도했기 때문에 벌어진 일이다.

다음 장에서 설명할 것처럼 재난조사의 국제 기준은 사법적 조사와 기술적·구조적 조사를 분리하고 있고, 여기에는 논리적·현실적 이유가 있다. 책임 추궁을 당하는 사람이 사실의 증언을 피하게 되면 재발 방지 대책을 추진하기가 어렵고, 개인 책임을 묻더라도 시스템이 변하지 않으면 역시 유사한 사고가 반복될 수 있기 때문이다. 그러나 2014년 당시 사회운동은 재난에서의 사법적 조사와 구조적 조사를 동시에 추구하는 일의 어려움에 대해 깊이 생각하지 못했다. 그로 인해 이 두 과제를 대립적인 것으로 이해하는 흐름이 생기고 둘 중 한쪽을 강조할 수밖에 없게 되자 혼란에 빠졌다. 세월호 특별법 제정 운동의 이러한 한계는 사회운동 고유의 것이라기보다 한국 사회 전반의 한계였다. 당시 한국에는 재난을 바라보는 관점, 재난조사의 원칙 등에 대한 연구나 사회적인 논의가 거의 없었다. 재난조사위원회에 대한 국내의 빈약한 연구조차 세월호 참사 이후에 발표되었다. 게다가 2014년 당시 한국의 활동가들은 널리 알려진 고전적 재난 연구에도 쉽게 접근하기 어려웠다. 1984년에 처음 발간된 찰스 페로의 『정상 사고(*Normal Accidents*)』는 2013년에 한국에 처음 번역되었고(『무엇이 재앙을 만드는가?』), 스위스 치즈 모델과 조직사고 개념을 주장한 제임스 리즌의 책은 2014년 8월에 처음 번역되어 소개되었다.[58] 사회운동은 세월호 진상규명 운동 과정에서 참고할 선례나 이론적 자원 등이 매우 부족한 상태로 국가적 재난에 대응하는 운동에 나섰던 것이다.

국내에서 선례를 찾을 수 없었던 국민대책회의는 특별법 제정 운동 초기부터 해외의 특별사고조사위원회에 대한 자료조사를 진행하고, 2014년 12월에는 9·11 위원회와 후쿠시마 국회사고조사위원회의 사례를 듣는 국제 워크숍도 진행했지만 법적 처벌과 재

- 그나마 이 두 책이 세월호 특별법 제정운동 당시 사회운동이 접근해 쉽게 활용할 수 있는 학술서였던 것으로 보인다. 세월호 특별법 제정운동기의 여러 토론회에서 이 두 저작을 인용한 토론문이 종종 발견된다.(김철, 2014; 이호중, 2015; 조영관, 2015)

난조사를 둘러싼 쟁점이 있다는 사실을 파악하지 못했다.[59] 한국에서, 특히 사회운동에서 사법적 원인 규명과 구조적 원인 규명은 서로 부딪히는 과제가 아니었다. 사회운동은 '책임자 처벌과 진상 규명'을 법적 책임과 사회적 책임을 동시에 요구하는 구호로 오랫동안 사용해왔고, 책임자를 지목할 수 있는 국가폭력 사건에서도 그에 머물지 않고 이러한 폭력을 허용한 국가의 구조적 문제에 천착해왔다. 이들의 입장에서는 세월호 참사를 가해자의 의도가 중요한 '살인사건'이라고 부르는 것과 '사법적 판단 이외의 사실관계'를 조사하자는 제안 사이에 아무런 이질감이 없었다.[60] 사회운동에 있어 '국가에 의한 살인'은 국가 책임을 부각시키려는 일종의 프레임이지, 법적인 판단이 아니었기 때문이다.

국민대책회의는 재난조사위원회가 책임 추궁을 위해 최대한 강한 사법적 권한을 확보하면서도, 책임자 처벌에 한정되지 않는 구조적 원인에 대한 조사와 근본적 대책마련이 필요하다고 주장했다.* 국민대책회의는 출범 당시부터 규제 완화, 이윤만을 추구하는 기업의 무책임, 정경 유착 등 한국 사회의 구조적 문제를 원인으로 파악하고 있었고,[61] 이후에도 책임자 처벌을 위한 조사뿐 아니라 구조적 원인 조사를 통한 안전사회 건설이 진정한 진상규명의 목표라는 점을 지속적으로 강조했다.[62]

• 국민대책회의가 '구조적 원인'의 특성을 체계적으로 정리하지는 않았지만, 다음과 같은 정의를 받아들일 수 있을 것이다. 1) 명문화되어 있지는 않지만 모든 조직과 개인의 행동을 인도하는 방침, 2) 개인을 처벌하는 것으로 없어지지 않거나 애초에 처벌의 대상이 되지 않는 관행, 3) 모두가 관련되어 있으나 특별히 담당자가 정해지지는 않은 정책의 방향, 4) 평소에는 시스템의 효율적 작동에 도움이 되는 듯 보이지만 결국 큰 사고나 실패의 원인이 되는 관계.(최형섭 외, 2016)

한참 시간이 흐른 뒤 당시를 돌이켜보고서야, 세월호 참사 진상 규명을 요구하는 사람들 사이에서도 진상규명의 목표에 대한 서로 다른 이해가 존재하고 있었다고 해석할 수 있게 되었다. 특히 '교통사고론'에 대한 문제제기, 세월호 참사와 5·18 광주 항쟁과의 유비가 서로 다른 이해를 잘 보여준다.

2014년 여름 확산된 '교통사고론'은 세월호 참사를 일종의 교통사고로 보고 접근해야 한다는, 주로 당시 정부와 여당(새누리당) 인사들에 의해 되풀이된 프레임이다.[63] 교통사고론은 지금도 계속 회자되고 있어서, '단순한 교통사고 가지고 몇 년째 진상규명이냐.'고 비난하는 사람들과 '세월호 참사는 단순한 교통사고가 아니므로 제대로 된 진상규명이 필요하다.'고 지지하는 사람들 양쪽이 계속 꺼내는(혹은 꺼낼 수밖에 없는) 프레임이다. 2014년 당시 세월호 참사를 교통사고에 유비하는 발언은 즉각적인 반발을 샀으며, 피해자 가족들은 '교통사고론'에 대해 반발하며 가족대책위원회의 명칭을 변경하기도 했다. '세월호 참사 희생자·실종자·생존자 가족 대책위원회'는 2014년 7월 13일까지 단체명에 '세월호 사고'를 사용했으나, 이튿날부터 '세월호 참사'라는 표현을 사용하기 시작했다.[64]

'교통사고가 아니다.'라는 반발에는 세월호 참사가 운용자의 단순 실수로 발생했다거나 사고 처리만 하면 다시 정상적인 사회로 돌아올 수 있는 일이 아니라는 생각이 깔려 있었다. 많은 사람들이 인과와 향후 대책을 훨씬 넓고 복잡하게 바라보아야 하며, 사회 시스템 전환 없이 사회를 기존 방식으로 운영해서는 안 된다고 생각했다.[65] 세월호 참사가 제기하는 사회 시스템 전환의 문제의식을 축소하려던 새누리당 의원들조차 2014년 여름에는 "일종의", "넓은 의미에서" 등의 단서를 붙여 교통사고론을 이야기할 수밖에 없었는데, 이는 사회 전반적으로 구조적 관점이 우세했음을 보여준다.[66]

그런데 '단순한 교통사고가 아니다.'라는 주장에는 또 다른 비판 논리가 존재할 수 있었다. 이를 대표하는 텍스트가 박민규의 「눈 먼 자들의 국가」이다. 사고와 사건을 분리하며 교통사고론을 비판한 그의 문제의식은 광범위한 동의를 받았다.* 박민규에 따르면 '사고'는 뜻밖에 일어난 불행한 일이지만, '사건'은 다르다. 사건 역시 뜻밖의 일이긴 하지만 여기에는 "개인, 또는 단체의 의도"가 개입되어 있다. 그러므로 "교통사고는 교통사건이 아니며, 살인사건은 살인사고가 아니"라고 박민규는 주장한다.[67] 그러므로 교통사고론에 대한 비판에는 세월호 참사는 "의도가 있는 사건"이라는 의미도 있었다.

5·18 광주 항쟁과의 유비에도 갈림길이 있었다. 5·18 광주 항쟁과 세월호 참사는 양자 모두 '국가란 무엇인가.'라는 질문을 강하게 제기한 사건이다. 여기까지는 누구나 고개를 끄덕일 것이다. 그러나 더 자세히 들여다보면 세월호 참사의 성격을 달리 규정할 수 있는 상이한 이해가 존재한다. 5·18 광주 항쟁은 국민을 보호해야 하는 군대가 국민에게 '왜 하지 말아야 할 일을 했는가.'라는 질문

---

* 나는 박민규의 글 자체는 2014년 당시 많은 사람들이 느낀 심정을 잘 언어화하고, 당시 담론 지형을 상징하는 중요한 글이라고 생각한다. 그러나 여러 사회과학 논문에서 박민규의 이 정의를 그대로 인용한 것은 문제라고 생각하는 편인데, 정용택이 지적한 것처럼 여기에는 국가를 인격화하는 이해가 깔려 있었기 때문이다.(이에 대해서는 다음 장에서 논할 것이다. 정용택, 2016)

을, 세월호 참사는 국민을 보호해야 하는 국가가 '왜 해야 할 일을 하지 않았는가.'라는 질문을 제기한다. 여기에서 핵심은 작위와 부작위이다. 5·18 광주 항쟁과 세월호 참사는 작위와 부작위의 측면에서는 구분되지만 '국가란 무엇인가.'라는 같은 문제를 지적한다고 이해한 사람들이 있었다. 한편 똑같이 '작위'의 측면에서 두 사건을 유비하는 사람도 있었다. 후자의 경우는 5·18 광주 항쟁의 발포 명령자를 찾듯이 세월호 침몰 혹은 구조 방기를 명령한 사람을 찾는 것이 진상규명의 과제라고 생각했다.

이처럼 구조적 참사 대 의도가 있는 사건, 부작위로 인한 사건 대 작위로 인한 사건이라는 세월호 참사에 대한 서로 다른 이해가 2014년 당시부터 존재했다. 그리고 다양한 요인들이 후자를 강화하기 시작했다. 안전사회운동의 한계 속에서, 역사적 사례의 빈곤 속에서, 세월호 진상규명 운동에 가해진 정부의 탄압* 속에서 이는 강화되었다. 이 장의 나머지 절에서는 이 과정을 살펴본다.

• 세월호 참사 진상규명을 요구하는 과정에서 가해진 공권력의 탄압과 정부의 조사 방해 등을 '국가 폭력'이라고 규정해야 한다는 주장도 있다. 최근 국가 폭력의 의미를 좀 더 광범위하게 사용하는 흐름이 등장하고 있다는 점에서 이 주장에도 일리가 있으나, 고문·학살과 같은 전통적인 의미의 국가의 의도적 폭력과의 혼동을 일으킬 수 있다는 점에서 이 책에서는 국가 폭력이라는 용어를 제한적으로만 사용할 것이다.

3. 안전사회운동이 떠오르다

사회적 재난에 대한 고민

지금은 익숙한 단어이지만 '안전사회'라는 말이 긍정적 의미, 또 시민의 권리로서 이해되기 시작한 것은 세월호 참사 이후다. 세월호 참사가 발생하기 전까지 '안전사회'는 범죄를 사회의 대표적인 위험으로 여기고 형법을 강화해 '사회 안전'을 달성하겠다는 보수적인 담론이자 사회 통제를 위한 상징적 구호였다. 특히 당시 정부는 4대악으로부터의 '안전'을 내걸며 관련 담론을 주도하고 있었다.[68] 그러나 세월호 참사 이후 '안전사회'는 재난으로부터 안전할 시민의 권리를 새롭게 의미하게 된다.

세월호 특별법 제정 운동과 안전사회운동은 거의 동시에 시작되었다. 2014년 5월 13일, 노동 안전 단체와 인권 단체 등이 모여 세월호 참사가 제기한 안전과 인권 문제를 처음으로 논의했다. 얼마 뒤 이때 모인 이들은 국민대책회의 내 존엄과안전위원회(존엄안전위원회)를 구성하고 이후 안전사회운동을 주도하게 된다.* 이들은 안전이 치안으로 여겨져왔으며 현 정부가 '안전' 브랜드를 강조해왔다는 점을 인식하고 있었고, '안전'이라는 용어의 의미를 완전히 바꾸는 작업이 필요하다고 보았다.[69] 2014년 6월 10일 발간된 존엄안전위원회 명의의 첫 자료집은 이렇게 시작된 안전사회운동의 출발점을 보여준다. 앞서 언급했듯 '안전' 자체가 보수성을 띤 개념인데다 기존 사회운동의 주요 의제가 아니었기 때문에 해당 자료집에 실린 7가지 과제는 노동 안전 운동, 반핵 운동, 화학 물질 감시 운동 등 기존에 따로따로 진행되던 안전 관련 사회운동의 요구를 모아놓은 정도였다.* 그러나 존엄안전위원회는 '한국의 대형사고 역사와 교훈'을 정리하는 등 세월호 참사의 성격을 역사적·구조적으로 파악하려 노력했고, 이후에도 지속적으로 활동하면서 세월호 참사의 구조적 원인을 짚고, 안전사회 요구를 발전시키려 노력했다.[70]

> **존엄안전위원회가 제시한 '안전한 사회를 건설하기 위한 7가지 과제'[71]**
>
> 1. 기업살인법을 제정해야 합니다.
> 2. 원전사고를 막기 위한 최소한의 조치, 수명 끝난 노후 원전을 폐쇄해야 합니다.

- 국민대책회의에는 대외협력위원회, 시민참여위원회 등 여러 위원회가 있었다. 이 중 진상규명국민참여위원회와 존엄안전위원회가 각각 진상규명과 안전사회라는 과제를 나눠맡고 있었다. 그중 전자에는 민변과 참여연대가, 후자에는 인권 단체와 노동 안전 단체 등이 상당한 역량을 동원해 결합하고 있었다.

- 이에 대한 문제의식은 존엄안전위원회의 첫 간담회부터 있었다. "지금 발제해주신 내용들이 훌륭한데, 계속 고민되는 것은 우리가 얘기하는 게 좌파의 여러 가지 못한 얘기를 다 모아놓은 것일 수 있고. [……] 우리가 어디에서 주도권을 가지고 새로운 용어를 채택할 수 있는가. [……] 우리는 그런 분야를 잘 다뤄본 적이 없어서 순식간에 휘말릴 수도."(4·16 아카이브, 2014)

3. 위험 작업 중지권을 보장해야 합니다.
4. 생명과 안전에 관한 업무는 외주화를 금지하고 즉각 정규직화해야
   합니다.
5. 기업 활동 규제 완화에 관한 특별조치법을 폐지하고 규제 완화를
   중단해야 합니다.
6. 화학 물질로부터 안전하기 위해 주민[의] 알 권리가 보장되어야 합니다.
7. 지역 안전 관리 시스템과 공공 다중 이용 시설 안전에 시민 참여를
   보장해야 합니다.

존엄안전위원회는 세월호 참사 이후 높아진 시민들의 안전에 대한 요구를 부각하고, 세월호 참사 전후에 발생한 여러 재난 경험을 드러내 공동대응을 하는 등 '안전'을 사회운동의 요구로 만들기 위한 여러 활동을 진행했다. 존엄안전위원회는 2014년 7월과 9월에 각각 핵 발전소와 화학 물질 안전을 이슈로 진행된 '위험을 멈추는 시민행동'을 추진하고, 안전과 세월호 참사의 근본적 원인 규명을 위한 토론회, 존엄과 안전에 관한 인권 선언 추진 대회 등을 진행했다. 또 2014년 12월에 발생한 오룡호 침몰사고 유가족과 연대해 진상규명과 책임자 처벌을 함께 요구하기도 했다.[72]

존엄안전위원회는 기존 의제를 나열하거나 다른 사건 피해자들과의 사안별 연대에 그치는 것이 아니라 세월호 참사를 계기로 높아진 안전사회 요구를 통합할 수 있는 의제를 개발해야 한다고 생각했다. 존엄안전위원회 내부의 평등팀, 자유팀, 안전대안팀 중 안전 관련 의제 발굴과 활동 기획을 담당한 곳은 안전대안팀이었는데, 이들을 중심으로 세월호 참사 이전까지 주로 산재사망을 줄이

기 위한 대안으로 논의되던 기업살인법의 범위를 시민 재해까지 확장한 입법 운동을 검토하기 시작한다.[73] 2014년 9월부터 2015년 1월까지 안전대안팀은 '기업살인법 간담회'라는 이름으로 법률가와 활동가 10여 명이 참여하는 새로운 팀(기업살인법팀)을 구성한 후, 총 8차례에 걸친 논의 끝에 기업살인법 초안을 제출했다. 이들은 영국의 법인과실치사법, 삼풍백화점 붕괴와 대림산업 폭발사고 등 국내 대형사고 처벌 사례, 당시 진행되고 있던 청해진해운 판결 사례, 안전문화의 문제, 사고 조사의 방법, 기업 제재 방안과 관련한 법적 쟁점 등을 심도 있게 논의했다.[74] 이러한 논의를 통해 작성된 초안은 2015년 2월 말 기업살인법 논의를 위한 첫 워크숍에서 발표되었고, 이후 몇 차례의 논의를 거쳐 '중대재해기업처벌법'이라는 명칭으로 입법 청원 운동이 시작되었다.[75] 이후 청원안의 내용이 조금씩 바뀌었지만, 2021년 1월 통과된 '중대재해처벌법'은 바로 이때 현재의 이름을 부여받았다. 또 산재사망뿐 아니라 시민 재해를 포함한 형태의 법안으로 틀이 잡힌 것도 2015년 2월 청원안부터였다.

당시 중대재해기업처벌법은 책임자 처벌과 안전사회 구상을 가장 논리적이고도 현실적으로 연결한 법안이었다. 중대재해기업처벌법 이전에 널리 사용되던 용어인 '기업살인법'에는 기업에 의한 산재사망이 살인 행위와 다를 바 없다는 의미가 담겨 있었다.[76] 그렇다고 해서 기업살인법팀이 일반적인 살인죄 성립 요건인 '고의'로 인해 산재사망이나 시민 재해가 발생한다고 생각한 것은 아니다. 이들은 구조적 원인을 해결해야 한다는 문제의식이 매우 강했기 때문에 사법 처벌과 구조적 문제 해결 통합을 깊이 고민했다.

기업살인법팀은 기업이 안전 책임을 방기하기 때문에 대형사고가 일어난다고 인식했고, 재난 예방을 위해서는 안전보다 이윤을 중시하는 기업의 경영 전략 수정이 매우 중요하다고 생각했다. 그러나 한국에서의 처벌은 대부분 사고에 직접적으로 관계된 담당자와 현장 소장 등 하급직 노동자나 중간 관리자에 그치며, 기업은 이들을 다른 노동자로 대체할 뿐 관행이나 문화를 개선하지 않는다.[77] 중대재해기업처벌법 초안을 작성한 이호중 교수는 의사 결정 과정에서 특정한 개인이 저지르는 과실이 아니라 기업 내부에 존재하는 행동 규칙이나 관행이 변해야만 위험을 방지할 수 있다는 관점을 견지했다. 중대 재해에 대한 책임을 물어 기업을 처벌한다면 종업원에 대한 감독 소홀을 근거로 할 것이 아니라, 안전 조치를 간과하도록 조장하거나 묵인하는 기업의 정책, 관행, 행동 규칙 등을 근거로 해야 한다는 주장이었다.[78] 이러한 구상은 기업의 경영 전략, 조직문화 등 소위 구조적 원인을 해결하기 위해 형법을 활용하자는 아이디어로, 개인에게 책임을 지우는 체계로 형성·발전되어 온 형법의 인식론에 도전하는 의미가 있었다.[79] 중대재해기업처벌법 제정 운동은 기존 형법에서 해결할 수 없었던 '조직화된 무책임'의 문제를 입법적으로 해결하려는 시도였다.[80]

기업이냐 정부냐: 책임의 분리

세월호 참사 국민대책회의의 공식 입장이 사법적 원인 규명과 구조적 원인 규명의 동시 추구였던 점은 재차 확인해도 확실하다. 하지만 이 두 과제가 대립적이라고 이해한 관점이 세월호 진상규명 운동 일각에 초기부터 존재했다. 극소수이긴 했지만, 법적 처벌에 국한되지 않는 근본적 원인 규명을 통해 사회 시스템을 변화시켜야 한다는 국민대책회의의 기조와는 다른 주장을 하는 사회운동 단체도 있었다. 국민대책회의와는 다른 목소리를 낸 사회운동 단체들은 세월호 참사 조사에 필요한 것은 구조적 원인 규명이 아니라고 보았다. 이들은 구조 실패가 국가의 부작위 혹은 무능이 아니라 '의도'가 있는 행위였다고 주장했다. 민주민생평화통일주권연대는 세월호 참사 열흘 뒤에 발표한 성명에서 "정부가 구조를 못 한 게 아니라 안 한 것이다."라고 언급했고,[81] 노동사회과학연구소(노사과연) 역시 세월호 참사는 '사고가 아니라 학살'이라고 주장했다. 이들은 구조를 저지하도록 명령한 자가 누구인가를 찾는 것이 핵심이지 '근본적 원인'을 찾겠다는 것은 엉뚱한 소리라는 입장이었다.[82] 이러한 입장은 국민대책회의 존엄안전위원회의 활동을 정조준하고 있었다.

'안전사회'라는 구호가 기업의 문제만 강조하고 국가 책임은 흐리게 하는 것은 아닌지에 대한 질문도 제기되었다.[83] 정부가 기업의 이익을 우선시하는 한국에서, 그 어떤 사회적 참사에서도 국가 책임과 기업 책임은 동시에 존재하며 긴밀하게 연결돼 있다. 가습기 살균제 참사도 기업이 가습기 살균제 성분의 흡입 독성 실험을 제대로 하지 않은 책임과, 국가가 이를 제대로 관리 감독하지 못한 책임이 합쳐져 참사가 발생했다. 세월호 참사 역시 초기에는 생명보다 이윤을 중시한 기업의 잘못과 이러한 기업의 행위를 관리 감독하지 못한 국가의 책임을 동시에 언급하는 경우가 많았지만, 점차 국가 책임과 기업 책임을 대립적으로 바라보는 사람들이 늘어났다.

기업 책임과 정부 책임을 상호 배타적인 것으로 보는 인식틀은 한국의 다른 사고나 참사에서는 잘 보이지 않는 독특한 사고다. 어떻게 이런 인식틀이 강화되었을까. 먼저 청와대가 자신의 책임을 회피하기 위해 선원과 선사의 책임을 강조하는 틀짓기(framing) 전략을 계속해서 사용했다는 점을 이유로 꼽을 수 있다. '정부 책임이 아니고 선사 책임'이라는 프레임이 정부에 의해 계속 강조되면서 마치 선사의 책임을 인정하면 정부의 책임이 면제되는 것처럼 여겨지게 된 것이다. 보수 언론과 진보 언론의 보도 기조도 영향을 미쳤다. 청해진해운과 같은 기업 책임은 주로 보수 언론이 강조하고, 정부 책임은 진보 언론이 주로 강조했기 때문이다.[84] 당시 보도 프레임 비교 연구 결과 중 가장 흥미로운 부분은 보수 언론과 진보 언론 모두 '사회적 책임'을 강조했다는 점이다. 그러나 진보지와 보수지의 사회적 책임 담론은 그 의미가 달랐다. 진보지가 사회적 책임 담론을 말 그대로 정부 책임으로 한정되지 않는 사회적 책임, 즉 사회 개혁의 과제를 강조하기 위해 사용했다면, 보수지의 사회적 책임은 '우리 모두에게 책임이 있으니 정부에게만 책임을 물어서는 안 된다.'는 회피 전략의 일환으로 사용되었다. 게다가 보수 언론의 사회적 책임 담론이 오히려 진보 언론의 사회적 책임 담론보다 시기적으로 더 먼저 등장했으며, 담론적 실천상으로도 더 활발했다.[85]

이렇게 사회적 책임 담론이 왜곡된 방식으로 보수 언론에 선점되면서 안전사회나 사회적 책임 담론은 점차 책임자 처벌을 향한 진상규명의 요구를 흐리고, 타겟을 모호하게 한다고 여겨지게 되었다. 사회적 책임 담론을 보수 세력에 선점당한 상태에서 박근혜 정부의 책임을 명확히 하기 위해서는 구조적 문제에 집중해서는 안 된다는 일부 사회운동 단체의 인식은 점차 힘을 얻었다. 이는 기업 책임에 집중하는 존엄안전위원회 안전대안팀의 활동이 대중적인 호응을 얻지 못한 배경이 되었다.

왜 반향을 일으키는 데 실패했을까

앞서 살펴보았듯이 안전사회운동은 2015년 초부터는 중대재해기업처벌법 제정 운동에 집중했는데, 이 운동은 세월호 참사 진상규명 요구와 미묘하게 어긋날 수밖에 없었다. 법적 책임 배분의 불균형이 이 어긋남에 영향을 미쳤다. 세월호 참사에 대해 기업 책임은 상당히 강하게 추궁된 반면, 정부 책임은 법정에서 거의 인정되지 않았기 때문이다.

대형사고가 발생했을 때 기업의 최고 경영자와 소유주까지 형사처벌을 받은 사례는 매우 드물다. 세월호 참사 전 최고 경영자가 처벌받은 경우는 삼풍백화점 붕괴사고가 유일했다. 삼풍그룹의 이준 회장은 업무상과실치사죄와 배임·횡령 등의 혐의로 7년 6개월의 징역형을 받았다. 이러한 이례적 처벌은 이준 회장 등이 삼풍백화점 붕괴 원인이 된 옥상 증축 공사와 이로 인한 균열 보강 공사를 '직접 지시'했기 때문에 가능했다.[86] 세월호 참사 역시 선사의 최고 경영자가 처벌을 받았다는 점에서 이례적이었다. 실소유주인 유병언 회장은 사망해 재판을 받지 않았지만, 청해진해운 김한식 대표이사는 대법원에서 징역 7년을 최종 선고받았는데, 청해진해운 경영진들이 매주 실적 보고를 받으면서 화물과적을 지시 내지 용인한 정황이 포착되었기 때문이었다.[87] 이 두 사례는 상대적으로 기업 규모가 작고 사장 혹은 회장이 직접 구체적인 실행 지시를 내리는 기업 운영 방식 때문에 최고 경영자의 '직접 지시'가 입증되어 처벌 가능했던 사례이다. 반면 최고 경영자와 소유주가 분리되어 있으며, 조직이 더 크고 책임을 분산하는 방식으로 체계화되어 있는 대기업에서는 소유주는 물론 최고경영자에 대한 처벌도 거의 불가능하다. 이제는 삼풍그룹처럼 회장이 직접 회사의 업무에 관여하는 일은 거의 없다. 현대제철에서 노동자 사망사고가 계속 발생해도 현대제철 사장이나 정의선 회장에게 법적 책임을 묻기는 어렵다.

중대재해기업처벌법 제정 운동에 나선 이들은 청해진해운이 이례적으로 처벌받았다는 사실을 잘 알고 있었다. 더불어 삼풍백화점 붕괴와 세월호 참사가 대중의 이목이 집중된 재난이었기 때문에 이러한 처벌이 가능했다는 점도 인지하고 있었다. 그러나 세월호 참사가 생명보다 이윤을 우선하는 사회에 경종을 울린 것이라면, 청해진해운에 대한 이례적인 처벌에 만족하지 않고 여전히 남아있는 보편적 문제를 해결해야 할 것이 아닌가? 개연성은 있지만 법적 요건을 충족하지 못해 처벌받지 않은 문제들 말이다. 이것이 국민대책회의 안전대안팀 활동가들의 기본적인 생각이었다.

그러나 다른 편에서는 청해진해운 경영진이 처벌을 받은 데 비해 정부 측 책임자들은 기소조차 되지 않은 불균형 때문에 기업 책임에 대한 관심은 약화되고 국가 책임에 관심이 집중되었다. 특별법 제정 운동에 대한 국가의 탄압도 그런 경향을 가속화했다. 이런 국면에서 기업 책임에 집중해온 중대재해기업처벌법 제정 운동은 세월호 참사의 경우 왜 국가 책임이 계속 과소화되며 진상규명 요구에 이렇게 탄압이 가해지는지 적극적으로 설명하지 못했다. 또 재난 대응 경험과 이에 관한 이론적 자원이 부족했기 때문에 세월호 구조 실패 국면을 제도와 관행의 문제로 접근하고 분석하는 데 상대적으로 취약했다. 즉 구조 실패에 대한 국가 책임을 자신들의 기조에 맞게 '구조적으로' 설명하는 데 실패한 셈이다.

세월호 진상규명 운동 내에서 기업 책임에 대한 관심은 점점 줄었다. 두 연대체(국민대책회의, 4·16연대)를 통틀어 청해진해운 재판과 관련한 성명은 2015년 3월 4일 항소심 공판 시작 당시 발표된 것을 마지막으로 더 이상 발견되지 않는다. 청해진해운 임직원에 대해 2015년 5월 2일 항소심 선고가, 같은 해 10월 29일 대법원 선고가 있었으나 이에 대한 형식적인 논평조차 없다.

특조위와 4월 16일의 약속 국민연대(4·16연대)의 출범도 안전사회운동의 동력을 약화하는 계기가 되었다. 안전대안팀이 특조위 안전사회소위원회에 의제를 이월했기 때문이기도 하지만 4·16연대 사무처도 상대적으로 안전사회 의제에 무관심했다. 세월호 참사 1주기 당시까지 안전대안팀은 중대재해기업처벌법 초안 작성 뿐 아니라 안전사회 의제를 발전시키는 작업을 활발히 진행했다. 2015년 4월 존엄안전위원회가 주관한 토론회는 세월호 참사 이후 1년여 동안 진전되어온 안전사회운동 문제의식을 갈무리해 보여준다. 토론회에서는 1) 안전 규제 완화 문제에 대한 지적, 2) 박근혜 정부의 안전 대책(안전 혁신 마스터플랜) 비판, 3) 인권으로서 안전, 4) 노동 안전과 시민 안전의 연계, 5) 재난 참사에 대한 기업 책임까지 총 다섯 주제가 다뤄졌다.[88] 2015년 6월 4·16연대로 조직이 전환된 후, 안전사회에 대한 종합적 토론은 진행되지 않았다.

4·16연대는 이 책에서 계속 등장하는 중요한 단체이기 때문에, 여기에서 그 성격에 대해 조금 더 살펴볼 필요가 있겠다. 4·16연대는 국민대책회의의 뒤를 이어 현재까지 활동하고 있는 세월호 참사 관련 상설연대체이다. 세월호 가족대책위와 국민대책회의는 특조위가 출범하면 자신들의 역할을 대신해주리라 생각했다. 따라서 특조위 출범은 국민대책회의라는 기존 연대체를 재편하는 계기가 되었다. 국민대책회의가 기존 사회운동 단체들의 일시적 연대체였다면, 4·16연대는 개인 회원을 기반으로 하되 단체와 모임의 대표 또는 책임자로 구성된 운영위원회(분기별 1회 개최)를 의결 기구로 두는 상설 단체였다. 이런 변화에는 장점도 있었지만 단점도 있었다. 사무실을 마련하고 사무처를 구성해 안정성이 생겼지만, 동시에 국민대책회의에서 의욕적으로 활동했던 다양한 단체들의 참여는 점차 줄어들었다.[89] 운영위원회는 분기별 1회만 열면 되었고 이전에는 여러 단체의 활동가들이 나눠 맡았던 업무를 이제 4·16연대 사무처가 대부분 담당하게 되었기 때문이다. 즉 조직은 안정됐지만, 활동 역량과 다양한 전문성은 축소된 것이다. 또 특조위가 출범하면서 과제 역시 특조위 회의 모니터링과 특조위 조사 내용 중 일부를 선별해 홍보하는 활동으로 좁아졌다.

이렇게 안전사회운동은 더 어려운 조건에 처했다. 4·16연대 출범 이후, 국민대책회의 존엄안전위원회에 속했던 단체들은 특조위의 전문·자문위원으로서 안전사회 종합 대책 마련 작업에 참여하고, 동시에 중대재해기업처벌법 제정 운동에 집중하는 투트랙 전략을 택한다.[90] 그러나 앞서 설명한 것처럼 기업 책임에 대한 여론은 약해졌고 4·16연대 사무처는 중대재해기업처벌법 제정 운동에 큰 관심이 없었다. 또 특조위의 전문·자문위원 활동은 안전사회 소위원회 보고서 작성 작업이어서 특조위 바깥 사람들의 눈에 보이지 않았다. 즉 특조위 활동으로는 대중들에게 운동의 메시지를 지속적으로 발신하기 어려웠다.

안전사회운동이 사회 전반적으로 반향을 얻지 못한 것은 아니었다. 비극은 계속 발생했기 때문이다. 그중에서도 젊은 노동자들의 죽음이 대중적으로 반향을 일으켰다. 2016년 5월 28일 구의역에서 스크린 도어를 수리하던 19세 노동자가 사망한 사건은 이전 산재사망 사고와 다르게 주목을 받았다.[91] 사망한 김 모 씨가 세월호 참사에서 희생된 고등학생들과 같은 나이였고, 4·16가족협의회가 조문을 가기도 하면서 세월호 참사가 제기한 안전사회 문제는 다시 떠올랐다.[92] 안전사회운동은 이러한 산재사망사고를 계기로 계속 진행되었지만, 세월호 진상규명 운동과는 거리가 멀어졌다. 안전사회운동은 세월호 참사 진상규명 운동에서 점차 상징적인 의미만을 갖게 된다.

4. 국가 폭력 담론

2015년 5월 2일 새벽, 안국역 사거리. 전날 오후에 시작된 집회는 끝이 나지 않고 있었다. 경찰 차벽에 막혀 몇 시간째 한 발짝도 앞으로 나갈 수 없었지만, 사람들은 해산하지 않고 세월호 특별법 시행령 폐기를 외쳤다. 경찰이 몇 번의 경고 방송을 했는지는 모르겠다. 새벽이 되자 이 사람들을 해산해야겠다는 생각이 든 모양이었다. 물대포가 방향을 조준하기 위해 아래위로 몇 차례 움직였다. 곧 '치익' 소리를 내며 물대포가 발사됐다. 처음 보는 하얀색 액체가 발사되자마자 매캐함이 몰려왔다. 최루액이었다. 하얀 가루가 섞인 물이 온 길바닥에 흥건했다. 콜록거리며 최루액 범벅이 된 도로를 보니 뱃속 깊은 곳에서 화가 치밀어 올랐다. 유가족이 사고 원인 좀 밝혀달라는데 공권력이 이렇게까지 할 일인가?

국가 폭력 담론과 세월호 참사가 긴밀히 결합하게 된 데는 여러 과정이 있다. '이렇게까지 할 일인가.'라는 생각이 들게 한 과정, 그 생각이 계속 자라나게 된 과정, 여기에는 무엇인가 이유가 있을 것이라는 확신을 갖게 된 과정 말이다. 이 과정을 구체적으로 이해할 때, 앞서 설명한 기업 책임을 주로 강조한 안전사회운동이 부침을 겪을 수밖에 없었던 이유가 더 잘 이해될 것이다. 그리고 2015년 8월 본격적인 활동을 시작한 세월호 참사 조사위원회들의 어려움을 이해하는 데도 이 지점은 매우 중요하다. 이를 위해 여기서는 세월호 참사를 둘러싼 여러 의혹, 세월호 특별법 제정 과정에서 과거사위원회를 선례로 참고하게 된 배경, 세월호 특별법 제정 운동에 대한 국가의 탄압 과정을 차례로 살펴본다.

난립하는 의혹들

세월호 참사의 특징 중 하나는 참사 초기부터 여러 의혹이 대두되었다는 점이다. 대형참사에는 왜 일이 이렇게 되었는지 이해 불가능한 측면이 항상 포함되어있고, 대중들의 이목이 쏠릴수록 다양한 의혹이 부각되는 경향이 있다. 의혹 제기가 그 자체로 나쁜 것은 아닌데, 이를 해명하는 과정이 진상규명에도 어느 정도 도움이 될 수 있기 때문이다. 『세월호를 기록하다』를 쓴 오준호는 그러한 사례로 '오렌지맨'을 언급한다. 오렌지맨은 세월호 폭발을 의심한 이들이 의문의 인물로 지목한 이로, 세월호에서 구조될 당시 오렌지색 파카를 입고 있었다. 그는 재판 과정에서 기관부 선원으로 확인되었는데, 왜 두꺼운 파카를 입었느냐는 질문에 저체온증에 대비하기 위해 본능적으로 두꺼운 옷을 입었다고 대답했다.[93] 이 답은 의혹을 제기한 이들이 가정한 답과는 다르지만, 당시 선원들이 4월 중순의 차가운 바다에 빠질 것을 대비해 자신의 몸을 보호할 조치를 취할 정도로 당시 세월호의 상황이 위급했다는 점을 추정할 증거가 될 수 있다.

의혹은 그 자체로 음모론이 되지도 않는다. 의혹이 음모론이 되는 순간은 의혹을 제기할 때 설정한 가설을 뒷받침하는 증거는 채택하고, 다른 증거는 거부하는 방식으로 특정 가설을 배타적으로 지지하려 할 때다. 그러므로 의혹에 대한 해명이 이어지는데도 이것이 사회적으로 잘 수용되지 않을 경우, 해명이 납득하기 어려워 그런 것인지, 납득 가능한 해명인데도 원하는 답이 아니어서 수용하지 않는 것인지를 구분해야 한다. 세월호 참사와 관련해 제기된 의혹에 관한 해명의 신뢰성 여부를 판단하는 것은 이 책의 임무가 아니다. 다만 지금까지 주요하게 해명되어야 한다고 여겨지는 의혹이 처음에 어떤 이유로 등장했고, 왜 사라지지 않았는지는 짚어봐야 한다. 이것이 이후 조사위원회의 조사 방향에 다양한 방식으로 영향을 줬기 때문이다.

초기에 제기되어 지금까지 남아있는 의혹들 중 대표적인 것으로는 세월호의 AIS* 데이터 조작, CCTV 영상 조작, 국정원 실소유주 의혹 등이 있다. 먼저 세월호의 항적에 관한 조작 의혹은 말 그대로 정부가 세월호의 항적을 조작해서 발표했다는 의혹이다. 항적 조작 의혹은 사고 이튿날 해양수산부가 AIS 데이터를 바탕으로 발표한 세월호 항적에서 세월호의 급선회 시점의 항적이 누락된 채 발표된 데서 시작되었다.[94] 해양수산부가 2014년 4월 17일 공개한 항적도에는 4월 16일 8시 48분 37초부터 8시 52분 13초까지 3

---

* AIS(Automatic Identification System)는 선박자동식별시스템을 가리키는 용어로, 선명·제원·속력 등의 정보를 무선 통신을 통해 선박-선박, 선박-육상 간 자동 송수신을 할 수 있는 항해장비를 가리킨다.

분 36초의 항적이 누락되어 있었다. 4월 21일 해양수산부는 두 번째 항적도를 발표했지만, 이 항적도에도 8시 48분 37초부터 8시 49분 12초까지 급선회 발생 시각 36초 구간이 누락되었다. 해양수산부는 한 번 더 항적도를 발표했으나 여전히 29초가량이 누락된 상태였다.[95] 배가 급격히 선회한 시점의 데이터가 누락된 발표가 여러 번 반복되면서 데이터에 대한 신뢰도가 하락했다. 2014년 10월 피해자 가족들이 진도 VTS 로그 기록을 통해 누락된 항적을 복원하면서[96] 정부에 대한 신뢰도는 더 하락했다. 2015년 특조위 출범에 맞춰 4·16 가족협의회와 4·16연대가 공동으로 발표한 「진상규명 82대 과제」에서는 "AIS 항적 기록 중 대각도 변침 전 구간이 불명확하다는 점에서 세월호가 과연 대각도 변침을 한 것인지, 그리고 했다면 그것이 조타 미숙에 의한 것인지 혹은 고의에 의한 것인지 등은 불명확할 수밖에 없을 뿐만 아니라 검찰이 주장하고 있는 침몰 원인에 대한 시나리오가 모두 타당한 근거가 없는 것이 될 수 있다."라며 AIS 기록의 문제가 검찰의 침몰 원인 시나리오에 대한 불신으로 이어지고 있다는 점을 명시하고 있다. 그러나 이때까지도 피해자 가족과 사회운동은 AIS 데이터가 조작되었다는 의혹을 강하게 제기하지는 않고 있다. AIS 데이터 조작 의혹은 참사 초기 데이터 누락에 대한 단순한 의문에서 점점 발전해나간 것이다.

2021년 특검 수사까지 진행된 DVR(CCTV 녹화장치) 조작 의혹의 시작은 2014년 6월 22일, 세월호 가족대책위가 마대 자루에 담긴 DVR 장치를 발견하면서 시작되었다. DVR 장치에는 세월호 선내 CCTV 영상이 아침 8시 48분경까지 저장되어 있었는데, 이는 급선회 시점에 CCTV가 꺼졌다는 점을 의미했다.[97] 급선회 이후에도 CCTV가 켜져있던 것처럼 진술한 선원이 있어 세월호 CCTV가 급선회 이후까지도 작동이 되고 있었던 것은 아닌가 하는 의혹이 있긴 했지만, 국민대책회의와 가족대책위는 2014~2015년 당시에는 DVR장치 조작 의혹을 제기하기보다는 왜 CCTV 영상이 급선회 시점에 꺼졌는지를 규명할 필요가 있다는 점에 집중했다.《뉴스타파》등 언론과 피해자 가족들의 조사에 따르면 정상적 종료나 정전이 이유가 아니라고 추정되었기 때문에, 전원선이 어떤 경위로 뽑혔는지를 밝혀야 한다는 것이었다.[98]

국정원과 관련한 의혹은 2014년 5월 15일《경향신문》이 세월호의 '해양사고 보고 계통도'에 국정원이 들어가 있으며, 사고 당일 청해진해운 임직원들이 국정원에 9시 10분경 문자로 사고 사실을 보고했다고 밝히면서 시작되었다.[99] 국정원은 방송 뉴스를 보고 9시 44분에 사고를 최초 인지했다고 발표했다. 하지만《경향신문》은 이튿날 후속 기사를 통해 최초 신고 시간(8시 58분)과 해경 구조 본부 가동 시간(9시 10분)을 고려하면 이는 너무 늦어 신빙성이 떨어진다고 주장했다.[100] 5월 20일 국회 긴급 현안 질의에서 정홍원 국무총리가 국정원의 해명과 달리 '청해진해운으로부터 전화를 받아 국정원이 사고 사실을 인지했다.'고 답변하면서 의혹은 일파만파 커졌다.[101] 청해진해운과 국정원의 관계에 대한 의혹이 계속되는 가운데, 2014년 7월 25일, 세월호에서 건진 노트북에서 '국정원 지적 사항'이라는 파일이 발견되면서 국정원 실소유주설이 대두했다.[102] 이 파일에는 전시실 및 오락실 도색 작업, 샤워실 및 화장실 보수 작업 등 선박 설비 보수에 관한 일반적인 사항이 대부분을 차지하고 있었는데, 국정원이 이런 세세한 사항까지 지적한 이유에 대한 의문이 일었다.[103] 국정원은 세월호를 국가보호장비로 지정하라는 해수부의 요청에 의해 보안 측정을 진행했고,* 그 과정에서 자신들은 파일에 있는 목록 중 일부 항목(4개)만을 지적했을 뿐이라고 해명했지만 의혹을 불식시키기는 어려웠다. 국정원이 지적했다고 밝힌 항목 중 보안과 관련이 없어 보이는 항목이 있었기 때문이다.

세월호 참사를 둘러싼 의혹은 기본적으로 정부 부처들의 불성실한 초기대응과 그 이후에도 계속된 말 바꾸기 때문에 시작되었다. 특히 국정원이 뉴스를 보고 세월호 침몰을 인지했다는 해명이 거짓으로 밝혀지고, 왜 세월호를 대상으로 다른 선박에 비해 과도한 관리를 진행했는지 납득할 수 있는 해명을 내놓지 못하면서 의혹은 더 커졌다. 국정원이 실소유주일 가능성이 크지 않다고 생각하는 사람들에게조차 국정원의 해명은 명쾌하지 않았다. 세월호 참사를 둘러싼 수많은 의혹에 대해 최대한 합리적인 설명을 내놓으려 노력한 이들도 국정원과 관련해서는 추가적인 해명이 필요함을 지적했다.[104]

의혹이 확산된 이유는 또 있다. 세월호 참사의 다른 원인 제공자들이 자신들의 책임을 회피하기 위해 의혹을 부각시켰던 것도 하

---

* 국가정보원법의 하위 법령인 보안업무규정에는 "파괴·태업 또는 비밀누설로 인해 전략적 또는 군사적으로 막대한 손해를 초래하거나 국가안전보장에 연쇄적 혼란을 초래할 우려가 있는 시설 또는 지역과 선박·항공기 등 중요장비"에 대해 보안 측정을 실시할 수 있다고 규정되어 있다. 이때 선박, 항공기와 같은 중요 장비를 '보호장비'라고 부른다. 세월호가 국가보호장비로 지정된 이유에 대한 의문이 증폭되자, 국정원은 일정 규모 이상 선박은 국가보호장비로 지정한다고 해명했다.

나의 이유이다. 예를 들어 청해진해운은 자신의 책임을 피하기 위해 인터넷에서 제기된 의혹을 적극 활용했다. 언론과 인터넷 공간에서 세월호의 침몰에 복원성 문제가 아닌 다른 원인이 있을 것이라는 의혹이 제기되자, 청해진해운 측 변호인은 재판에서 이를 변호 근거로 사용했다. 청해진해운은 AIS에 기록된 급격한 선수(뱃머리) 방향의 변화(1초 만에 199도에서 213도로 틀어짐)가 잘못된 데이터가 아니라 실제라고 보고, 이 정도 수준의 빠른 움직임은 배 자체의 힘으로는 불가능하다고 주장했다. 이들은 세월호 침몰 당시 인근 해역에 또 다른 물체가 존재했을 수 있다며 어떤 물체와의 충돌로 인해 세월호가 침몰했을 가능성을 제기했다. 복원성에는 문제가 없었는데 충돌로 인해 세월호가 침몰한 것이라면, 청해진해운의 책임이 면제될 수 있었기 때문이다. 청해진해운의 주장은 민변이 2014년 9월 발간한 책에 진상규명이 필요한 사항으로 그대로 실려있다.[105] 아무리 AIS 기록에 대한 의문이 있다고 해도, 청해진해운의 책임 회피성 주장을 민변이 그대로 차용한 점은 놀라운 일인데, 그만큼 당시 세월호 참사를 둘러싼 의혹의 진위와 의도를 가려내기는 쉽지 않았던 것으로 보인다.•

• 이런 현상이 발생한 데는 민변 등 시민사회운동 세력과 연대할만한 해양 선박 분야의 전문가들이 없었다는 점도 작용했다. 시민사회운동은 해당 분야의 전문가들과 평상시 교류가 거의 없었고, 대항전문가 역할을 할 사람들도 없었다. 예를 들어 대구 지하철 참사에서는 대구 및 서울지하철노동조합 등이, 허베이스피리트호 참사에서는 환경운동 단체와 같은 경험적·맥락적 지식을 갖는 전문가들이 기술적이고 과학적인 측면부터 사회구조적 문제까지 내용을 상당 부분 장악하고 사회운동의 요구를 생산하는 역할을 담당했다. 그러나 세월호 참사에서는 그러한 전문가들을 찾을 수가 없었던 것이다. 해양 선박 분야 전문가들도 세월호 참사의 원인 규명에 관심이 없지 않았지만, 세월호 진상규명 운동과 만나는 일은 없었다. 이는 세월호 진상규명 운동의

의혹이 빠르게 해명될 수 없었던 물리적 조건, 즉 세월호라는 가장 큰 증거가 바닷속에 있는 상황도 의혹이 자가발전할 시간을 제공했다. AIS 데이터 조작과 CCTV 영상 조작 관련 의혹은 초기에 발견·발표된 데이터들이 세월호 침몰의 직접적 원인인 급선회 발생 시점을 기록하고 있지 않았기 때문에 생겨났다. 참사 당일에는 해양 선박 전문가들조차 암초와 충돌했거나 선박 내부 폭발 등으로 선체에 파공이 생겨 침몰한 것일 수 있다고 추측하기도 했다.°[106] 전문가들이 보기에 수밀(水密)구역°이 존재하는 여객선 구조상 세월호의 침몰 속도가 너무 빨랐기 때문이다. 복원력 상실 등의 원인이 밝혀지면서 전문가 공동체 사이에서 선박 파공설은 가능성 없는 가설로 폐기되었으나, 검찰 수사 결과 발표 이후에도 많은 사람들은 파공이 아니라면 그렇게 빨리 침몰하기 어려웠으리라고 생각했다.[107]

의혹은 각각 독립적이었고 하나의 가설을 구성하지는 않았지만, 은연중에 국가가 뭔가를 숨기고 있을 수 있다는 의문을 포함하고 있었다. 4·16연대와 4·16가족협의회°는 CCTV 전원이 급선회로 인해 자연스럽게 뽑힌 것인지, 누군가가 고의로 뽑은 것인지를

주요한 한계점으로 작용했다. 국민대책회의 등 세월호 진상규명 운동에 나선 이들은 기술적인 내용과 해운업계의 관행 등에 대해 접근하기 어려웠고, 이후에 기술적 주장을 정치적 판단에 따라 선택적으로 지지하게 되는 상황까지 야기되었다.

• 그러나 세월호 인양 후 이뤄진 선체 조사에서 수밀문이 모두 열려있었던 것으로 결론 내려졌다. 자세한 내용은 이 책의 5장을 참조하라.

• 수밀구역은 배가 충돌하거나 좌초했을 때, 침수 등의 피해를 최소한으로 줄이기 위해 물이 새어나가지 않도록 구획된 구역을 말한다.

밝혀야 한다고 주장했는데,[108] CCTV 영상이 저장되지 못하도록 고의로 전원을 뽑았을 가능성을 언급하는 것만으로도 다양한 상상을 자극할 수 있었다. 마치 급선회 원인을 숨겨야 할 거대한 기획 때문에 누군가 전원선을 뽑았을 수도 있다고 상상할 수 있었기 때문이다. 특히 국정원과 관련한 의혹은 이를 더 강화했다. 국정원이 운영양태와 내부 관행을 알기 어려운 국가기관이라는 점에서 국정원과 세월호의 관계에 대한 가설에는 상당한 추정이 끼어들 수밖에 없었고, 이때 국가의 비밀기구는 으레 이럴 것이라는 상상도 작용했다. 국정원은 청와대와 더불어 국가 자체를 상징하는 기관이 되어 점점 더 중요한 조사 대상으로 부상했다. 몇몇 사람들은 국정원과 청와대의 세월호 침몰 혹은 구조 방기의 '의도'를 밝혀내는 것이 국가 책임을 물을 수 있는 방법이라고 생각했다.

과거사위원회의 소환과 역사적 트라우마

과거사위원회의 유산도 국가폭력 담론 강화에 기여했다. 세월호 특별법 청원안 구성을 주도한 변호사들은 과거사위원회 관련 법을 세월호 특별법의 모델로 삼았다. 기존 위원회 중 국가의 잘못에 대한 진상규명을 목표로 한 곳이 의문사위, 친일반민족행위자재산조사위원회, 진화위와 같은 소위 과거사위원회였기

- 세월호 참사 희생자·실종자·생존자 가족대책위원회(가족대책위)는 2015년 1월 25일 사단법인의 형태로 조직을 전환하고, 명칭도 '4·16 세월호 참사 진상규명 및 안전사회 건설을 위한 피해자 가족협의회(4·16가족협의회)'로 변경하였다.

때문이다. 세월호 특조위가 한국의 첫 특별재난조사위원회라는 의식이 있었다면, 청원안이 이렇게 빠르게 제출되기 어려웠을 것이다. 선례가 없었기 때문이다. 이런 빠른 속도는 과거사위원회들을 독립적 조사위원회의 선례로 삼아 관련 법 규정을 참고해 세월호 특별법을 구성했기 때문에 가능했다.[109] 그러나 재난조사위원회와 과거사위원회는 요구되는 배경지식, 전문성, 조사 방법에서 큰 차이가 있다. 기술적(technical) 조사가 필요한 재난조사위원회를 구성하는 특별법을 전혀 성격이 다른 과거사위원회의 규정을 참고해 구상했다는 점은 경험적·인식론적 한계를 잘 보여준다. 많은 문헌들이 과거사위원회와 재난조사위원회가 어떤 측면에서 다르고 같은지를 설명하지 않고 이 둘을 바로 비교하거나 참고 사례로 다루고 있는데, 이는 과거사와 세월호 참사의 성격이 다르더라도 '진상규명' 요구는 같기 때문에 유사한 방법으로 해결 가능하다고 생각했음을 보여준다.[110]

시민사회운동 역시 과거사위원회의 법률적 틀과 평가를 바탕으로 재난조사위원회의 구성에 관한 법을 만드는 데 별다른 의문이 없었다.[111] 특별법 제정 운동 과정에서 변호사 단체와 국민대책회의는 특별법에 대한 공방이 이뤄질 때마다 과거사위원회들의 규정과 경험을 끌어와 주장의 근거로 삼았다.[112] 이렇게 특별법 제정 운동 과정에서 과거사위원회를 소환하자 2가지 효과가 나타났다. 첫째, 수사권과 기소권이 진상규명을 위해 필요한 가장 중요한 권한으로 여겨지게 되었다. 둘째, 과거사위원회의 진상규명 대상이었던 국가 폭력 사건들의 역사적 트라우마도 함께 소환되어 세월호 참사의 성격 규정에 영향을 미쳤다.

과거사위원회의 조사 경험은 사회운동 영역에서 일종의 사법주의를 강화했다. 국민대책회의가 진행한 특별법 관련 첫 토론회에서 안경호 전 의문사위 조사관은 참고할만한 의문사위와 진화위 사례를 언급했다. 그는 조사 과정에서 피조사기관과의 대립과 갈등이 필연적으로 발생할 수밖에 없다는 점을 강조하며, 해경·검찰·국정원·청와대가 조사를 거부하거나 자료 제출을 거부할 경우 이를 강제할 수단을 강구해야 한다고 강조했다.[113] 의문사위에서는 주요 증거를 가지고 있던 국방부 관계자가 조사관들에게 공포탄을 발사하고 수갑을 채우는 등 강력히 저항해 조사관들이 이미 입수한 결정적 자료를 다시 내주는 사건도 있었다.[114] 강제 규정이 없는 조사권으로는 눈앞에서 증거를 내줘야 할 수도 있다는 생각이 과거사위원회에서 일한 활동가들에게 강하게 뿌리내릴만했다. 토론회에서 안경호 전 조사관은 특별법으로 구성될 국가기구는 강력한 수사권을 가져야 한다고 결론내렸고 이는 강한 인상을 남겼다.[115]

　　특별법 제정 과정에서 가장 큰 쟁점이 된 수사권·기소권은 이처럼 과거사위원회의 경험을 통해 절실한 요구가 되었다.[116] 앞서 살펴보았듯이 수사권·기소권은 세월호 특별법 입법청원안을 만드는 과정에서부터 주요 쟁점이었다. 입법청원안을 마련하기 위해 구성된 변협의 특별법 제정팀 내부에서도 의견이 갈렸다. 보수층의 격렬한 반대로 법 제정까지의 소요 시간이 길어질 가능성과 관철되기 어려운 요구를 포함하는 것에 대한 우려가 있었던 반면, 기존의 조사 권한만으로는 세월호 참사의 진상규명이 사실상 불가능하므로 수사권·기소권이 반드시 필요하다는 의견도 있었다. 후자를 강하게 주장한 이들은 과거사위원회에서 위원으로 활동한 경험이 있는 변호사들이었다. 특별법 제정팀은 결국 입법청원안에 수사권·기소권을 포함하되 조사 권한, 동행 명령, 청문회, 안전사회 대책 이행 강제 등 다른 주요 내용을 관철하는 데 주력한 후 어느 시기가 되면 수사권·기소권을 포기할 수도 있다고 정리하고, 7월 6일 피해자 가족들에게 입법청원안을 설명할 때도 이와 같은 내용을 공유한다. 변협 백서에 따르면 피해자 가족들이 수사권·기소권 관철을 강하게 요구해, 수사권·기소권을 포기할 수도 있다는 부분에 대해서 격론이 있었다고 한다.[117] 독립적 조사기구가 해경·청와대·국정원 등에 대한 검찰의 부실 수사를 대신해야 한다는 입장에서는, 권한의 부족으로 이전 위원회와 같은 실패를 반복할 수는 없다고 생각했을 것이다. 수사권·기소권을 포기할 수 있다고 생각한 이들조차 강한 조사 권한이 재난조사위원회의 성공 여부를 가르는 핵심이라는 생각에는 대체로 동의하고 있었다.

새누리당과 정부는 세월호 참사 조사위원회가 구성되면 청와대 등 대통령에게 책임이 향할 것을 잘 알고 있었으며 이를 막고자 했다. 이들은 세월호 참사 조사를 기술적 조사로 한정하기를 바랐다. 예상대로 수사권·기소권은 특별법 제정 과정에서 가장 중요한 쟁점이 되었다. 새누리당은 수사기관이 아닌 곳에서 수사권을 가진 적이 없다며 세월호 특조위에 수사권·기소권을 부여하면 한국의 사법 체계가 흔들린다고 주장했다.[118] 전국 법학자 229명이 수사권·기소권 보장은 헌법상 문제가 없다는 기자회견을 진행하기도 했지만, 수사권·기소권은 결국 확보되지 못한다.[119] 가장 원했지만 가장 닿을 수 없는 권한으로서의 수사권·기소권의 존재는 재난조사위원회의 성과를 사법적 권한이 좌우할 것처럼 여겨지게 했으며, 이것이 이후 세월호 조사위원회에 대한 모든 평가 지점을 압도하게 된다. 모든 실패는 수사권·기소권의 부재 때문이었다고 말이다. 사실 2014년 당시에도 수사권·기소권이 이렇게 핵심적 요구가 되는 것이 맞는지, 또 법적 권한에만 기대는 효과를 낳는 것이 아닌지에 대한 고민이 없지는 않았다. 그러나 갈등선이 명확한 상태에서 이런 성찰은 숙고되기 어려웠다. 세월호 특조위와 선조위의 운영, 또 몇몇 산재사망 사건을 계기로 구성된 특별사고조사위원회의 운영을 지켜본 지금은 더 명확히 말할 수 있게 되었다. 재난조사위원회에 수사권·기소권이 없었던 것이 진상규명을 어렵게 한 주요 원인은 아니었다.

다음으로 과거사위원회의 경험을 끌어온 것이 세월호 참사의 성격 규정에 미친 영향을 보자. 법률가들과 활동가들이 세월호 특별법 제정 과정에서 과거사위원회를 제도적으로 참고하긴 했지만, 세월호 참사를 과거사위원회가 다룬 국가 폭력 사건들과 동일한 성격이라고 판단하지는 않았다. 앞서 반복적으로 이야기했지만, 강한 조사 권한이 필요하다고 생각한 이들도 세월호 참사가 이전의 국가 폭력 사건처럼 정권의 억압적 성격으로 인해 발생했다고 생각하지 않았다. 그러나 제도는 형태만이 아니라 이를 정당화하는 담론도 포함한다. 따라서 '과거사위원회'라는 제도를 참고한다는 것은 그 제도를 둘러싼 다양한 담론, 즉 국가 폭력과 역사적 트라우마까지도 끌어올 수밖에 없었다. 국가의 구조 실패가 세월호 참사의 주요 원인이었기 때문에, 국가 폭력 피해와의 유비도 조금씩 이루어졌다. 삼풍백화점 붕괴나 대구 지하철 화재 같은 과거의 재난 피해자들도 세월호 참사를 보며 같은 일을 겪었다고 생각했지만, 5·18 광주 항쟁과 용산 참사 같은 공권력의 직접적·물리적 폭력을 경험한 피해자들도 그렇게 생각했다.[120]

과거사위원회의 경험을 계속해서 소환하는 것은 세월호 참사라는 재난을 의문사 사건이나 5·18 광주 항쟁과 같은 직접적인 국가 폭력과 자연스럽게 연결시켰다. 그렇지 않아도 국정원 등 비밀스럽고 위압적인 국가기관에 대한 의혹이 대두된 상황에서 권위주의 정권 시기의 의문사 사건과 세월호 참사를 비교하는 것은 의도치 않아도 일종의 방향성을 지니게 되었다. '국가의 조직적 무책임성'[121] 혹은 '부작위에 의한 국가 폭력'[122]에 가까운 재난에서의 국가 책임은 '의도에 의한 국가 폭력'이었던 권위주의 정권 시기 국가 책임과 혼동되기 시작했다. 게다가 피해자 가족의 입장에서 국가 폭력은 참사 이후에 부분적으로 사실이 되었는데, 2014년 5월 19일 두 번째 담화까지만 하더라도 여야와 민간이 참여하는 진상 조사위원회를 제안했던 정부가 곧 태도를 전환해 세월호 특별법 제정 운동을 억압하기 시작했기 때문이다.[123] 국가의 무능과 부작위에 대한 책임을 좀 더 강하게 묻는 수사적(rhetorical) 의미였던 국가 폭력 담론은, 국가의 억압을 거치며 세월호 참사 대응 과정 전반이 국가 폭력이라는 의미로, 더 나아가 세월호 침몰 자체가 의문사와 같은 의도적 행위로 인한 국가 폭력일수도 있다는 뜻으로 바뀌어 나갔다. 법률가들과 활동가들이 반드시 의도한 것은 아니었지만, 과거사위원회는 이를 뒷받침하는 경험적이고 제도적인 준거점으로 기능했다.

재난 대응에는 무능하고 유족에겐 가혹한

세월호 참사를 국가 폭력 사건으로 이해하는 관점은 세월호 진상규명 운동이 극심한 탄압을 받으면서 강화되기 시작했다. 참사 직후엔 어느 정도 피해자 가족의 요구에 공감을 표했던 정부는 급히 태도를 전환해 세월호 특별법 제정 운동을 탄압하기 시작했다. 세월호 참사가 국가에 의해 진상규명과 재발 방지 대책 요구가 탄압받은 유일한 재난은 아니다. 대부분의 재난은 사회 시스템의 문제를 제기하며, 이를 바꾸고 싶지 않은 정부나 기업이 피해자와 유가족의 요구를 무시하거나 억압하는 일은 드물지 않다. 서해훼리호 침몰 때도, 씨랜드 화재 참사 때도 정부는 항상 항의하는 유가족을 공권력을 동원해 막았다.[124] 그러나 세월호 참사의 진상규명 요구에 대한 국가의 탄압과 악선전은 그 강도와 지속성, 집요함에서 유례를 찾기 어려웠다. 사실 완전히 객관적인 재난조사란 없고, 재난 이후의 모든 과정은 정치적 과정이다. 그러나 당시에는 재난조사와 재발 방지 대책이 정치화되는 것은 예외적이라는 생각이 강했기 때문에,[125] 사람들은 예외적 상황이 발생하는 이유를 찾기 시작했다. 그리고 국가의 이러한 탄압에는 세월호 참사의 진상을 은폐해야 할 이유가 있기 때문이라는 논리가 점차 설득력을 얻게 되었다. "감추는 자, 범인이다."라는 세월호 진상규명 운동의 구호가 이를 잘 보여준다.

세월호 참사 피해자 가족들은 참사 직후부터 공권력에 의해 가로막힘을 당했다. 시작은 참사 발생 5일째인 4월 20일 새벽, 더딘 수색 작업에 분노한 피해자 가족들이 진도체육관에서 청와대로 가자며 행진을 시작했을 때였다. 밤새 16킬로미터나 되는 거리를 걸어 진도와 육지를 연결하는 진도대교에 이르렀을 오전 7시, 경찰은 4개 중대 350여 명의 병력을 동원해 왕복 4차선 도로를 막았다. 3일 전만 해도 아직 희망을 가졌던 이들이, 실종자 가족에서 유가족이 되기 위해 싸우기 시작한 시점이었다. "내 딸 얼굴 못 알아보기 전에 어서 바다에서 건져달라."라는 한 단원고 학부모의 말은 서서히 희망을 버릴 수밖에 없던 고통의 시간을 담고 있다. 그녀는 자신을 막아선 경찰들을 보며 "이렇게 많은 숫자를 바다에 풀었으면 이미 우리 딸을 살렸을 것"이라며 기가 막혀했다.[126]

세월호 특별법 제정 운동 과정 내내 피해자 가족들은 인명 구조와 재난 대응에는 무능하지만, 자신들의 요구를 가로막기 위해 공권력을 동원하는 데는 유능한 국가를 마주했다. 2014년 5월 9일 새벽, 피해자 가족들은 청운동 주민센터 앞에서 다시 경찰에 가로막혀 밤을 지샜다. 5월 3일, 공영방송사 《KBS》 보도국장이 '세월호 사고는 300명이 한꺼번에 죽어서 많아 보이지만, 연간 교통사고로 죽는 사람 수를 생각하면 그리 많은 건 아니다.'는 취지로 발언했다는 사실이 알려졌다. 어버이날인 5월 8일 밤, 단원고 피해자 가족들을 중심으로 사장의 사과와 보도국장 파면을 요청하는 항의 방문이 진행된다. 《KBS》의 사과를 받지 못하자 피해자 가족들은 결국 공영 방송에 대한 책임을 정부에 묻기 위해 청와대행을 택했는데, 역시나 경찰에 가로막혔다. 밤샘 농성을 통해 피해자 가족들은 청와대 정무수석과 면담하고 길환영 사장의 사과를 받아내고 해산했다.[127] 그러나 앞서 썼듯이 '세월호 교통사고론'은 곧 여당 인사들에 의해 적극 활용된다. 여야 간 두 차례의 일방적 협상 이후 세월호 특별법 제정이 교착 상태에 이른 8월 23일에도 피해자 가족들과 특별법 제정을 지지하는 시민들은 서울 광화문광장에서 특별법 제정 촉구 국민 대회를 마친 후 청와대로 행진을 시도하다 경찰에 가로막혔으며, 열흘여 뒤인 9월 2일에도 서명 용지를 들고 청와대로 행진하다 또 경찰에 가로막혀 더 이상 앞으로 갈 수 없었다.

왜 이렇게 계속 청와대와의 면담과 대통령의 의지 확인에 집착했느냐고 의문을 가질 수도 있을 것이다. 그러나 피해자 가족들이 달리 누구를 대상으로 요구를 할 수 있었겠는가. 피해자 가족들은 《KBS》보도국장 발언 사태로 인한 청운동 주민센터 앞 밤샘 농성 일주일 뒤인 2014년 5월 16일에 청와대에서 박근혜 대통령과 면담을 했다. 3년 뒤인 2017년에 4·16가족협의회 유경근 집행위원장이 당시를 회상한 인터뷰에 따르면, 면담 뒤 피해자 가족들은 '이제 다 됐다. 다 해결될 것 같다.'는 분위기였다고 한다. 당시 박근혜 대통령은 특별법이든 특검이든 모든 조치를 취해 유가족들의 여한이 없도록 하겠다고, 또 언제든 청와대로 찾아오라고도 약속했다고 한다.[128] 피해자 가족들은 어떤 의미에서는 국가를 믿었기 때문에, 자신들이 국가라고 생각했던 청와대로 향했을 뿐이었다. 특별법 협상 과정에서 여당인 새누리당의 태도를 보면서도 청와대를 설득하지 않으면 안 된다고 생각했을 것이다. 그러나 유경근 집행위원장의 인터뷰에서도 알 수 있듯이 당시 정부는 앞에서는 피해자 가족의 말을 듣는 척했지만, 5월 19일 대통령 담화 이후 태도를 180도 바꿨다. 절실한 요구 앞에서 피해자 가족들이 만난 것은 몇 겹이나 되는 경찰 방패와 경찰 버스의 벽이었다. 경찰이 곤봉을 휘

두르지 않았어도, 이것은 국가의 폭력이었다.

특별법 제정 이후에도 국가의 탄압은 끝나지 않고, 오히려 더 심해졌다. 2014년 11월 7일 세월호 특별법이 통과된 이후 세월호 특조위 설립 준비가 시작되면서 진상규명 운동은 소강기에 들어간다. 12월 초부터 중순까지 유가족, 변협, 대법원, 여야 정당 등은 위원 인선을 진행했으며, 해양수산부 공무원 등으로 이뤄진 설립준비단과 상임위원 예정자 5명은 12월 말부터 설립준비단 사무실로 출근해 예산 등을 논의하고 있었다. 그러나 1월 16일, 당시 새누리당 원내수석부대표 김재원 의원이 특조위 규모가 지나치게 크다며 "세금 도둑"이라고 비난하면서 예산 및 시행령과 관련한 정부 부처와의 협의가 난항을 겪기 시작한다. 새누리당 추천 위원들 역시 특조위가 과도한 예산을 요구한다고 주장하는 가운데, 특조위 설립준비단은 2월 12일 정원 120명, 예산 198억 원을 골자로 한 시행령 및 예산안을 의결하고 2월 17일 행정자치부, 기획재정부, 해양수산부에 이를 송부한다. 그러나 참사 1주기를 얼마 앞두지 않은 2015년 3월 27일, 해양수산부는 일방적으로 세월호 특별법 시행령안을 입법 예고했다. 3월 중순 총 네 차례의 비공개 협의가 있었지만 특조위 측의 의견은 전혀 수렴되지 않았다.[129] 시행령안 발표로 참사 1주기 전후 진상규명 운동 진영과 정부 간의 갈등이 다시 격화된다. 특별법 제정 운동의 두 번째 국면인 시행령 폐기를 위한 싸움의 시작이었다.

국민대책회의는 시행령안 발표 당일 성명을 발표해 정부 시행령안 폐기를 요구했다. 국민대책회의가 시행령안에서 문제로 삼은 내용은 크게 4가지다. 첫째, 파견 고위 공무원이 위원회 및 각

소위 업무를 조정하고 통제할 수 있도록 한 반면 3개 소위 위원장들이 국·과에 대한 감독권을 갖지 못하도록 한 점, 둘째, 진상규명 소위의 사무기구만 국으로 두고 나머지 두 소위 산하 사무기구는 과로 격하시켰다는 점, 셋째, 진상규명국에서 특검·청문회·조사보고서 등을 관할하는 조사1과장을 파견 공무원으로 한 점, 넷째, 특조위 출범 시 인원을 90명으로 하고 추후 30명을 충원하도록 해 실질적으로 업무 가능한 인원을 줄인 데다가, 민간 채용(별정직) 티오를 줄이고 파견직 공무원 비중을 높인 점이었다. 이러한 조치는 특조위 독립성을 심각하게 훼손하는 것으로 받아들여졌다.[130] 시행령은 안전사회소위원회의 업무 범위도 조정해, '재해 재난의 예방에 관한 사항'을 세월호 참사와 관련한 부분으로만 한정했다. 이 역시 특별법의 취지를 훼손하는 것이라 비판받았다.[131]

시행령안 발표 당시에 세월호 진상규명 운동에는 또 다른 쟁점 2가지가 있었다. 하나는 세월호 인양이었고 다른 하나는 배·보상 문제였다. 미수습자 선내 수색이 2014년 11월에 종료됐지만 정부는 바로 인양을 결정하지 않았다.[132] 수색 중단 직후부터 새누리당 의원들은 비용이 많이 든다는 이유로 인양을 포기하자는 의견을 제출했고, 해수부 장관조차 국민 세금이 드는 문제이기 때문에 합의가 필요하다는 입장이었다.[133] 가족협의회는 미수습자 수습뿐 아니라 진상규명의 증거를 확보한다는 의미에서 세월호 인양이 반드시 필요하다고 지속적으로 밝혀왔다.[134] 그러나 정부는 기술 검토를 이유로 인양 결정을 몇 달째 미루고 있었다. 가족협의회는 세월호 참사 1주기 전 인양에 대한 정부의 확답을 받고자 3월 17일 '세월호 인양 촉구 대국민 호소 기자회견'을 진행하고 1인 시위와 인양 촉구 서명 운동에 동참해 달라고 호소한다.[135] 열흘 뒤 특조위 시행령안이 발표되자 가족협의회 및 국민대책회의는 시행령안 폐기와 인양 계획 발표를 요구하며 416시간 집중 행동이라는 이름으로 다시 거리에 나섰다.

그런데 집중행동을 시작한 지 이틀 뒤인 4월 1일, 해양수산부가 세월호 참사 피해자에 대한 제1차 배상 및 보상 심의위원회 내용을 보도자료로 배포한다. 해양수산부의 보도자료에는 희생자 1인당 배상금 규모가 명시되어 있었고, 이에 더해 위로지원금을 지급하겠다는 내용도 적혀 있었다.[136] 《조선일보》, 《중앙일보》, 《동아일보》 등 보수언론은 '세월호 학생 유가족, 1인당 8억여 원 지급'이라는 제목으로 관련 내용을 보도했다.[137] 시기가 절묘했다. 피해자 가족과 국민대책회의는 배·보상 발표 시점을 이렇게 설정한 것에는 시행령 폐기 여론을 약화시키려는 의도가 있다고 생각하게 되었다. 피해자 가족들은 시행령안 폐기와 선체 인양 공식 선포 전까지 배·보상 절차를 중단할 것을 요구하며 항의 수위를 높인다.[138]

세월호 참사 1주기는 추모의 자리가 아니라 정부와 진상규명 운동 진영 간 충돌의 장이 되었다. 4월 11일 시행령 폐기를 요구하는 집회에서 경찰은 세월호 집회를 대상으로는 처음으로 진압을 위해 최루액을 사용했다.[139] 서울시청에서 진행된 1주기 추모제 참가자들은 광화문광장으로 행진하려 했으나 경찰 차벽에 막혔다. 곳곳에서 충돌이 발생하고 100여 명이 연행되었다.[140] 1주기 이후 4월 22일 정부는 세월호 인양을 공식 발표했으나, 특조위 시행령은 일부 문구만을 수정한 채 계속 통과 절차를 밟으려 해 갈등은 지속되었다.[141] 5월 1일 민주노총의 노동절 집회 이후 세월호 특별법 시행령안 즉각 폐기를 요구하며 열린 '1박 2일 범국민 철야 행동'에서 집회 참석자들과 경찰은 또다시 크게 충돌한다. 밤샘 대치 동안 집회 참가자들은 행진을 막은 경찰 버스를 부수기도 했으며, 경찰 역시 최루액 스프레이와 최루액이 섞인 물대포를 뿌리며 대응했다.[142] 이날 집회참가자 42명이 연행되었고, 이중 2명은 구속되기까지 했다.[143] 격렬한 항의에도 불구하고 5월 6일 시행령은 원안에서 별다른 변화 없이 통과되었다.[144]

특별법 시행령 폐기 투쟁을 거치며 피해자 가족과 세월호 진상규명 운동 참가자들은 지금까지와는 다른 폭력, 물리적인 폭력을 경험했다. 공권력이 가하는 폭력의 성격은 이전과 달라졌다. 방패로 길을 가로막는 방어적 자세였던 경찰은 이제 적극적으로 최루액과 물대포 같은 무기를 휘둘렀다. 세월호 집회에 최루액 스프레이에 이어 최루액을 섞은 물대포까지 등장하면서 국제앰네스티가 과도한 경찰력 사용을 비판하는 긴급 성명을 발표할 정도였다.[145] 물리적인 폭력을 지시하는 국가를 어떻게 인격화하지 않을 수 있었을까. 사회 구조가 변화해야 한다는 주장은 직접적인 폭력 앞에서 얼마나 무력한가. 시행령 투쟁 과정에서의 구체적인 폭력 경험은 피해자 가족과 시민사회운동에 깊이 각인되었다. 2015년 4~5월에 걸친 국가의 이러한 대응은 침몰 및 구조 실패와 과도한 탄압을 하나로 연결하는 원인이 있을 것이라는 사고, 참사 이후의 대응만이 아니라 침몰과 구조 과정까지도 의도에 의한 국가 폭력일 수 있다는 사고가 싹트는 토양을 제공했다.

5. 국가란 무엇인가

　　세월호가 가라앉음과 동시에, 한국 사회에는 '국가란 무엇인가?'라는 질문이 떠올랐다. 21세기는 가라앉는 배를 실시간 화면으로 전송할 수 있는 시대였지만, 21세기의 국가는 그 안에 있던 사람들을 구해내는 데 철저히 무능했다. "국가는 재해를 예방하고 그 위험으로부터 국민을 보호하기 위하여 노력하여야 한다."라는 것은 헌법에도 명시된 국가의 의무였고, 실제 바다에서 구체적인 구조의 임무를 수행해야 하는 곳도 해경이라는 국가기관이었다. 사고가 참사로 이어진 책임은 국가로 향할 수밖에 없었다.

　세월호 참사에서 국가는 어떤 측면에서 책임을 다하지 못했는가. 사람들은 1차적으로 구조 실패의 책임이 국가에 있다고 보았다. 6000톤이 넘는 큰 배가 침몰하고 있다는 소식을 듣고도 골든타임 내 도착 가능했던 건 100톤급 경비정뿐이었던 점, 그 경비정의 소극적 구조, 그러한 소극적 구조조차 방해한 청와대의 보고용 영상 독촉, 한참 시간이 지난 뒤에야 나타나 "구명조끼를 입고 있다는데 그렇게 구조하기가 힘듭니까?"라고 묻는 대통령……. 영화나 드라마라면 현실성이 없다고 비판받을만한 총체적 실패의 책임이 국가에 있었다. 다음으로 국가에는 생명보다 이윤을 중시하는 자본을 통제하는 데 실패한 책임이 있었다. 청와대는 선사와 선원에게 직접적 원인이 있다며 자신의 책임을 최소화하기 위해 갖은 노력을 했다. 하지만 과연 국가와 기업이 그렇게 이해관계가 대립하는 관계인가? 이윤을 위해 안전을 희생시키는 기업을 묵인하고, 국가의 의무를 사적 영역으로 떠넘겨온 지금까지의 정책 방향이 세월호 참사의 근본 원인이 되었다는 지적이 쏟아졌다.

그렇다면 책임을 물을 주체인 '국가'는 무엇을 가리키는가. 국가는 대통령인가, 정부인가, 체제인가? 세월호 참사 당시 국가에 대한 문제제기는 국가 공무원이나 대통령만의 책임을 묻는 협소한 의미로만 이해되지 않았다. 세월호 참사가 제기한 국가의 문제를 다룬 지식인들은 물론, 해경 해체 발표를 '유체 이탈 화법'이라고 비꼰 누리꾼들까지, 많은 사람들이 당시 정부가 일부 책임자만을 잘라냄으로써 기존의 시스템은 유지하려 한다고 비판했다. 이때 국가는 '체제'였다. 하지만 동시에 국가에 책임을 물어야 한다는 말은 대통령과 청와대를 상기시켰다. 국민을 구조할 의무를 가진 사람들이 분명히 있고, 피해자들에게 보상을 해야 할 국가는 명확히 존재했으므로, 이때 국가는 대통령 혹은 해경청장과 같은 특정 인물, 또는 특정 국가기관과 같이 법정에 세울 수 있는 인격화된 형태를 띠었다.

2014~2015년 세월호 특별법 제정 운동 당시 국가에 대한 비판에 '인격화된 국가'와 '체제로서의 국가'의 양 측면을 포함하며, 또 이 둘이 상충할 수도 있다는 점을 명확히 지적한 이들은 거의 없었다.[146] 또 사회운동 내에서 전자가 후자를 대체하거나 압도하리라

고 예상한 사람은 더욱더 없었다. 국가는 어느 때는 인격화된 모습으로, 어느 때는 체제라는 형태로 우리 앞에 등장했고 재난에 대응하는 사회운동은 국가의 두 측면에 모두 맞서고자 했다. 세월호 특별법 제정 운동 안에 이중의 요구, 즉 사법적 조사를 통한 책임자 처벌과 구조적 조사를 통한 사회 시스템 전환 요구가 명확히 구분되지 않은 형태로 있었다는 점이 이를 잘 보여준다. 책임자 처벌과 구조적 문제의 해결 양자를 추구하는 것은 그동안 사회운동이 국가에 맞설 때 취해왔던 전략이기도 했다. 운동의 프레임이 외부 집단을 명확히 하고 그에 분노를 집중시킬수록 대중 동원에 성공할 가능성이 높아지기 때문에[147] 사회운동은 재난의 책임을 귀속시킬 확실한 대상을 찾으려 하기 마련이다. 그러나 사회의 근본적인 변화를 지향하는 이들은 통치 세력에 대한 정치적·법적 책임을 묻는 것 이상을 추구했으며, 이에 따라 제도와 관행의 개혁을 포함한 시스템의 변화를 추구했다.

그러나 세월호 참사를 계기로 제기된 국가에 대한 비판은 점점 인격화된 형태를 띠게 된다. 정부의 대응, 세월호 특별법 제정 운동의 한계, 세월호 참사의 특수성이 복합적으로 작용한 결과였다. 국가를 대통령과 당시 정부로 인격화하는 현상은 먼저 정부의 다음과 같은 대응으로 인해 강화되었다. 검찰은 권력 상층을 수사하지 않았고, 법정은 기업 책임과 정부 책임을 불균형하게 물었다. 청와대와 보수 언론은 정부 책임을 회피하기 위한 프레임을 적극 구성하고 유포했다. 또 정부는 피해자 가족과 사회운동의 요구를 묵살하기 위해 공권력을 동원해 세월호 특별법 제정 운동을 탄압했다.

사회운동 내부에도 한계가 있었다. 세월호 특별법 제정 운동은 재난조사와 과거사 조사의 차이를 깊이 고민하지 않은 채 과거사 위원회의 경험을 소환함으로써 국가 폭력 담론을 함께 소환했다. 국가 폭력 담론은 진상규명의 핵심 쟁점인 침몰 원인에도 의도적인 범죄 행위가 개입된 것으로 보는 인식을 강화했다. 안전사회운동은 국가가 구조에 실패하고 또 진상규명을 억압하는 이유를 구조적으로 설명하는 데 실패했으며, 신자유주의 국가의 문제를 제기한 이들 역시 직접적 원인과 사회 구조 간의 연결고리를 취약한 상태로 남겨둠으로써 구조적 원인이 마치 손에 잡히지 않은 거대 담론만을 가리키는 것처럼 인식되도록 했다. 마지막으로 국가 기관이 세월호 참사의 원인에 얽혀있을 수 있다는 의혹이 제기되면서 국가는 국정원, 청와대, 대통령과 같이 특정 기관이나 인물로 환원된다.

그러나 국가 권력을 인격화하는 것은 기존 체제를 그대로 유지하려는 입장에 유리하다.[148] 대중적 분노가 집중된 국가기구를 해체하거나 특정인을 물러나게 함으로서 체제 자체는 유지할 수 있기 때문이다. 또 재난에는 여러 원인 제공자들이 얽혀 있는데도, 특정 행위자에 책임을 집중함으로써 다른 원인 제공자들에게 면죄부를 줄 수 있다. 세월호 참사 이후 청해진해운 역시 어떤 방식으로든 자기 책임을 줄이기 위해 의혹을 동원했다는 점을 기억할 필요가 있다. 그리고 특정인을 책임자로 지목함으로써 책임을 면제받는 것은 세월호 참사의 관련자뿐 아니라 일반 시민, 즉 관찰자인 우리도 마찬가지라는 점 역시 기억해야 한다. 사회 구조적 문제를 해결해야 한다는 문제의식은, 이전 재난과 달리 이 참사를 막지 못한 데는 자신의 책임도 있다고 생각한 시민들의 자기 성찰에서 비롯되었다. 즉 현재의 사회 시스템을 재생산하는 데 자기 자신도 가담했다는 성찰이 있었다. 그러나 국가를 체제가 아니라 특정 대상으로 환원한 뒤, 여기에 모든 책임을 돌리면 나의 책임은 사라진다. 세월호 참사에 대한 피로도를 호소하는 사람들이 늘어난 시점과 국가를 인격화하는 이해가 강화된 시점이 겹치는 것은 우연이 아닐 것이다.

마지막으로, 세월호 특별법 제정 운동기에 국가는 책임을 물어야 할 대상으로만 존재하지 않았다는 점도 짚을 필요가 있겠다. 국가의 책임을 묻기 위해 사회운동은 역설적으로 국가의 권한을 빌리고자 했다. 사회운동이 요구한 '세월호 특별조사위원회'가 바로 국가기구였다는 점을 잊어서는 안 된다. 사회운동은 국가의 최상층부를 조사하고 처벌하고 이 국가를 지탱하는 시스템을 변화시키는 국가기구를 만들고자 했다. 피해자 가족들이 농성과 단식이라는 극단적인 투쟁을 하고, 온 사회가 이들을 상처투성이로 만든 뒤에야 불완전한 형태로 이 국가기구는 구성되었다. 한시적이고 불안정한 형태의 이 국가기구가 사법적 조사를 통해 책임자를 처벌하고, 구조적 조사를 통해 이윤보다 생명을 중시하는 사회 시스템으로 전환하라는 두 요구를 온전히 부담하는 것이 맞았을까? 어떻게든 대통령이라는 최고 권력을 지키려는 정권의 성격으로 인해 국가의 최상층을 처벌하는 일조차도 쉽지 않을 것이었다. 이윤보다 생명 안전을 우선하는 사회 시스템으로의 변화 요구는 더 어려운 것이었다. '특조위를 통한 사회 시스템 전환' 구상은 특조위에 소위 트로이 목마의 역할을 요구하는 것이다. 국가를 변화시킬 국가기구가 되라고 말이다. 우리는 한시적인 국가기구에 사회 변화의 열망을 과도하게 투영한 것은 아닌가? 이것은 실현 가능한 요구였을까?

세월호 특조위의 활동을 돌아보기 위해서는 정부의 방해 행위 목록이나 수사권·기소권의 부재에 주목하기보다 검찰이 하지 못한 일, 사회 구조를 바꾸는 일 모두를 하라는 거대한 요구 속에서 위원회가 겪은 혼란이 무엇이었는지 파악해야 한다. 뒤이은 장들에서는 특조위와 선조위 운영을 살펴보며 이 혼란이 구체적으로 어떤 것이었는지를 분석한다. 그러나 그 전에 재난조사라는 과학적·정치적 활동이 국내외에서 어떻게 이뤄져왔는지를 먼저 살펴볼 필요가 있다. 재난조사에 대한 역사적·사회적 접근이 우리의 경험을 평가하는 새로운 준거점을 마련해줄 것이기 때문이다.

2장
우리는 왜 재난을 조사하는가

2017년 6월 24일, 미국, 독일, 일본 등에서 온 재난 연구자들이 안산에 있는 단원고 기억교실을 방문했다. '세월호 참사: 관점, 분석, 행동'이라는 워크숍에 참석하기 위해 한국을 방문한 연구자들은 희생자의 책상 하나하나가 남겨져있는 2학년 1반부터 10반까지 교실을 찬찬히 돌아보았다. 기억교실 복도에 있는 전시물은 이들에게 한국 사회가 세월호 참사를 어떻게 기억하고 있으며, 기억하려 하는지를 보여주었는데, 전시물 중 하나는 세월호 참사를 5·18 광주 항쟁과 비교하고 있었다.[1] 다수의 사고와 재난 사례를 봐온 이들 연구자들에게 세월호 참사라는 재난이 한국 현대사의 국가 폭력 사건과 유비되고 있다는 점은 새로운 충격을 주었다. 재난조사위원회를 과거사위원회를 본떠 구성한 점, 재난조사위원회에 대한 정부의 집요한 방해에 대해서도 이들은 그 이유를 이해하기 위해 묻고 또 물었다.

한국에서 별다른 의문이 없었던 과거사위원회와 재난조사위원회의 연결고리, 국가 폭력 사건과 재난의 유비가 해외의 재난 연구자들에게는 생소했던 것이다. 이들이 재난을 단순히 과학기술의 실패나 개인의 잘못으로 인해 발생한 것이 아니라 사회적인 문제이자 정치적인 문제로 접근하는 학자들이었음에도 그랬다. 혹시 우리가 세월호 참사를 재난의 계보에서 너무 멀리 가져온 것은 아닐까? 해외의 학자들에게는 독특하게 보인 재난과 국가 폭력의 유비는 한국에서 오히려 너무 관성적인 태도는 아니었나? 깊이 연구하지 않은 채 다른 재난 사례를 너무 쉽게 넘겨버린 것은 아닐까?

이 장의 1절에서 나는 한국이 아닌 다른 나라에서 발생한 재난과 이에 대한 조사 과정을 살펴본다. 한국은 모범 사례를 가져오기 위해 해외 사례를 보는 데 익숙하지만, 나는 그 이유가 우리가 보편과 특수, 혹은 정상과 예외라고 여기는 것들을 뒤집어보기 위해서라고 생각하는 편이다. 다른 사회의 사례들을 살펴보는 일은 우리가 당연하다고 믿는 것을 낯설게 하기도 하고, 거꾸로 우리에게 너무 낯선 일이 생각보다 보편적인 일임을 알려주기도 한다.

현재의 경험을 재해석하기 위해서는 역사를 살펴보는 것도 중요하다. 국가의 재난 대응 방식은 물론, 사회의 구성원들이 재난조사에 기대하는 바도 모두 역사적으로 형성된 것이기 때문이다. 따라서 이 장의 2절에서는 한국의 재난과 재난조사의 역사를 간단히 살펴보고 그 특징을 꼽아본다. 3절에서는 해외의 사례와 한국의 역사를 동시에 고려하면서 재난을 조사할 때 경합하는 서로 다른 관점과 그 과정에서 마주하게 되는 딜레마에 대해 살펴볼 것이다. 이를 통해 세월호 특별법 제정 운동에 한국의 독특한 재난 인식론˙이 존재했음을 보이고자 한다.

2015년 5월 2일 새벽 안국역 사거리에서 경찰이 최루액 물대포를 쏘았을 때, 나는 국가가 자식 잃은 이들을 향해 이렇게까지 하는 이유를 짐작하기 어려웠다. 오랜 시간이 지나 재난에 책임 있는 이들이 책임을 회피하려는 시도가 여러 사례에서 관찰된다는 점을 알게 되었을 때, 재난조사가 객관적 과학이 아니라 체제를 뒤흔들 수도 있는 정치의 속성을 지닌다는 점을 알게 되었을 때, 그제서야 나는 기존 체제를 유지하려는 국가의 공통적 특징과 박근혜 정부의 특수성을 구분할 수 있었다. 책임자에 대한 강력한 처벌이 가장 좋은 재발 방지 대책이라는 한 치의 의심도 없던 믿음에 대해서도 나는 이제 신중하고 복잡하게 생각한다. 우리는 왜 재난을 조사하는가? 특조위와 선조위라는 블랙박스로 들어가기 전에, 이 질문을 다시 해보자.

- 재난 인식론이란 재난이 무엇인지, 왜 발생하며 어떻게 예방될 수 있는지를 둘러싼 지식 이론을 말한다. 나는 이 개념을 '재난에 대한 시민 인식론'이라는 의미로 사용한다. '시민 인식론(civic epistemology)'은 과학기술학자 재서노프가 구상한 개념으로, "특정 사회의 구성원들이 집단적으로 선택해 지식 주장을 시험하고 사용하는 제도적 실천"이며 각국의 '사상적 습관과 이념적 선호'를 의미한다. 또 이때 인식론은 지식인들만이 아니라 국가, 전문가, 시민들이 오랜 기간 공동 생산(co-production)하는 것이다.(재서노프, 2019; Jasanoff, 2005)

1. 해외의 재난조사

　　재난조사위원회는 겹치지만 구분되는 두 계보 속에서 발전했다. 첫 번째는 19세기 이후에 발전한 사고조사위원회로부터 시작되는 계보이다.[2] 이러한 위원회들은 교량 붕괴, 항공기 추락 등을 계기로 구성되었으며 처음에는 5명 이내의 소규모 전문가 그룹으로 시작되었다. 초기의 기술적 조사가 기술 발전과 사고 예방에 효과적이었기 때문에 사고 조사는 곧 항공, 철도, 해양선박 등 교통 분야, 우주선, 핵 발전소 등으로 확장되었으며 현대에는 교통 영역 중심으로 상설적 사고조사위원회가 존재하는 국가도 많다.[3] 그러나 상설적 사고조사위원회에서 해결하기에 사회적 파장이 큰 사고들은 정부나 국회가 뒷받침하는 특별조사위원회의 형태로 다루었는데, 우주왕복선인 챌린저호와 컬럼비아호 조사위원회, 9·11위원회, 후쿠시마 핵 발전소 사고와 관련한 조사위원회 등을 이러한 사례로 들 수 있다.

　　두 번째 계보는 영미권 정부 위원회의 긴 역사 속에서 발견된다. 이 경우 특별조사위원회의 역사는 영국의 경우는 15세기까지, 미국의 경우도 18세기 건국 당시까지 거슬러 올라간다.[4] 여기에서 공적조사(public inquiry)는 영미식 정부 전통에서 국가의 위기를 해결하는 하나의 방식이다. 공적조사위원회는 재난뿐 아니라 케네디 대통령 암살이나 인종 폭동과 같은 정치적 사건도 종종 다룬다.[5]

재난조사위원회는 위 두 계보에서 알 수 있듯이 기술적이면서 동시에 정치적인 사건을 조사해, 인과관계를 밝히고 재발 방지 대책을 마련해왔다. 그 과정에서 국제적으로 통용되는 재난조사의 원칙이 만들어졌고, 조사의 패러다임도 변해왔다. 이런 원칙과 최신 패러다임이 자동적으로 과학적이고 사회적 수용성이 높은 조사 결과를 도출해주는 것은 아니지만 우리는 여기에서 시작할 수밖에 없다. 현재까지 합의된 재난조사의 원칙과 패러다임, 재난조사의 딜레마 역시도 이전의 비극을 통해 배운 것들이기 때문이다.

대형사고 사례는 수도 없이 많지만, 재난이 어떻게 발생하는지에 대한 관점을 변화시키고 연구를 촉발한 사례는 손에 꼽힌다. 관점을 전환·확장하게 한 주요한 사건들로는 1979년 스리마일 핵 발전소 사고, 1984년 보팔 가스 누출 참사, 1986년 우주왕복선 챌린저호 폭발사고, 2003년 컬럼비아호 폭발사고 등이 꼽힌다. 최근 연구의 대상이 되는 재난으로는 2001년 9·11테러, 2005년 허리케인 카트리나, 2011년 후쿠시마 핵 발전소 사고 등을 꼽을 수 있다. 이 절에서는 이중 보팔 참사, 챌린저호 및 컬럼비아호 폭발, 9·11테러, 후쿠시마 핵 발전소 사고에 대해 짧게 살펴본다. 이 외에 1987년 영국에서 일어난 헤럴드오브프리엔터프라이즈호(헤럴드호) 침몰도 추가할 것이다. 헤럴드호 침몰은 여기에서 언급하는 다른 재난에 비해 다양한 연구를 촉발한 사례는 아니지만, 세월호 참사와 관련해 언급된 여객선 사고 중 운용자 개인이 아니라 조직문화에 주목하기 시작한 초기의 분석을 잘 보여주기 때문이다.

보팔 참사

　　1984년 인도 보팔시에서 일어난 가스누출 사고는 세계 최악의 산업 재해이자 20세기의 3대 환경 참사로 불린다. 1984년 12월 2일에서 3일로 넘어가던 한밤중에, 미국의 초국적 화학 기업인 유니온카바이드의 살충제 공장에서 농약 원료인 메틸이소시아네이트 40톤이 하룻밤 새에 누출됐다. 메틸이소시아네이트는 1차 세계 대전 때 독가스로 쓰인 포스겐과 시안화가스가 섞인 맹독성 화학 물질이었다. 정확한 사망자 수는 알 수 없지만 2000명에서 1만 5000명에 이르는 것으로 추정되며, 15만 명에 달하는 사람들이 영구적인 부상이나 장애를 입은 것으로 추정된다. 보팔 참사는 1979년 발생한 스리마일 핵 발전소 사고와 더불어 재난 연구의 주요 대상이 되었다. 스리마일 사고가 현대 기술의 복잡성이 그 자체로 사고의 위험을 내재하고 있다는 찰스 페로의 '정상 사고(normal accidents)' 개념을 도출해낸 사고였다면, 보팔 참사는 세계화를 배경으로 초국적 기업이 개발도상국에서 펼치는 이윤추구 행위가 어떻게 끔찍한 참사로 연결될 수 있는지를 보여주었다.

　　보팔 참사의 물리적 원인, 즉 독성 물질이 누출된 장소, 누출된 독성 물질의 양 등은 명확하다. 하지만 어떻게 해서 독성 물질이 누출되었는지, 어떤 시스템이 이런 비극을 발생시켰는지에 대해서는 아직도 합의된 설명이 없다. 모회사인 유니온카바이드사는 보팔 공장은 인도 정부가 거의 절반의 지분을 소유하는 자회사 소유이고, 현지 직원과 관리자들이 전적으로 감독을 했기 때문에 자신들의 책임이 없다고 주장했다. 유니온카바이드는 회사에 불만을 품은 노동자의 사보타주(태업)로 인해 참사가 발생했다는 입장을 고수했다. 그러나 피해자들은 보팔 참사의 원인을 초국적 기업이 안전 조치에 소홀한 채로 개발도상국에서 이윤을 추구할 수 있도록 하는 구조 때문으로 보았다.[6]

보팔 공장은 참사 발생 당시 조업 중단을 앞두고 있는 상태였다. 1980년대 인도의 기근으로 인해 농부들이 빚을 지면서 농약 수요가 줄어 재고가 쌓이고 사업성이 떨어졌기 때문이다.[7] 공장 폐쇄를 앞두고 회사는 몇 년 동안 지속적인 구조 조정을 진행했다. 1981년 12월 가스가 누출되어 공장에서 1명의 노동자가 사망했다. 바로 다음 달인 1982년 1월에도 가스가 누출되어 24명의 노동자가 피해를 입었다. 잇따른 사고를 조사하기 위해 미국의 전문가들이 보팔 공장을 방문했지만 소용이 없었다. 회사는 비용절감을 이유로 안전장치를 제거해버렸고, 1982년 9월에는 지역 주민들을 대상으로 한 위험 경보 시스템도 없앴다. 1983~1984년에는 보팔 공장에 대한 대대적인 인원 감축이 이뤄져 설비 운영 근무조는 12개에서 6개로, 유지 관리 근무조는 6개에서 2개로 줄었다. 그렇지 않아도 문제가 많았던 공장의 안전 관리 시스템은 인원이 감축되고 경제성이 강조되자 더욱 취약해질 수밖에 없었다.[8]

1980년대라는 시기적 배경, 인도의 취약한 공적조사 전통 등으로 인해 보팔 참사를 조사하는 재난조사위원회는 구성되지 않았으며, 초국적 기업이 연관되어 있었기 때문에 책임 소재를 묻는 소송도 쉽지 않았다. 우선 피해자들의 소송 권한은 인도 정부가 위임받았다. 인도 정부는 미국 법원에서 유니온카바이드에 대한 소송을 진행하려 했으나, 뉴욕 연방 법원은 인도의 법제도에 의해 적절한 해결이 가능하다며 미국에서의 재판을 불허했다. 1989년, 인도 정부가 유니온카바이드로부터 4억 7000만 달러의 합의금을 받기로 하면서, 인도 대법원은 공식적으로 사건을 종결했다. 1984년 5월 베트남 참전 군인들이 에이전트오렌지의 제조업체들을 상대로 제기한 소송을 통해 약속받은 1억 8000만 달러의 합의금을 기준으로 보면, 이는 보팔 피해자들의 정당성을 인정한 일종의 종결이었다. 그러나 피해자들의 관점에서 이러한 형태의 종결은 청산을 의미했다. 합의금을 받는 대가로 인도 대법원이 유니온카바이드 책임자들에 대한 형사 소송을 기각했기 때문이다.[9]

1984년 참사 당시 독성 물질에 누출된 수십만의 피해자들이 이 참사로 인한 후유증을 안고 살아가고 있기 때문에, 또 유니온카바이드 공장이 가동을 중단했지만 이들이 생산한 폐기물이 아직도 보팔 지역에 남아 오염을 지속시키고 있기 때문에 이 재난의 근본적 원인이 무엇 때문인지, 그 책임을 누가 어떻게 져야 하는지에 대한 논란은 종결될 수가 없다.[10] 2001년 유니온카바이드는 다우케미컬로 인수되었다. 다우는 자신들에게 사고 책임이 없다며 독성 물질 제거와 피해 보상을 거부했다. 피해자들과 사회운동가들은 2006년 총리에게 책임과 지원을 촉구하면서 보팔부터 델리까지 도보 행진을 했고, 2010년에는 인도 법정에서 유니온카바이드 회장인 워런 앤더슨과 보팔 공장 경영진들에게 과실치사 판결을 내리기도 했다. 보팔에는 피해자들과 사회운동의 노력으로 2014년 보팔 추모 박물관이 세워졌다. 보팔에서는 계속되고 있는 피해에

대한 배·보상 투쟁은 물론, 이 재난을 어떻게 기억할 것이냐를 둘러싼 기억 투쟁도 계속되고 있다.[11]

헤럴드오브프리엔터프라이즈호 침몰*

　　1987년 3월 6일, 벨기에 지브뤼허항을 출발한 헤럴드호가 출항 2분 만에 침몰한다. 구조대가 바로 출동했지만 바다의 온도가 섭씨 3도로 너무 낮아 구조를 기다리던 승객과 선원 459명 중 193명이 희생되었다. 헤럴드호가 출항 직후 침몰한 이유는 뱃머리 출입문을 닫지 않은 채 출항해 순식간에 엄청난 양의 바닷물이 배 안으로 들어왔기 때문이었다. 문을 닫는 임무를 맡은 부갑판장은 차량 갑판을 청소하고 잠이 들었고, 문이 닫혔는지 확인해야 하는 1등 항해사는 부갑판장이 차량 갑판을 청소하러 오는 것을 보고 그가 뱃머리 문을 닫을 것이라 생각하고 브릿지로 이동했다. 갑판장이 갑판에 마지막까지 남아있었지만, 그는 문을 닫는 것이 자신의 임무가 아니었기 때문에 가만히 있었다. 이 모든 것을 감독할 의무는 선장에게 있었지만, 선장실에서 문의 개폐 여부를 확인할 신호기가 없었기 때문에 선장은 문이 열린 줄 모르고 그대로 출항했다. 운항사는 이런 문제를 사전에 예방할 조치를 취하지 않았다. 선장과 선원들은 회사에 뱃머리 출입문까지 파도가 올라온다고 문제제기하고, 출입문의 개폐 상태를 표시하는 지시기를 설치해달라는 요구도 했지만 모두 묵살당했다.

• 이 부분은 필자의 책 『대형사고는 어떻게 반복되는가』 84~89쪽을 수정 보완해 작성했다.

여객선의 설계상의 문제도 있었다. 이 배의 자매함인 프라이드 오브프리엔터프라이즈호(프라이드호) 역시 1983년에 뱃머리 출입문을 닫지 않고 운항한 적이 있었는데, 이때는 바닷물이 유입되지 않았다. 비슷한 상황에서 헤럴드호에만 해수가 유입된 이유는 천수 효과 때문이었다. 천수 효과란 배의 이동 중에 배의 바닥 부분 유속이 빨라지고 압력이 낮아져 평상시보다 배가 더 깊게 잠기게 되는 현상으로, 얕은 물에서 더욱 크게 나타난다. 이 여객선은 본래 영국의 도버항과 프랑스의 칼레항을 항해할 목적으로 만들어진 것이었는데, 이 도버-칼레항은 경쟁이 심한 노선이었기 때문에 신속하게 차를 싣고 내릴 수 있도록 가속력에 초점을 맞춰 설계되었다. 지브뤼허항 앞바다의 수면이 더 깊었거나 오히려 가속력이 좋지 않았다면, 바닷물이 배로 들어오기 전에 뱃머리 문을 닫을 시간이 있었을 것이다.[12]

사고 발생 사흘 후 교통부장관이 법 규정에 따라 조사를 지시했고, 7주 후인 4월 27일 해사법 판사 배리 신을 '난파선 최고위원(a Wreck Commissioner)'으로 하는 조사팀이 구성되어 공식적인 조사가 시작되었다. 공식 조사는 앞서 언급한 여러 원인 중 선사의 운영행태를 주요한 원인으로 지목했다. 언뜻 보기에 이 재난을 초래한 잘못은 1등 항해사와 부갑판장과 선장에게 있는 것처럼 보인다. 그러나 "재난 상황에 대한 전면적인 조사는 회사의 근본적이고 기본적인 잘못이 더 크다는 결론에 이르게 한다. [……] 이사에서부터 하급 관리자에 이르기까지 경영에 관여한 모든 사람에게 잘못이 있으며, 이들은 모두 잘못된 경영에 대해 공동 책임을 져야 한다. 이 법인은 위에서부터 아래까지 '부주의라는 병(disease of sloppiness)'에 걸려있었다."¹³

이 사고를 계기로 영국에서는 해양사고 관련 조사기구의 필요성이 제기되어 1989년 교통부 산하에 해양사고조사부(MAIB; Marine Accident Investigation Branch)가 신설되었다. 헤럴드호 침몰이 주목받은 이유는 이를 계기로 조사기구가 신설되기도 했지만, 인명사고를 일으킨 결과로 개인이 아니라 법인을 처음으로 법정에 세운 사건이었기 때문이다.[14] 1989년 영국 검찰은 운항사인 선사 직원 7명을 중과실치사 혐의로, 선사인 P&O유러피언페리(사고 당시 사명은 타운젠드였으나 개명)를 기업과실치사로 기소했다. 영국이 개인이 아니라 법인의 범죄 행위 능력을 인정하는 법체계를 갖추고 있어 이러한 기소가 가능했다. 그러나 기소된 7명 중 선장과 1등 항해사 2명만이 유죄 판결을 받았을 뿐, 고위직 5명과 법인은 모두 무죄 판결을 받았다. 기업의 과실치사로 인정되기 위해서는 고위급 임원이 사고를 일으킨 당사자여야 했기 때문이다. 조직 구조상 책임이 여러 단계로 분산되는 거대기업의 과실치사를 인정받는 것은 사실상 불가능했다. 공식 조사가 선사의 조직 문제를 명시했음에도 법정에서의 책임은 물을 수 없었기 때문에 헤럴드호 침몰은 영국의 기업살인법(과실치사법) 운동을 촉발했다. 유족과 노동조합, 사회운동 단체들이 별도 입법을 위한 투쟁을 시작해 영국에서는 2007년 기업살인법이 제정되었다. 영국의 기업살인법은 2021년 1월 제정된 한국의 중대재해처벌법의 모델이 되었다.

우주왕복선: 챌린저호와 컬럼비아호 폭발

1986년 챌린저호와 2003년 컬럼비아호, 이 두 우주왕복선 폭발은 재난에 대한 이해를 진전시킨 주요한 사례이다. 챌린저호는 1986년 1월 28일, 발사 73초 후 폭발했고 승무원 7명 전원이 사망했다. 챌린저호에는 고등학교 교사도 승무원으로 탑승하고 있었는데, 그녀가 높은 경쟁률을 뚫고 선발되어 우주에서 과학 강의를 진행할 예정이었기 때문에 전 세계의 이목이 집중되었다. 전 세계에서 생중계로 발사 장면을 시청하던 수많은 사람들이 실시간으로 폭발 장면을 목격했기 때문에 충격은 더했다.

챌린저호 폭발의 원인을 조사하기 위해 대통령 직속 조사위원회가 구성되었는데, 이 위원회는 위원장의 이름을 따 로저스위원회라고 불린다. 로저스위원회가 밝힌 챌린저호 폭발의 물리적 원인은 고체추진기의 O링(고무 패킹)의 이상 때문이었다. 우주왕복선을 궤도에 올리기 위해서는 어마어마한 추진력이 필요한데, 외부 연료탱크에 장착된 고체로켓부스터는 발사 시 85퍼센트의 추진력을 제공하며 발사 2분쯤 뒤 외부 탱크와 분리된다. 챌린저호 폭발은 고체로켓부스터의 꼬리 쪽 연결 부분에 있는 O링이 제 역할을 하지 못하면서 발생했다. 고체추진기는 11개 부분으로 나눠져 있는데, 이를 서로 연결할 때 사용하는 고무 패킹이 O링이다. O링은 연료의 압력으로 강철 외피가 밀려날 때 적절히 부풀어 올라 연결 부위 사이로 연료가 새어나가지 못하게 한다. 챌린저호는 플로리다에서는 거의 유례가 없는 한파 속에서 발사되었는데, 낮은 기온으로 얼어버린 O링이 제 역할을 하지 못했다. 점화 시 뜨거운

가스는 O링을 손상시켰고, 추진기에서 발생한 불이 외부 연료탱크로 옮겨붙으면서 폭발했다.[15]

로저스위원회가 기술적·인적 원인에 집중하는 나사(미국항공우주국, NASA)의 전통을 그대로 따랐다면 분석은 여기에 그쳤을 것이다. 그러나 로저스위원회는 전통적 사고 조사 프레임과 단절하며 생산압박과 규제 구조와 같은 몇몇 사회적 원인들을 인정했다. 조사위원회의 보고서에 따르면 생산압박에 시달리던 나사의 관리자들은 챌린저호 발사 전 화상 회의에서 기온이 낮을 경우 O링의 연성이 사라져 사고의 위험이 있을 수 있다는 치오콜사(고체 추진기 제조사) 엔지니어들의 경고를 무시했다. 그들은 위험하다는 것을 알면서도 안전 규칙을 위반하고 발사를 강행했는데, 로저스위원회는 이를 나사 중간 관리자들의 의도적인 잘못으로 결론내렸다.[16]

챌린저호 폭발 10년 뒤에 사회학자 다이앤 본은 챌린저호 발사 과정을 분석한 책 『챌린저호 발사 결정(*The Challenger Launch Decision*)』을 출판했는데, 여기서 그녀는 나사의 중간 관리자들이 발사 결정의 위험성을 알면서도 의도적으로 안전 규칙을 위반했다는 해석에 반대했다. 생산압박이라는 사회적 원인은 개인의 의도적 규정 위반으로 곧바로 연결되지 않는다. 사회적 원인과 개인적 원인을 연결하기 위해서는 조직이라는 중범위 수준을 분석에 포함시켜야 한다. 생산압박은 나사의 조직문화를 바꿔, 우주왕복선 발사 과정에서 맞닥뜨리는 문제와 변칙을 정상적이고 용인되는 것으로 만들었다. 우주왕복선은 첨단기술의 구현체였기 때문에 기술적 문제의 발생은 당연시되었고, 위험 평가 과정에서 초기에는 강력한 위험신호로 보였던 것들이 약한 신호로 변경되었다. 이 결과 챌린저호 발사 결정 당시 나사의 관리자들은 O링 문제를 충분히 '수용 가능한 위험'으로 받아들이고 있었다. 이들은 O링의 문제가 이렇게 큰 비극으로 연결될지 모르는 상태에서 발사 결정을 내렸다. 챌린저호 발사라는 잘못된 결정은 고의적인 규칙 위반이 아니라, 외부에서는 일탈이라고 보는 행동을 조직 내에서는 완전히 수용 가능하다고 본 '일탈의 정상화(normalization of deviance)'로 인한 결과였다.[17]

다이앤 본의 챌린저호 사고에 대한 재해석으로부터 7년 뒤인 2003년 2월 1일 우주왕복선 컬럼비아호가 대기권에 재진입하는 과정에서 폭발해 승무원 7명이 전원 사망했다. 우주에서의 임무를 마치고 착륙을 16분 남긴 시점이었다. 17년 전 챌린저호의 실패를 다시 떠올리게 한 이 사고의 물리적인 원인은 발사 과정에서 떨어져나간 단열재가 컬럼비아호의 왼쪽 날개를 강타하면서 손상이 생겼기 때문이다. 이 단열재 타격은 16일 동안 우주에서 임무를 수행하는 데는 아무런 영향을 주지 않았다. 컬럼비아호 승무원들과 지상 지원팀은 손상 발생 다음 날 바로 단열재가 떨어져나간 것을 인지했지만, 종종 있는 일이어서 이것이 지구로 귀환하는 비행 과정에서 문제가 될 것이라고는 생각하지 못했다. 그러나 발사 과정에서 생긴 손상은 귀환 과정의 가혹한 조건을 이겨내지 못했고, 손상된 왼쪽 날개가 파괴되면서 컬럼비아호 전체가 폭발한다.[18] 챌린저호 폭발 이후 나사에는 사고 발생 시 자동으로 사고조사위원회를 구성하도록 하는 규정이 마련되었기 때문에, 컬럼비아호의 신호가 끊긴 후 2시간도 되지 않아 조사위원회가 구성되었다. 조사위원들은 미군의 안전부서나 교통부서 등에서 일하던 경험 많은 사고조사관들로 자동 지명되었다.[19] 컬럼비아호 조사위원회는 처음부터 결함 있는 결정을 내린 개인들을 탓하기 위해서가 아니라 사회적 요소에서 원인을 찾으려 했으며 역사적·사회적 원인과 기술적 원인에 동등한 중요성을 부여했다.

> 사고 조사 결과 종종 복잡한 과정의 마지막 절차에서 저지른 실수에 비난이 쏟아지는데, 사고 과정을 포괄적으로 이해하면 초기 절차가 마지막 절차만큼 또는 그보다 더 문제가 있었던 것으로 드러난다. [……] 조사위원회는 우주왕복선 프로그램을 감독하는 운영진의 관행이 좌익을 강타한 단열재만큼 중요한 사고 원인이라고 확신한다.[20]

챌린저호 발사 결정 때와 마찬가지로, 컬럼비아호를 운영하면서도 나사는 이례적 상황을 안전 오차로 해석하고, 점차 오차와 허용 가능한 손상 정도를 늘려갔다. 단열재 타격은 자주 발생했기 때문에 위험신호가 아니라 왕복선 운항의 일상적 부분으로 받아들여졌다. 폭발사고 4개월여 전인 2002년 10월에 큰 단열재 파편이 고체 로켓 추진기에 있는 외부 연료탱크 연결고리를 타격해 손상을 입힌 중대한 사고가 있었지만, 나사는 사고에 대한 기술분석 결과 손상을 감내할만하다고 결론내렸다.

컬럼비아호 조사위원회가 로저스위원회와 다른 점은 제도적·역사적 원인을 짚었을 뿐만 아니라 이를 통해 직접적으로 미국의 최고위 정책결정자들을 원인으로 지목했다는 점이다. "백악관과 의회는 이번 사고에서 자신들의 결정의 역할을 인식하고 향후 안전에 대한 책임을 져야 한다."[21] "백악관, 의회, 나사 본부와 같은 국가 지도부의 과거 결정은 고위험 기술 조직의 원칙을 위태롭게 하는 자원과 일정의 긴장을 조성함으로써 컬럼비아 사고를 촉발시켰다."[22] 컬럼비아호 조사위원회는 사회적 원인을 중시하는 자신들의 원인 분석이 관련 당사자들의 개인적인 책임을 면제하기 위함이 아니라는 점을 명시했다. "개개인들은 항상 자신들의 행동에 대해 책임감을 가지고 임해야 한다. [사회적 원인에 주목한다는] 말은 나사의 문제가 직원들의 은퇴나 사직 또는 전보로 간단하게 해결될 수 없다는 뜻이다."[23]

9·11 테러

2001년 9월 11일 오전, 이슬람 테러 집단 알카에다 소속 요원 19명이 4대의 항공기를 납치해 뉴욕의 세계무역센터 빌딩과 미국 워싱턴의 국방부(펜타곤) 등 주요 관청 건물을 공격했다. 이 공격으로 약 3000여 명이 사망했다. 이후 부시 정부는 테러와의 전쟁을 선포, 알카에다 기지 제거를 위해 아프가니스탄을 침공했다. 이 긴 전쟁은 2021년 탈레반의 카불 재탈환으로 끝났다.

9·11 테러는 의도적인 공격이었다는 점에서 다른 재난과는 성격이 다르다. 그러나 9·11테러 역시 재난조사 연구에서 중요한 연구 대상인데, 조사위원회의 구성, 원인 규명 및 권고 과정에서 여러 쟁점이 제기되었기 때문이다.[24]

미국에 대한 테러 공격에 관한 국가위원회(9·11위원회)는 나사의 우주왕복선 폭발을 다룬 조사위원회들과는 다른 경로로 구성되었다. 챌린저호 폭발을 조사한 로저스위원회가 대통령령에 의해 만들어지고, 컬럼비아호 조사위원회가 나사의 비상 대책(contingency plan)에 의해 자동으로 구성된 데 비해, 9·11위원회 구성에 대해서는 대통령은 물론 미국 의회도 미적거렸다. 9·11위원회는 테러 발생 14개월 만인 2002년 11월 27일에서야 의회 가결과 대통령 서명으로 설립되었는데, 피해자 가족들의 적극적인 요구와 노력이 있었기 때문이었다. 다른 조사위원회와는 달리 9·11위원회에서는 '풀뿌리 탄생(grassroots birth)'의 의미를 찾을 수 있다.[25] 차이는 또 있다. 컬럼비아호 조사위원회가 각 부서의 전문가들로 자동 지명되는 구조였던 것과 다르게, 9·11위원회는 공화당과 민주당 양당에서 각각 5명씩 추천해 위원을 구성했다. 부시 정부와 공화당은 조사 활동이 2004년에 있을 총선과 대통령 선거에 불리하게 작용할 것을 우려해 정치적 계산을 하고 있었고, 이미 상·하원의 조사 시도가 성과 없이 끝났기 때문에 사람들은 양당 추천을 통해 구성된 9·11위원회 역시 별다른 성과 없이 끝날 수 있다고 보았다.[26]

그러나 9·11위원회는 행정부와의 힘겨루기에서 승리했다. 중앙정보국장이 매일 아침 대통령에게 보내는 '대통령 일일 브리핑' 열람, 진상규명 보고서 제출 기한 연장, 국무장관 콘돌리자 라이스의 공개 증언 등에서 모두 협조를 이끌어낸 것이다. 또 12차례에 걸친 공개 청문회도 성공적으로 마쳤으며, 비공개였지만 대통령과 부통령의 증언도 확보할 수 있었다.[27] 「9·11위원회 보고서」는 2004년 7월에 발표되었는데, 정부 보고서로는 독특한 형식을 취하고 있었다. 그날의 상황을 독자들의 머릿속에 그려지도록 상세히 재구성하고, 역사적 배경을 서사(narrative) 형식으로 설명했다는 점에서다. 보고서 첫 장의 제목은 '비행기 몇 대가 우리 손에 있다'이며, 다음과 같이 시작한다.

> 2001년 9월 11일 화요일 미국 동부의 아침은 온화하고 구름도 거의 없는 날씨였다. 수백만 명이 출근 준비에 분주했다. 어떤 이들은 뉴욕 세계무역센터의 쌍둥이 빌딩으로, 어떤 이들은 버지니아주 알링턴의 펜타곤(국방부 건물)으로 향하며 발걸음을 재촉했다. 포토맥강 너머에 위치한 미 의회는 개회 중이었고, 펜실베니아애비뉴 끝 백악관에서는 관람객들이 줄을 서기 시작했다. 플로리다주 새러소타를 방문 중이던 조지 W. 부시 대통령은 이른 아침 조깅에 나섰다.
> 비행기를 타기 위해 공항으로 향하던 이들에게 이날 날씨는 안전하고 쾌적한 여행을 하기에 더할 나위 없이 좋았다. 이들 중에는 모하메드 아타와 압둘라지즈 알오마리도 포함되어 있었다. 이들은 메인주 포틀랜드 공항으로 향했다.

토머스 케인 위원장은 서문에서 보고서의 "목표는 특정 개인에게 책임을 돌리는 것이 아니"라 "9·11을 둘러싼 사건들의 전말을 밝히고 얻은 교훈을 가려내는 것"이라고 밝혔다. 9·11위원회가 지목한 9·11 테러의 핵심 원인은 미국 정보기관의 '상상력의 실패(failure of imagination)'였다. 위협에 대한 여러 정보를 수집하고도 항공기를 무기로 한 테러 방식을 상상하지 못한 점이 테러를 막지 못

한 핵심 원인이었다는 것이다.[28]

진주만 공격 이후 수십 년간 미국 정부가 그렇게 힘들게 개발한 기습 공격 탐지 및 경보 방법이 잘못됐다는 것은 아니다. 다만 이러한 방법들이 실제로 시도되지 않았다는 것이 문제였다. 20세기가 끝나는 시점에 미국을 직접 겨냥해 기습 공격을 시도할 가능성이 높은 적을 분석하는 데 이러한 방법은 채택되지 않았다.[29]

조사 대상인 행정부에게 위원회의 요구를 관철하고, 상세하고도 대중적으로 읽힐 수 있는 보고서를 발간하는 성과가 있었지만, 9·11위원회의 조사 결과에 대한 비판도 여럿 제기되었다. 첫째, 근본 원인까지 충분히 다루지 못했다는 비판이다. 테러 공격의 원인을 중동과 남아시아에 대한 미국의 정책 결정까지 소급해 찾지 않고, 정보기관의 실패로 규정했기 때문이다.[30] 둘째, 정보기관의 실패라는 원인 진단과, 이를 극복하기 위한 국가정보국장(Director of National Intelligence, DNI) 신설 권고가 실제 테러를 예방하는 데 효과가 없을 것이라는 비판이었다. 이러한 비판은 국가의 권한 강화를 반대하는 시장 자유주의자 리처드 포스너에 의해 제기되었는데, 그는 생체 인식 검사를 포함한 강화된 출입국 심사, 조종실 문의 안전 대책, 납치된 비행기를 지상에서 조종할 메커니즘 마련, 건물 대피계획 개선 등 좀 더 목표가 명확하고 기술적인 대책이 더 효과적일 것이라는 의견을 냈다.[31] 마지막 비판은 책임자를 특정하지 않았다는 점이다. 위원회는 특정 정부나 부처, 개인에게 책임을 묻지 않았는데, 이는 위원회가 양당의 추천을 통해 정치적으로 구성되었기 때문에 생긴 한계로 지적되었다. 특정 정부에 원인을 귀속시키는 것이 부담스러웠기 때문이다.

다이앤 본에 따르면 첫 번째 비판과 세 번째 비판은 연관된다. 다이앤 본이 보기에 9·11위원회는 정치 지도자들의 역사적 정책 결정이라는 제도적 차원의 원인 분석을 회피했기 때문에 책임자를 특정하지 못했다.[32] 여기서 읽어낼 수 있는 그녀의 주장은 명쾌하다. 조사 범위를 확장해 근본 원인을 다뤄야만 책임도 제대로 물을 수 있다는 것이다. 이는 세월호 진상규명 운동에서 점차 강화되었던 구조적 원인(근본 원인)을 다루면 책임자를 특정하지 못할 것이라는 생각과는 전혀 다르다. 구조적 원인을 다뤄야 책임이 권력 상층에 있었다는 점이 드러난다.

후쿠시마 핵 발전소 사고

2011년 3월 11일, 일본 동북부 연안에서 규모 9.0의 대지진과 대규모 쓰나미가 발생해 후쿠시마 제1원자력 발전소의 모든 전원이 소실되면서 냉각 기능도 멈춰 섰다. 이로 인해 가동 중이었던 원자로의 연료봉이 녹아내려(노심 용융), 고농도의 방사성 물질이 방출되기 시작했다. 1~3호기에서 노심 용융이, 3, 4호기에서는 수소 폭발이 발생한 후쿠시마 핵 발전소 사고는 국제원자력사고평가척도(International Nuclear Event Scale, INES)에서 최악의 레벨인 7(심각한 사고)로 분류된다. 10년이 지난 지금도 본래 살던 지역으로 돌아가지 못한 피난민만 3만 6000명 이상이며, 원자로에는 아직도 연료봉 3000여 개가 남아 방사성 물질을 방출하고 있다. 높은 방사선 수치로 인해 폐로 작업은 더디고, 지하수와 빗물이 원자로에 흘러들어 매일 140톤의 오염수가 생겨난다. 2021년 4월, 일본 정부는 오염수 저장 공간이 부족하다며, 2023년부터 오염수를 해양으로 방출하겠다고 결정했다. 재난은 지금도 계속되고 있다.

후쿠시마 핵 발전소 사고는 대지진과 쓰나미로 인해 발생했기 때문에 이것이 자연재해인지 인재인지 논란이 있었다. 후쿠시마 사고의 경우 조사 주체를 달리하는 조사위원회가 여럿 활동했다는 것이 특징인데, 각 조사위원회가 원인으로 강조하는 지점이 조금씩 달라, 재난에 대한 틀짓기가 어떻게 경합하는지를 잘 보여준다.

2011년 6월 7일부터 2012년 7월 23일까지 약 13개월 동안 활동한 정부위원회는 후쿠시마 사고를 복합 재난으로 규정했다. "직접적으로 지진, 해일이라는 자연 현상에 기인하지만 [⋯⋯] 매우 심각한, 대규모의 사고가 된 배경에는 사전 방지책, 방재 대책, 사고 발생 후 발전소의 현장 대처, 발전소 외의 피해 확대 방지책 등 여러 문제점이 복합적으로 존재"했다는 것이다. 민간위원회는 2011년 9월에 설립한 '일본재건이니셔티브'라는 재단법인의 프로젝트로 시작되었다. 민간위원회는 도쿄전력의 사고 대응의 인적 오류(human error)를 지적하며 "인재의 성격을 띠고 있다."라고 규정했다. 기업, 즉 도쿄전력 측은 가장 광범위하고 깊게 내부를 조사했지만, 예측 범위를 넘어선 규모의 지진과 쓰나미가 사고의 근본 원인이라고 지적하며, 책임을 자연과 정부에게 떠넘겨 비난을 받았다. 일본원자력학회는 다른 조사위원회들의 조사가 마무리된 후 조사위원회를 구성해 이전 위원회의 권고를 기술적인 부분에 초

[표 1] 후쿠시마 5개 조사위원회 특징

	정부	국회	민간	도쿄전력	원자력학계
위원 수	9명	9명	5명	7명	30명 이상 (전문 분야별 1인)
활동 기간	약 13개월	약 7개월	약 6개월	약 13개월	약 19개월
소속	내각	국회	일본재건 이니셔티브 재단	도쿄전력	일본원자력학회
특징	원자력 행정 관련자 이외의 인물로 구성. 사고지역 주민 1명 조사위원으로 위촉.	일본 헌정 사상 첫 국회조사위원회. 사고지역 주민 1명 조사위원으로 위촉.	후쿠시마 핵 발전소 사고 이후 설립된 재단 법인이 구성. 정부와 기업으로부터 독립된 국민의 입장을 표방.	책임 기업 내부에 설치된 조사위원회.	앞선 4개의 조사위원회 종료 후, 전문가 입장에서의 검증 등을 목표로 구성.

점을 맞춰 검증했다.[33]

여러 개의 후쿠시마 사고 조사위원회 중 가장 권위 있고 그 결과가 널리 알려진 것은 국회사고조사위원회이다. 국회 산하에 조사위원회가 구성된 것은 일본 헌정 사상 처음으로, 초당적 합의를 통해 구성되었다. 위원 선정 과정이 외부로 공개되지는 않았지만, 9·11위원회나 세월호 특조위처럼 정당 추천 방식이 아니라, 전문 분야를 고려했다고 알려져 있다. 국회사고조사위원회는 2011년 12월 8일부터 2012년 7월 5일까지 7개월간 활동했는데, 다른 위원회보다 권한이 강해 간 나오토 총리와 도쿄전력 사장 등 정부와 기업의 최상위 책임자에 대한 공개 조사를 진행했으며, 철저한 정보 공개를 중시해 19차례의 위원회 회의와 회의록을 모두 공개했다.

국회사고조사위원회의 보고서는 600쪽이 넘는 방대한 분량인데, 시민들이 보다 쉽게 이해할 수 있도록 '알기 쉬운 국회조사보고서'라는 웹사이트(naiic.net)를 통해 보고서에 대한 해설서와 해설 동영상을 제공하고, 보고서 발간 후 보고서 강독회를 정기적으로 개최하기도 했다.

또 국회사고조사위원회는 위원회가 조사하지 않은 사항을 명확히 함으로써 자신들의 조사 범위를 명시했다. 보고서에 명시된 미조사 사항은 1) 일본의 향후 에너지 정책에 관한 사항, 2) 사용 후 핵연료 처리·처분 등에 관한 사항, 3) 현재로서는 방사선량이 높아서 검증을 실시할 수 없는 시설에 관한 원자로의 현장 검증을 필요로 하는 사항 등 총 10가지였다. 국회사고조사위원회는 자신들이 조사하지 못했거나 아직 완전히 해명이 이뤄지지 않은 부분, 또 향후 사고 처리와 원자력 발전소 재가동을 비롯한 일본의 향후 에너지 정책 등에 대해 추가적인 조사·심의가 필요하다며 원자력 사업자와 행정기관에서 독립된 민간 중심의 전문가로 이뤄진 제삼자 기관을 설치할 것을 권고했다.

국회사고조사위원회는 후쿠시마 핵 발전소 사고가 '인재'라는 점을 명확히 했으며 '규제 포획(regulatory capture)'을 주요 원인으로 짚었다. '규제 포획'이란 규제 기관이 규제 대상인 기업에게 역으로 포획되어 기업의 이익을 보호하는 정책을 펴는 현상을 말하는데, 이런 현상이 핵 산업계에 광범위하게 존재했다는 것이다.

우리 위원회는 이번 사고의 근원적 원인이 역대 규제 당국과 도쿄전력과의 관계에서 규제하는 입장과 규제를 받는 입장이 '역전 관계'가 되어 원자력 안전에 대한 감시·감독 기능의 붕괴가 발생한 점에서 찾을 수 있다고 인식한다. 몇 번이나 사전에 대책을 세울 기회가 있었다는 점을 감안하면 이번 사고는 '자연재해'가 아닌 확실한 '인재'이다.[34]

'인재'는 사람의 잘못, 책임자로 지목할 누군가가 있다는 것을 떠올리게 하는 말이다. 그러나 국회사고조사위원회는 인재를 특정 개인의 과오로 보지 않고 책임 회피를 최우선으로 하는 불투명한 조직과 제도, 이를 허용하는 법적인 틀에서 찾았다.

> 우리 위원회는 사고 원인을 개개인의 자질, 능력 문제로 귀결시키지 않고 규제받는 쪽과 규제하는 쪽의 '역전 관계'를 형성한 진짜 원인인 '조직적·제도적 문제'가 이와 같은 '인재'를 발생시킨 것으로 생각한다. 이러한 근본 원인을 해결하지 않고 단순히 사람을 교체하거나 조직의 명칭만 변경한다면 재발 방지는 불가능하다.[35]

일본에서는 국회사고조사위원회 종료 직후인 2012년 9월 원자력규제위원회(Nuclear Regulation Authority, NRA)가 설립되어 현재까지 활동하고 있다. 그러나 국회사고조사위원회가 조사 범위에 포함하지 않은 핵 발전소 재가동, 일본의 에너지 정책 등에 대해서는 이후 사회적 논의가 제대로 이뤄지지 않았다. 일본은 사고 직후 일본 내 33기의 핵 발전소 가동을 전면 중단했다가 서서히 재가동을 시작해 2022년 4월 기준 10기를 재가동하고 있으며 최근에는 전체

전력원 중 다시 원전 비중을 높이려고 하고 있다.[36] 원자력규제위원회의 설립은 위원회의 성공을 보여주는가? 탈핵을 둘러싼 입장대립이 첨예한 상황에서 위원회가 핵 발전소 재가동이나 국가의 에너지 정책 방향을 다루지 않은 것은 현명한 선택이었는가? 조사위원회는 어디까지 조사하고 권고할 수 있으며 그 실패와 성공은 어떻게 평가할 수 있는가. 후쿠시마 사고 조사가 우리에게 바로 지금 던지고 있는 질문이다.

2. 한국의 재난조사

서해훼리호 침몰

1993년 10월 10일 10시경, 전북 부안군 위도 앞바다에서 승객 362명을 태운 100톤급 여객선 서해훼리호가 전복·침몰했다. 침몰은 순식간에 일어나서 서해훼리호는 구조 신호조차 보내지 못했으며, 전복 현장을 목격한 인근 어선들이 신고 및 초기 구조활동에 나섰다. 1시간 뒤에는 신고를 받은 해양경찰 소속 경비정이 도착해 구조활동에 가세했으나, 승객 362명 중 70명만 구조되었고 나머지 292명은 사망했다. 사고 당일은 일요일로, 희생자들은 대부분 주말을 맞아 낚시를 즐기러 온 관광객들이었지만 위도 주민들도 적지 않았다.[37]

침몰 원인은 최대 승선 인원 221명보다 훨씬 많은 인원(141명 초과)을 태운 데다 짐도 많이 실어 재화 중량 60.518톤보다 6.498톤을 과적했으며, 파도가 2~3미터로 높고 바람이 초속 10~13미터로 여객선 운항이 쉽지 않은 조건에서 출항을 감행했기 때문이었다. 복원성이 나쁜 상태에서 출항한 배는 우회두(右回頭)할 때 파도에 맞아 순식간에 전복되었다.

　서해훼리호 침몰 관련 보고서들을 검토해보면, 한국의 재난조사가 대략 어떤 방식으로 이뤄지는지 윤곽이 드러난다. 서해훼리호의 침몰 원인을 다룬 조사보고서는 두 편으로, 침몰 1달여 만인 1993년 11월에 서해훼리호 선체합동조사반(합동조사반)이 발간한 「서해훼리호 전복침몰 사고 조사보고서」와 1994년 2월에 발간된 인천해양안전심판원의 「여객선 서해훼리호 전복사건 재결서」이다. 합동조사반은 검경합동수사본부가 기술적 원인 조사를 위해 구성한 것으로, 참사 일주일 후 전문가 4명과 유가족 추천 2명으로 구성되었다.[38] 합동조사반의 조사 목표는 검경합동수사본부가 책임자를 특정하고 기소하기 위한 근거를 제공하기 위한 것이었다. 합동조사반은 사고의 주요 원인으로 "과적, 과승과 추파에 의한 복원력 상실"을 짚었는데, 이는 군산지방해운항만청 공무원과 서해훼리사 임직원을 기소하는 주요한 근거가 되었다.[39] 그러나 합동조사반은 과승과 과적을 가능하게 한 구조적 원인을 조사하지는 않았다.

　해양안전심판원의 조사 결과 역시 합동조사반과 유사하다. 해양안전심판원이 합동조사반보다 구체적으로 밝힌 점은 "운항 중 스크루 추진기축에 나일론 로프가 감겨" 정상 운항이 되지 않아 선체가 우회두되었다는 점이다. 우회두를 촉발한 원인을 좀 더 자세히 특정하긴 했지만, 핵심 원인은 우회두 시 파도의 영향으로 복원력이 상실될 정도의 과적·과승이 이뤄졌다는 것으로 합동조사반과 같다. 해양안전심판원 역시 그보다 더 깊이 들어가는 구조적 원인에 대한 조사나 언급은 하지 않았다.

서해훼리호 침몰과 관련한 두 조사보고서를 통해 한국 재난조사의 몇 가지 특징을 알 수 있다. 첫째, 사고 조사가 검찰의 기소에 필요하기 때문에 빠르게 진행된다. 서해훼리호는 17일 만에 인양되는 등 조사의 조건이 세월호 참사보다 유리했지만, 합동조사반이 한 달 만에 조사 결과를 도출한 것은 이를 고려해도 매우 빠른 편이다. 둘째, 본래 해양사고의 조사 전문기관인 해양안전심판원의 조사가 검경합수부 내 합동조사반의 조사와 크게 다르지 않은 결론으로 뒤따른다. 대중적으로는 고유한 전문성을 가진 해양안전심판원의 조사 결과보다 검찰 수사 결과가 더 권위를 가진다. 셋째, 사고 원인은 주로 기술적 원인으로 한정되며 구조적 원인은 공식 조사보고서에서는 거의 다뤄지지 않는다.

구조적 원인에 대한 지적은 전혀 없었을까? 그렇지는 않다. 언론 등은 서해훼리호가 정원을 상습적으로 초과하고 직원들의 증선 요청을 묵살하는 등 잘못된 관행을 따라왔다고 지적했다. 이러한 내용은 위 두 조사보고서가 아니라, 구조 및 인양 등 사고 대응과 관련해 해당 지자체인 전라북도에서 1994년 9월에 발간한 『위도 앞바다 서해훼리호』에 짧게 언급되어 있다.

> 낚시꾼과 관광객이 많아 휴일마다 200~300명의 승객이 이 배를 이용하는 등 초과 승선이 상습화되어 있었는데도 이의 지도, 감독을 소홀히 하고 운항 횟수를 늘리지 않은 당국과 선박 회사도 과실이 크다. [……] 이번 사고는 설마 하는 안이하고 느슨한 생각이 초래한 인재였음을 반성해야 한다.[40]

여기에서 '인재'가 후쿠시마 사고조사위원회의 규정과는 매우 다르게 사용되었다는 점에 주목할 수 있다. 1990년대 중반 한국에서 인재란 '설마 하는 안이하고 느슨한 생각', 소위 개인의 '안전 불감증'이 초래하는 것으로 여겨졌다. 안전 불감증을 사고의 원인으로 짚는다는 것은, 위험하거나 사고가 날 수 있다는 생각을 하지 않는 것, 그로 인한 '불안전 행동'을 가장 큰 원인으로 본다는 것이다.[41] 그러나 안전 불감증이라는 상투어에는 문제가 있다. 첫째, 안전 불감증 앞에서는 구체적인 사고 조사가 필요 없다. 부주의한 개인의 안전하지 않은 행동은 어떤 사고와 재난에도 항상 존재하기 때문이다. 둘째, 개인의 안전 의식을 강조함으로써 사고의 원인과 책임을 말단의 개인에게 돌리고 조직적·제도적 문제를 눈에 보이지 않게 한다. 최근 들어 안전 불감증이라는 언론의 관습적 진단에 문제가 제기되기 시작했지만, 이러한 1990년대식 프레임은 여전히 되풀이되고 있다.

삼풍백화점 붕괴

1995년 6월 29일, 서울 강남 한복판의 최고급 백화점이 순식간에 무너져 내렸다. 성수대교가 무너지고 1년도 되지 않은 시점이었다(성수대교는 1994년 10월 21일 붕괴했다). 삼풍백화점은 최고층인 5층에서 붕괴가 시작되어 지하 4층까지 전 건물이 20초 만에 주저앉았다. 처음에는 외신에서조차 북한의 폭파 테러를 의심했다고 한다. 지진이나 폭발 같은 외부 충격 없이 건물이 이렇게 순식간에 무너진 것을 본 적이 없었기 때문이다. 게다가 삼풍백화점은 지어진 지 5년 7개월밖에 되지 않은 건물이었다. 이 붕괴로 사망자 502명(사망 확인 472명, 사망 인정 30명), 부상자 937명이 발생했으며, 6명은 끝내 실종 처리되었다.

삼풍백화점 붕괴사고 직후 검찰은 서울지방검찰청 내에 검경합동수사본부를 구성했고, 참사 발생 3일 뒤인 7월 1일에 자문기구로 '삼풍백화점 붕괴사고 원인 규명 감정단'을 구성해 기술적 원인을 밝히도록 했다. 고도의 전문 기술적 지식 없이는 건물의 구조를 이해할 수 없고 수사도 거의 불가능하다는 점, 성수대교 붕괴사고에서도 감정단의 규명이 성공적이었다는 점이 근거가 되었다. 검찰 입장에서 명확한 원인 규명은 법정에서 관련자들의 책임 공방을 차단하는 데에도 꼭 필요했다.

> 붕괴 원인이 공정하고 명확하게 밝혀지지 않으면 앞으로 공판 단계에서 설계, 시공, 감리 및 유지 관리 등 각 분야의 관련자들 간에 치열한 책임 전가 및 기술 논쟁이 벌어질 것이 예상되었고, 나아가 각 관련자들의 과실과 건물 붕괴와의 인과 관계와 관련해 판결에 중요한 영향을 미칠 것이 예상되었다.[42]

감정단은 "설계 하자, 부실시공, 유지 관리상의 과오 등이 준공 후 5년여의 장기간에 걸쳐 부실 부분이 상호작용하여 발생한 참사"[43]로 결론 내렸다. 설계부터 건설 과정, 이후 증축 및 유지 보수 모든 단계에서 문제가 있었다는 것이다. 허가를 위해 제출한 도면과 실제 시공한 도면이 달랐다. 설계는 자주 변경되었고 변경 절차도 무시되었다. 삼풍그룹은 공사가 끝난 이후에야 관련 공무원들에게 뇌물을 주고 편법으로 사후 승인을 받았다. 시공을 맡은 건설사는 시멘트 함량이 부족한 콘크리트를 사용했으며, 부실시공으로 일체화되어야 할 철근과 콘크리트는 따로 놀아 기둥과 벽이 건물을 지탱할 힘이 없었다. 천장(슬래브)과 벽도 연결 상태가 불량했다. 삼풍백화점은 초기에 4층 건물이었으나, 준공 후 5층을 새로 올렸는데, 이 공사로 인해 건물은 초과 하중 상태가 되었다. 또 5층을 새로 올리는 과정에서 하중을 버티는 역할을 하는 내력벽 일부를 절단하기까지 했다.

삼풍백화점은 예고 없이 순식간에 무너진 것이 아니었다. 개장시부터 붕괴된 A동 5층 일대 곳곳에 누수 현상이 있었으며, 붕괴 몇 달 전에는 4층 벽과 모서리 천장에서 손가락이 들어갈 정도의 균열이 발생했다. 사고 당일에도 심각한 균열 현상이 보고되어 경영진은 붕괴 직전까지도 고객들을 대피시킬지 말지 논의했지만, 보수 공사는 영업시간 종료 뒤로 미뤄졌다. 경영진은 붕괴 직전까지 백화점 안에 남아있다가 붕괴 소리를 듣고 서둘러 대피했는데, 붕괴되지 않은 B동에 있었기 때문에 살아남았다. 이들은 현장에서 바로 검거되었다.[44]

이준 회장, 이한상 사장을 비롯한 경영진 4명에게는 참사 발생 사흘 만인 7월 1일 구속 영장이 청구되었다. 삼풍백화점 붕괴 원인이 된 옥상 증축 공사를 지시했으며, 붕괴 조짐을 보고받았고, 수리를 직접 지시했기 때문에 최고 경영진까지 업무상과실치사상죄를 적용하는 것이 가능했다. 또 삼풍백화점 붕괴사건에서는 '과실범의 공동정범' 법리를 적용해 원인으로 지목된 설계, 시공, 유지 관리까지 관여된 다수의 행위자들을 법적으로 처벌했다. 이준 회장에 대한 7년 6개월 징역형이 500명이 넘는 사망자를 낸 대형참사의 처벌로 충분치 않다는 비판, 뇌물을 받은 서초구 주택과 공무원들이 징역을 면한 것에 대한 비판도 있었다. 그러나 이후의 재난 사례들과 비교해보면 광범위하게 상위 책임자까지 책임을 물은 것임에는 틀림없다.

대구 지하철 화재

2003년 2월 18일, 대구 중앙로역에서 신변을 비관한 한 50대 남성의 방화로 화재가 발생했다. 처음 화재가 일어난 1079호 전동차는 정차 중이었고 문이 열려있었기 때문에 대부분의 승객이 대피했지만, 화재 후 반대편 선로에 지하철이 진입하면서 대형참사가 되었다. 사령실에서는 화재가 일어난 것을 알았으나 심각성을 파악하지 못하고 "화재가 발생했으니 조심해서 진입하라."라고 지시했다. 중앙로역에 진입한 1080호 전동차에 순식간에 불이 옮겨 붙었다. 전동차 내 회로가 손상되어 출입문은 열리지 않았고, 특히 기관사와 거리가 멀었던 뒤쪽 호차에서 다수의 희생자가 발생했다. 이 화재로 192명이 사망했다.

대구 지하철 화재의 경우 위에서 살펴본 두 재난과 다르게 검경합동수사본부가 바로 구성되지 않았다. 화재가 발생한 2월 18일 수사본부가 구성되었으나 대구지방경찰청 책임하에 있었고, 검찰은 관계기관 공조 수준 정도로 결합했다. 그러나 대구지하철공사에서 사고 당일 밤 전동차를 차량기지로 옮기고 참사 이튿날 사고 현장을 청소하는 등 수습과 사고 조사에서 절대 있을 수 없는 초유의 사태가 발생한다.[45] 희생자 가족뿐 아니라 정치권에서도 초동수사에 대한 검찰의 지휘가 미흡했다는 비판이 나온다. 대형사고 발생 시 검경합동수사본부를 만들고 차장검사급이 수사본부장을 맡아왔던 것을 생각하면, 대구 지하철 화재사고 수사본부장을 경찰이 맡았다는 것 자체가 이례적이라는 비판이었다.[46] 결국 대구지검은 2월 28일 전담수사반을 수사지휘본부로 격상했으나 이후에도 수사를 대검에서 직접 맡아달라는 희생자 가족의 요청에 의해 최종적으로는 3월 19일 대검 특별수사본부를 구성했고, 1달여 뒤에 수사를 종료한다.[47]

사고에 대한 책임은 일차적으로 방화범에게 지워졌다. 그다음으로 무거운 책임을 진 것은 1079호, 1080호 전동차 기관사와 관제사 등 현장에 있던 관계자들이었다. 이들은 업무상과실치사상으로 4~5년의 징역형을 선고받았다. 지하철공사 간부 등의 경영 책임자는 직무유기로 구속되었으나 무죄 판결을 받았고, 전동차 납품 비리에 대해서는 관련 하청 업체 임원 몇 명에게 책임을 묻고 마무리되었다. 피해자들은 참사 현장 훼손에 대한 사법적 책임은 대구지하철공사 사장에게 묻고자 했다. 그러나 항소심(2심)까지의 유죄가 대법원에서 "증거를 인멸하거나 은닉할 의도로 청소 작업을 행했다고 보기 어렵다."라며 파기 환송되면서 무죄 판결이 내려졌다.[48] 결국 증거 훼손의 책임은 아무도 지지 않게 되었다.

2005년 대구시는 『대구지하철 중앙로역 화재사고 백서』를 발간했는데, 이 백서가 대구 지하철 화재에 대한 공적인 기록을 대표한다. 백서는 1편 서문, 2편 사고 수습, 3편 반성과 교훈으로 나눠져 있는데, 부록을 제외한 본문 500여 페이지 중 사고 수습이 400페이지가 넘는 분량을 차지하고 있으며, 사고 원인은 3편 1장 '사고 원인 반성'에 10페이지 정도로 실려있어 사고 수습 기록에 비해 매우 소략하다. 대구시는 여기에서 2003년 검찰 수사와 재판 결과와 크게 다르지 않은 원인 분석을 하고 있다. 대구시는 "한 개인의 방화가 대규모 피해로 이어지게 된 원인은 전동차의 내장재 불량, 역사 소방 설비의 미비 등에서도 찾을 수 있지만 지하철공사와 소방관서 등 외부 대응기관 직원들의 위기 대처 능력 부족 등도 주요 원인으로 작용했다고 생각한다."[49] 백서가 꼽는 가장 주요한 사고 원인은 '미흡한 초기대응'이다. 백서는 "초기대응만 신속하고 적절히 이루어졌다면 대형참사는 막을 수 있었을 것이다."[50]라며 1079호 기관사와 1080호 기관사의 잘못을 상세히 지적하고 있다. 후순위이긴 하지만, 전동차 내장재 문제나 역사 소방 설비 등 검찰 수사에서는 크게 다뤄지지 않은 구조적 원인도 짚고 있다는 점은 주목할만하다. 이는 대구 지하철 화재 직후부터 시민 사회단체와 지하철노동조합, 피해자 가족들의 활동에 영향을 받은 것이다.

사회운동과 피해자들이 재난에 대한 대안서사를 구축했다는 점에서 대구 지하철 화재에 대한 대응은 이전과 달랐다. 화재 다음 날인 2월 19일 대구 지역 37개 시민 사회단체로 구성된 '시민사회단체 대책위원회(약칭 시민대책위)'가 발족한다. 이렇게 신속하게 시민대책위가 구성될 수 있었던 것은 운동 단체들이 1995년, 2000년 지하철 사고 당시에 쌓았던 대응 경험 덕이다.[51] 특히 2000년 지하철 공사 중 지반 붕괴사고 당시에는 구체적인 성과도 냈는데, 운동 단체들의 요구로 붕괴사고의 재조사가 진행되어 초기의 '불가

대구 지하철 참사 시민 사회단체 대책위원회
진상조사단 경과 및 입장[52]

첫째, 이번 참사는 전동차의 방화로 인한 화재와 대량의 유독가스 배출이 가장 큰 참사 원인입니다. [……] 참사 당시 전동차는 불쏘시개처럼 급속히 화재가 번져나갔습니다. [……] 후속으로 도착한 1080호와는 거리가 1.5미터가 넘는데도 불은 쉽게 옮겨 붙었습니다. 국가기관을 통해 불연성·난연성 방염 합격을 받은 전동차의 화재 참사라는 부분이 가장 강력한 초점입니다. [……]

둘째, 이번 사고는 건교부 지침에 의해 시행되고 있는 1인 승무원제가 대형 인명 참사의 직접적인 원인입니다. 불량 내장제로 만들어진 전동차에서 현행의 1인 승무원제로는 화재 진화는 고사하고 승객의 안전한 대피와 탈출을 돕는 것도 현실적으로는 불가능합니다. [……] 1080호 열차의 [……] 승무원과 운전사령에게 비난의 화살이 쏟아지고 있습니다. 비난받아 마땅합니다. 하지만 닫힌 문을 열고 (전동차는 밖에서도 수동 조작이 가능함) 승객을 대피시킬 수 있는 인력 1명만 더 있었더라도 이런 초대형 인명참사는 면할 수 있었을 것입니다. [……]

셋째, 이번 참사는 방재 기능이 제대로 작동하지 않은 총체적 인재입니다. 지하 승강장에서 출구를 찾아 탈출한 승객들은 비상등의 전기 설계 결함과 비상등 설치 설계의 결함으로 어둠 속을 생사의 기로에서 헤매야 했습니다. [……] 비상 출구 앞에 방화 셔터가 내려져서 탈출로를 봉쇄하고 유독 가스의 환기 기능까지도 막아버린 것이 바로 우리 대구 지하철의 안전 수준이고 현실입니다.

항력적인 사고'에서 '인재'로 결론이 바뀌고, 책임자를 구속할 수 있었다. 이러한 경험을 토대로 시민대책위는 2003년 화재가 발생했을 때도 자체 진상조사단과 법률지원단을 구성하고, 대구시에 맞서 자체적인 진상조사활동을 벌였다. 시민대책위는 2003년 2월 26일 발표한 성명을 통해 1) 방염 합격을 받았음에도 전동차에서 불길이 급속히 번진 점, 2) 1인 승무제로 인한 승객 대피 인력 부족, 3) 비상구 앞에 내려온 방화 셔터 등 역사 방재 기능의 문제 등 3가지를 참사의 주요 원인으로 제시했다.

시민대책위는 2003년 4월 중순까지 2달 남짓 활동했지만, 동일한 문제의식에서 지하철 노동조합과 피해자 가족들이 활동을 이어받았다. 대구시 백서에 후순위로라도 위와 같은 구조적 원인이 포함될 수 있었던 것은 이들의 활동 덕분이었다. 그러나 이러한 대안서사가 검찰과 대구시의 기존 서사를 완전히 대체할 수는 없었다. 피해자 가족들은 지금까지도 참사의 원인을 주류 서사와 다르게 기억하기 위한 싸움을 계속하고 있다.

3. 원칙과 딜레마

2014년 12월, 나는 세월호 참사 국민대책회의의 일원으로, 해외의 재난조사 사례를 듣고 해외 재난사고 유가족들을 만나기 위해 일본에 있었다. 단원고 희생자 부모님과《한겨레21》기자도 함께였다. 우리는 1985년 일본항공 123편 추락 원인을 계속 규명 중인 노조활동가, 후쿠시마 국회사고조사위원회의 위원들, 후쿠치야마 탈선사고의 유가족과 이들을 지원하는 변호사와 전문가 등을 만나며 5박 6일 동안 숨 가쁘게 돌아다녔다. 경험을 나누어달라는 우리의 긴급하고 간곡한 요청에 많은 분들이 기꺼이 응해주었고, 출장단은 세월호 참사의 진상규명을 위한 여러 교훈을 얻어 고무된 채로 돌아왔다. 더불어 나는 개인적으로 숙제 하나를 싸들고 돌아왔는데, 다수의 미팅에서 반복적으로 들었지만 잘 이해가 되지 않는 말이 있었기 때문이다. '사고 조사는 처벌을 위해 하는 것이 아니다.'라는 말이었다. 진상규명과 책임자 처벌이 같이 가야 한다고 생각했던 당시의 나는 그 말의 정확한 의미를 파악할 수가 없었다.

사고의 진상을 밝히기 위한 조사와 법적 처벌을 위한 수사를 분리하는 것이 여러 국가들에서 채택된 재난조사의 원칙이라는 점을 알게 된 것은 한참 뒤였다. 이 원칙에 대해 일본에서 오랫동안 논란이 있었다는 사실을 알게 된 것은 더 뒤였다. 또 재난조사의 패러다임이 재난을 거치면서 변해왔다는 것, 그럼에도 재난조사에 여전히 해결되지 않은 어려움이 있다는 것은 그보다도 더 뒤에 알게 되었다.

우리는 재난이라는 극단적인 실패 속에서 무엇을 배울 수 있는가? 아니, 무엇인가 배울 수는 있는 것일까? 비극 속에서 교훈을 끌어내려는 시도들 속에서 재난조사의 원칙과 방법은 변해왔다. 이 절에서는 재난조사에 대한 국제 기준이 어떤 역사를 거쳐 현재의 형태로 합의되었는지, 여전히 해결되지 않은 재난조사의 고유한 딜레마가 무엇인지 살펴보겠다.

기술적·인적 조사에서 구조적 조사로

침몰의 가장 중요한 원인으로 '기업의 조직문화'를 짚은 헤럴드호 조사, 직원 개인의 잘못과 초국적 기업의 책임이 경합한 보팔 참사, 역사적 원인에 주목한 컬럼비아호 조사 등에서 공통적으로 보이듯이, 재난조사의 패러다임은 초기의 기술적·인적 조사에서 점차 조직, 제도, 역사를 포괄하는 구조적 조사로 이동해왔다. 오늘날 재난조사에 대한 국제 기준은 그 자체로 많은 재난 경험을 통한 사회적 학습의 결과이며, 재난을 분석할 수 있는 다양한 관점을 제시해온 재난 연구를 통해 발전했다.

초기 재난 연구는 재난을 갑자기 일어나는 단절적 사건으로 바라봤다. 지진과 태풍처럼 짧은 시간에 특정 장소에 큰 물리적 손실을 안겨주는 것이 재난의 본질이라는 사고는 어떤 재난을 재난으로 인식하지 못하게 했다. 예를 들어 1995년 시카고 폭염은 당시 미국에서 대중적으로도, 또 학계에서도 재난으로 다뤄지지 않았다. 단시간에 발생하는 물리적 파괴라고 하는 기존의 재난 정의에 맞지 않았기 때문이다.

그러나 재난 연구가 발전하면서 점차 재난의 원인이 사회 속에 내재해 있으며, '예측 가능한 발현(manifestations)'으로 보아야 한다는 주장이 힘을 얻었다.[53] 재난은 예고 없이 갑자기 일어나는 사건이 아니라, 긴 잠복기 속에 있다가 어떤 계기를 통해 우리 앞에 나타날 뿐이다. 재난이 이처럼 긴 전사(前史)를 가진 사건이라면, 재난의 인과관계를 알아내기 위해서 우리는 지진의 진도나 태풍의 강도만이 아니라, 왜 지진과 태풍에 취약한 지역에 주거 시설이 건설되었는지, 왜 태풍이 잘 발생하지 않은 지역에서 태풍이 발생하게 되었는지 등의 문제들을 역사적으로 살펴봐야 한다. 또 재난을 일으킨 특정 인물들이 아니라 이들의 행동에 영향을 미친 조직과 제도까지 거슬러 올라가야 한다. 헤럴드호 침몰에서 선장과 선원의 잘못에만 집중하지 않고, 왜 그들이 부주의하게 행동하게 되었는지 조직문화와 제도까지 다루는 것도 이러한 접근을 보여준다고 할 수 있다. 후쿠시마 핵 발전소 사고의 원인으로 쓰나미가 아니라 규제 포획을 원인으로 짚는 것도 같은 맥락이다. 재난 연구의 발전은 우리의 인식틀에도 영향을 미쳤다. 이제 폭염은 재난으로 우리 인식틀 내에 들어와있고, 기후 위기를 야기한 긴 과정이 폭염의 중요한 원인이기도 하다는 것도 널리 수용되고 있다.

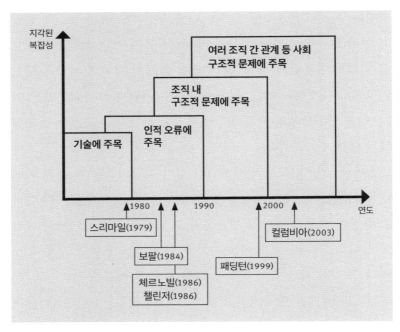

[그림 1] 재난과 안전 연구 경향의 변화
(출처: EsReDA, "Guidelines for Safety Investigations of Accidents", 2009에서 재구성)

　　오늘날 많은 재난 연구자들이 이처럼 기술적 원인과 인적 오류
로만 재난의 원인을 국한할 수 없다는 점에 동의한다.[54] 또 이들은
기술적 원인과 인적 오류에 집중하는 전통적 사고 조사 프레임의
회고적(retrospective) 관점을 경계하는데, 현재의 시점에서 과거를
바라보고 평가하는 관점의 조사로는 유사한 재난의 재발을 막을
수 없다고 보기 때문이다.[55] 위 그림에서 볼 수 있는 것처럼 안전과
재난 연구 경향은 재난의 원인을 점차 구조적인 문제로 파악하는
쪽으로 이동해왔다.[56]

　　그러나 이러한 전제에 동의하더라도, 실제 어디까지 재난조사

의 범위를 확장할 것인지는 완전히 합의되지 않았다. 특정 개인이 아니라 작업장 요인과 조직 내부의 요인에 의해 사고가 유발된다고 말한 제임스 리즌에 따르면, 재난조사는 조직적 요인까지만 조사하는 게 맞다. 그는 경제적·사회적 문제는 시스템 관리자의 권한 밖으로, 사고 조사 모델은 시스템 관리자가 바꿀 수 있고 통제할 수 있는 것으로 한정될 필요가 있다고 주장한다. "체르노빌 조사를 위해 1917년으로 되돌아가 러시아 혁명부터 살펴볼 수는 없다."라는 것이다.[57] 챌린저호 사고에 대한 권위 있는 연구자이자 컬럼비아호 사고조사위원회의 일원으로 일한 바 있는 다이앤 본은 리즌보다 좀 더 범위를 넓히는 것이 필요하다고 본다. 그녀는 조직적·제도적 원인, 즉 사회적 원인까지 조사 범위로 삼아야 한다고 주장한다. 그녀가 보기에 컬럼비아호 조사위원회가 백악관이나 의회와 같은 최고위층의 책임을 명시할 수 있었던 것은 나사라는 조직을 넘어 정책 결정의 역사까지 다뤘기 때문이다.[58] 한편 사회학적 해석이 과도하게 조사로 확장되어서는 안 된다고 주장하는 연구자들도 있다. 이러한 주장은 여전히 잠재적 원인보다 직접적 원인이 더 중요하다고 본다.[59]

재난조사위원회가 활동할 때 이는 실제로 중요한 쟁점이다. 모든 위원회는 자신들이 다룰 범위에 대해 스스로 판단하고 결정해야 한다. 예를 들어 챌린저호나 컬럼비아호 사고에 대해서 나사라는 조직까지만 포괄할 것인가, 나사의 예산과 기한을 좌우한 정부까지 갈 것인가. 9·11 테러의 경우 미국의 정보기관까지를 조사할 것인가, 미국의 중동정책과 테러리즘 간의 역사까지도 조사 범위로 할 것인가. 후쿠시마 핵 발전소 사고 조사에서 일본의 에너지 정책 방향을 다룰 것인가 말 것인가. 앞선 사례에서 알 수 있듯이 실제 조사의 범위는 조사위원회마다 다르게 설정되었으며, 이는 종종 위원회에 대한 중요한 평가기준으로 작동했다.

'구조적 원인'으로 어디까지를 포괄할 것인가에 대한 판단에는 딜레마가 있다. 조사 범위를 좁힐 경우, 기술적·인적 원인에 한정되지 않는 원인 규명을 바라는 이들의 비판에 직면하게 된다. 반대로 조사 범위를 넓힐 경우 위원회는 시간 부족과 전문적 역량 부족에 시달리거나, 역사적이고 정치적인 쟁점을 다룰 수밖에 없기 때문에 논란에 휩싸일 가능성도 더 커진다. 기술적·인적 조사에만 머물지 않고 구조적 조사를 해야 한다는 광범위한 합의가 있지만, 여전히 어디까지 거슬러 올라가 조사할 것인가 또 어디까지를 재난의 인과로 파악할 것인가 하는 난점 때문에 모든 재난조사는 어려움에 부딪힌다.

수사가 아닌, 조사

많은 재난 연구자들은 재난의 인과관계를 더 긴 역사적 과정과 더 많은 사회적 행위자를 포괄해서 파악해야 할 뿐 아니라 더 '복잡하게' 파악해야 한다고도 말한다. 그런데 재난을 복잡하게 바라보면, 책임자를 특정하기 어려워진다. 여러 조직과 행위자가 재난에 연관되었을 때,[60] 사고를 막기 위해 고안된 심층 방어 시스템이나 사고를 막으려는 개인의 노력이 의도와 달리 재난의 원인이 되었을 때,[61] '고의로 규칙을 위반'한 것이 아니라 규칙을 위반하는 것이 아예 조직문화로 굳어져 버렸을 때,[62] 누구에게 책임을 물을 수 있을까?

과실이 아닌 비의도(혹은 선한 의도)에 의해서도 재난이 발생하며 개인에게만 책임을 물어서는 안전이 달성될 수 없다고 주장한 연구들은 책임 배분에 관한 이해를 바꾸어놓았다. 특정 행위자에게만 책임을 물을 수 없고, 심지어는 책임을 아무한테도 물을 수 없는 경우도 있다고 말이다. 그러나 사람들은 보통 결정적인 원인이 존재하며 강력한 행위자들에게 책임을 집중해야 한다고 생각한다.[63] 시스템은 비인격적이지만 책임은 기본적으로 인격을 전제하고 죄를 묻고자 할 때 체제보다 사람을 떠올리는 것이 더 쉽기 때문에, 책임은 인격화되기 쉽다.[64] 즉 현대 재난의 복잡한 성격과 책임자를 지목하려는 대중의 요구 사이에는 쉽게 해결하기 어려운 구조적인 곤란이 있다.

컬럼비아호 폭발, 9·11 테러, 후쿠시마 핵 발전소 사고의 경우처럼 재난에 대한 책임을 정치적·도덕적 차원이 아니라 법적으로 물으려고 할 때 곤란은 더 커진다. 이 곤란은 영미권보다 일본과 한국에서 더 두드러진다. 기술적 조사와 사법적 조사를 분리하는 국제 기준과의 불일치가 더 심하기 때문이다. 일본은 국제 기준을 오래전부터 받아들였고, 후쿠시마 사고 조사가 완료된 후에도 책임자들에 대한 아무런 법적 처벌이 없었을 정도로 대체로 이를 지켜왔지만, 국제 기준과 일본의 현실이 맞지 않는다는 논의가 반복되었다.[65] 반면 한국에서는 최근에 와서야 위와 같은 원칙이 있다는 점이 학계 일부에서 소개된 정도다.[66]

기술적 조사와 사법적 조사(수사)를 분리하는 원칙에는 법적 처벌과 이에 한정되지 않는 원인 규명 및 재발 방지라는 두 목표의 동시 달성이 어려우리라는 생각이 깔려있다. 재난의 인과를 명확히 밝히기 위해서는 발전소 노동자, 여객선의 선원과 같은 운용자의 진술에 상당 부분 의존해야 하는데, 법적 처벌을 목적으로 조사가 시작되면 조사 대상자가 처벌을 피하기 위해 정보를 감추는 위축 효과(chilling effect)가 발생하기 때문이다.[67] 따라서 조사와 수사를 분리하는 원칙하에서는, 사고를 일으키려 한 명확한 의도가 밝혀지지 않는 한 사고를 일으킨 운용자를 기소하지 않는다.[68] 또 조금씩 차이는 있지만 이러한 원칙을 채택한 국가에서는 대체로 수사기관이 아니라 독립적 사고조사기구가 먼저 조사를 시작하며, 조사 결과를 수사기관에 전적으로 이관하지 않는다.[69] 이는 사고조사의 '노블레임(No-blame)' 원칙, 즉 개인을 비난하지 않는 원칙과도 연결된다. 개인을 비난·처벌하고 다른 개인으로 대체해도 시스템의 변화 없이는 유사 사고가 계속 발생한다고 보기 때문이다.

일본과 한국의 법체계는 기본적으로 법적 책임을 개인에게만 물을 수 있도록 되어있고,* 또 두 나라 모두 법적 책임을 가장 권위 있는 책임 배분 형태로 받아들이는 문화가 있다. 따라서 기술적 조사를 통해 결국은 법적 처벌을 요구하게 되는데, 기술적 조사와 사법적 조사가 요구받는 입증 수준이 다르기 때문에 또 문제가 발생한다. 기술적 조사는 개연성 있는(probable) 원인을 도출하면 되지

• 일본과 한국의 법체계는 독일식 대륙법으로 분류되는데, 법인 등 조직을 처벌 대상으로 할 수 있는 영미법과 구분된다. 한국의 경우 법인 처벌은 '양벌규정'을 통해서 가능하다. 양벌규정이란 하나의 범죄행위에 대해 양쪽을 벌한다는 의미로, 잘못을 범한 개인뿐 아니라 그 개인이 속해있는 법인이나 영업주까지 처벌한다는 의미이다. 즉 양벌규정으로 법인을 처벌하기 위해서는 우선 범죄행위를 한 개인을 먼저 처벌해야 한다.(김성규. 2010; 한성훈. 2013.)

만 사법적 조사는 합리적 의심 이상을 넘어서는(beyond a reasonable doubt) 고도의 개연성 내지 확실성을 입증해야 한다.[70] 따라서 기술적 조사 결과를 사법적 증거로 활용한다고 하더라도 입증 수준의 차이 때문에 책임자 처벌의 열망을 만족시키지 못할 가능성이 크다. 이러한 차이는 이후 재난조사위원회가 법적 책임을 묻고자 할 때의 난점으로 작용한다.

투쟁과 협상의 장소, 재난조사위원회

책임을 정치적으로 져야 하든 법적으로 져야 하든, 결국 재난조사위원회가 최종 선택하는 인과관계에 따라 책임이 배분되기 때문에, 재난조사위원회는 재난 이후 치열한 투쟁과 협상의 장소가 된다. 재난조사의 가장 큰 특징은 사전에 방향이 정해져 있지 않다는 것이다. 조사를 통해 기존 시스템이 유지될 수도 있고, 크게 뒤흔들릴 수도 있다. 조사를 잘 마무리해 인과관계의 확정과 책임 배분이 성공적으로 이뤄지면 전문가, 정부, 사회에 대한 신뢰는 다시 회복될 수 있다. 그러나 반대로 이들에 대한 비판이 계속되고, 더 강한 책임을 묻는 방식으로의 결론도 열려있다.[71] 조사의 결론이 어느 쪽으로 향할지 미리 결정될 수 없기 때문에 긴장이 발생한다. 세월호 참사의 경우 재난조사위원회 설치를 찬성하는 이들과 반대하는 이들 모두 조사를 진행하면 정부가 더 큰 책임을 져야할 것이라 예상했다. 긴장과 갈등이 더 컸던 이유다.

자동으로 위원이 지명되고 조사위원회가 구성된 컬럼비아호 조사위원회와 같은 예외적인 사례가 있지만, 대부분 재난조사위원회는 구성 여부부터 쟁점이 된다. 국가나 의회는 자신들에게 책임이 향할 것으로 보일 때 위원회 구성에 소극적이 된다. 9·11위원회가 그랬고, 세월호 특조위도 그랬다. 1장에서 보았듯이, 세월호 참사 조사가 시작되면 정부의 잘못이 더 많이 드러나리라 예상되었기 때문에 정부와 여당은 특조위를 구성하지 않으려 했고, 여론에 밀려 위원회 구성 자체는 피할 수 없게 되자 권한을 최대한 약화하려 노력했다.

구성 이후에도 재난조사위원회는 조사를 받는 세력에 의해 활동이 제약될 수 있다. 자료를 주지 않거나, 자료를 늦게 주거나, 어떤 경우에는 조사를 직접적으로 방해하고, 증거를 왜곡하려는 시도도 한다.[72] 재난은 여러 행위자들의 잘못이 결합되어 발생하기 때문에 책임은 여러 방법으로 할당되고 분배될 수 있다. 따라서 재난에 책임이 있는 여러 행위자들은 자신이 아닌 다른 곳을 원인으로 지목하면서 재난의 원인에 연루되는 것에 강하게 저항하며, 자신에게 유리하게 재난 서사를 구성하기 위해 노력한다. 보팔 참사에서 유니온카바이드는 끝까지 노동자의 태업이 원인이라고 주장했으며, 세월호 참사에서 정부는 선사에게 최대한 책임을 떠넘기려 했고, 청해진해운은 자신의 책임을 무마하기 위해 다른 침몰 원인이 있을 수 있다는 의혹을 제기했다. 재난 서사를 자신에게 유리하게 만들기 위한 조사 방해와 증거 왜곡은 생각보다 자주 발생한다.

조사를 하는 쪽과 받는 쪽의 대결만 있는 것도 아니다. 재난조사위원회는 내부 전문가들의 서로 다른 견해도 조정하며 조사의 범위와 사고 조사의 관점을 확정해야 한다.[73] 이 과정은 학문적 견해 차이를 조정하는 활동과 다르다. 재난조사라는 정치적 장으로 들어온 과학자, 기술자들은 실험실에서의 과학 활동과 다른, 정치화된 분쟁의 결정권자로서의 역할을 요구받는다.[74] 천안함 침몰 조사 과정을 다룬 오철우의 논문에 따르면, 천안함 '과학 논쟁' 과정에는 분단 체제 이데올로기, 국가 안보 프레임, 군사 기밀 등의 정치적·사회적·군사적 요소가 영향을 끼쳤으며, 천안함 침몰의 공적 조사기구인 민군합동조사단의 과학적 조사만으로 논쟁을 해결할 수 없었다.[75] 이처럼 재난조사위원회의 법적 지위나 위원·조사관의 전문성은 그 자체로 신뢰성을 보장해주지 않는다.[76] 이 지점은 이후에 살펴볼 선체조사위원회의 활동에서 잘 드러난다.

시간과 자원만 주어진다면 전문가들이 재난조사에 객관적인 답을 내줄 것이라고 생각하는 사람들이 많다. 하지만 선조위에서 세월호의 침몰 원인에 대한 전문가들의 답은 하나로 통일되지 못했다. 그것은 전문가들의 전문 지식이 부족해서라기보다 재난조사를 통해 답해야 하는 정치적 질문을 소화하기 어렵기 때문일 것이다. 재난조사위원회가 재난과 연관된 다양한 행위자들의 경합과 협상의 장이라는 점은 재난조사위원회가 과학의 공간이면서 동시에 정치적 공간이기도 하다는 점을 의미한다. 이때 '정치적 공간'은 부정적 의미의 '정치화된 공간'이 아니다. 재난조사가 '정치화되었다.'라는 말은 원래는 정치적이지 않아야 하는 것이 그렇게 되었다는 뜻으로 사용되어, 정치적이지 않은 순수한 재난조사가 있을 것처럼 오해하게 만든다. 하지만 이 장에서 살펴본 이전의 재난 사례와 재난 연구들은 재난조사는 항상 정치적인 것이라고, 그리고 서로 다른 요구를 가진 이들이 필연적으로 대립하고 갈등하게 되는 정치적 공간으로서 재난조사위원회를 바라봐야 한다고 말하고 있다.

4. 한국의 독특한 재난 인식론

　　이제 우리는 한국의 재난조사 방식과 재난 인식론의 독특한 지점이 무엇인지 구분할 수 있게 되었다. 일찍부터 사고조사위원회가 발전한 영미권과 달리 한국에서는 사고조사위원회 대신 검찰 수사가 그 공백을 메꿔왔다.* 앞서 살펴본 한국의 재난 사례를 떠올려보자. 1990~2000년대 한국에서는 대형사고 발생 시 검경합동수사본부를 구성해 즉시 수사에 돌입하고, 해당 분야의 전

---

* 한국은 1963년 출범한 해난심판위원회(현 해양안전심판원의 전신)를 제외하고 오랫동안 상설적 사고조사위원회가 없었다. 항공사고와 관련해서는 1990년에 이르러서야 교통부 내에 항공기술과 사고 조사 담당을 두게 되었는데, 담당 인원은 단 2명뿐이었다.(김근휘, 2020) 1997년 괌에서 일어난 대한항공 801편 추락사고의 사고 조사 주체였던 미국의 NTSB는 최종보고서에서 한국에 독립적인 항공사고조사기관이 없다는 점을 지적하기도 했다. 국토교통부 항공기술과 사고 조사 담당이 항공사고조사위원회로 승격된 것은 5년 뒤인 2002년이다.(김송주, 2014; 한국교통연구원, 2017) 철도의 경우 1984년 철도청에 설치된 안전관실에서 철도사고의 원인 조사 및 처리 관련 사무를 담당하다, 2004년에 사고 조사 담당이 독립했으며, 이듬해에 철도사고조사위원회로 승격되었다. 2006년에 두 조사위원회는 항공·철도사고조사위원회로 통합된다.(김근휘, 2020; 항공철도사고조사위원회 홈페이지) 한국에서는 건설사고도 적지 않았으나, 중대한 건설사고의 사고 경위와 원인을 조사하기 위한 건설사고조사위원회는 2013년에야 구성된다.(《안전저널》, 2013년 8월 7일)

문가로 구성한 합동조사반 혹은 감정단을 구성해 주로 사고에 대한 기술적 조사를 진행한 뒤, 기술적 조사 결과를 바탕으로 책임자를 기소하는 것이 일련의 재난조사 과정이었다. 대구 지하철 화재 대응에서 볼 수 있듯이 이러한 매뉴얼을 따르지 않으면 비판의 대상이 되었다. 검찰 자신도 대형참사 관련 대응이 자신의 업무라고 생각했으며, 대형참사가 자주 발생하고 그때마다 검찰이 대응했기 때문에 실제로 검찰에는 일정한 전문성도 있었다. 삼풍백화점 백서에서 검찰은 아래와 같이 밝히고 있다.

> 형사5부는 지난 성수대교 붕괴사건 때에도 초동단계에서부터 상황파악 및 현장지휘를 한 경험이 있을 뿐만 아니라 새로이 안전사고 전담부로 지정된 바 있어 소속 검사들은 대형사고 발생 시 어떻게 행동하여야 하는지를 너무도 잘 알고 있었다. 성수대교 붕괴사건을 비롯하여 아현동 가스폭발 사건, 대구 지하철공사장 폭발사건 등 일련의 대형사건이 연이어 발생될 때마다 일선 검사들은 가장 앞장서서 사건을 처리하여야 한다는 강한 직업의식을 스스로 느껴왔던 터……[77]

해외의 재난조사가 기술적 조사와 사법적 조사를 분리하는 원칙을 채택하고 있었다면, 한국의 재난조사는 사법적 조사가 기술적 조사를 포괄하는 방식으로 자리 잡았다. 1장에서 살펴보았듯이 검찰은 세월호 참사 당시에도 유사한 방식으로 수사를 진행했다.

그 외에도 검찰 수사 방식으로 대표되는 한국 재난조사의 주요한 특징이 1가지 더 있다. 비리와 관행 등 소위 재난의 조직적·구조적 원인을 제공한 책임자까지 기소한다는 점이다. 삼풍백화점 붕괴 후 공동정범 개념을 넓게 해석해 삼풍 회장과 관련 공무원을 처벌한 것이 대표적이다. 기소는 광범위하게 진행하되, 합동조사반이나 감정단의 원인규명보고서에 구조적 원인이 거의 언급되지 않는 점도 특징이다. 보고서에서는 재난의 원인 자체는 매우 기술적인 방식으로 규명되어있고 비리와 잘못된 관행 등은 참사의 배경으로 간단히 언급된다.[78] 이러한 불일치를 어떻게 이해해야 할까? 검찰은 '대중의 이목이 쏠린' 재난에 한정해 현행법을 적극적으로 해석해 기소의 범위를 넓히고 형량을 높게 구형하는 경향이 있었다.[79] 이러한 수사기관의 유연한 대처로 구조적 원인 규명 요구를 일부 흡수할 수 있었는데, 이는 국가가 재난을 계기로 사회 시스템 전환의 요구가 부상하지 않도록 재난 서사를 통제하는 하나의 방법이었다.

그러나 아무리 구조적 원인 규명의 요구를 일부 흡수한들 검찰의 재난조사 대행에는 한계가 있었다. 첫째, 피해자들을 충분히 납득시킬 수 없었다. 아무리 법을 적극적으로 해석해도, 직접적인 원인 제공자가 아니라면 처벌할 수 없는 경우가 생겼기 때문이다. 게다가 이렇게 처벌을 피하는 이들은 대체로 조직 체계상 상위에 있는 책임자들이었다. 대구 지하철 화재사고의 주요 쟁점 중 하나였던 현장훼손 문제에 대해 책임을 묻지 못한 것이 대표적이다. 희생자 가족들과 시민 단체는 대구시 시장과 당시 대구지하철공사 사장을 증거인멸 등으로 고소했으나 검찰은 대구시 시장에 대해서는 증거인멸 공범으로 볼 수 없다고 판단해 무혐의 처분을 했다.

검찰 수사 결과에 따르면 대구시 시장은 대구지하철공사 사장으로부터 경찰이 청소를 해도 좋다고 통보했다는 보고를 받았을 뿐, 청소를 지시한 사실은 없었다.[80] 즉 대구시 시장의 잘못은 재난 발생 시 수습과 조사보다 지하철 운행 정상화를 우선해, 청소 예정 보고를 받고도 이를 시정하지 않은 부작위에 가깝다. 그러나 이는 기소 요건이 될 수 없다. 법적 책임을 목표로 한 재난조사는 필연적으로 상위에 있는 책임자보다 말단이 책임을 더 크게 지는 결과를 낳을 수밖에 없었다.

둘째, 재난에 대한 회고적 접근법*을 강화해, 시스템 전환을 통한 재발 방지를 어렵게 했다. 사법적 관점의 조사에서는 당연히 법이나 규정준수 여부가 주요 쟁점이 되기 때문에 당시에 왜 관련 규정이 지켜질 수 없었는지의 문제는 시야에서 사라진다. 조직 등 개인을 둘러싼 환경이 변화하지 않으면 다른 개인이 그 자리에 오더라도 같은 재난이 반복될 위험이 있지만,[81] 한국의 재난조사는 다시 비슷한 상황이 되었을 때 행위자들이 다른 행동을 하도록 환경을 변화시키는 방식으로 문제에 접근해본 적이 없었다. 사고의 원인을 장기적이고 조직적으로 바라보는 구조적 관점은 공식 재난조사 체계 안에는 거의 없었으며, 2000년대 이후에 노동운동·사회

---

* 한국에서는 회고적 접근법의 문제점이 최근에서야 일각에서 제기되기 시작했다. 보건복지부의 「2015 메르스 백서」에는, 2015년 메르스 유행 이후 감사원에서 보건복지부, 질병관리본부 등 18개 기관을 대상으로 관계자들의 징계를 요구한 데 대한 이의제기가 기록되어 있다. 이의를 제기한 대한예방의학회와 한국역학회 등은 제도와 환경의 한계를 개인적 잘못으로만 돌릴 수 없고, 당시에는 불확실했던 것이지만 유행이 끝나고 나야 뚜렷하게 확신할 수 있는 부분을 지적하는 '사후 과잉 확신의 오류'가 있다고 주장했다.(보건복지부, 2016, 407쪽)

운동이 재난 대응의 행위자로 등장하면서 겨우 눈에 띄기 시작한다.[82]

이러한 역사적 경험 속에서 한국의 재난 인식론은 대체로 법적 과실 인정 여부를 재난의 인과관계와 동일시하고, 더 강력한 법적 처벌이 재난의 재발을 막을 것이라는 사법적 관점을 고수했다.[●] 우리 사회에서 법적 책임을 묻는 것 외에 다른 재난 대응을 상상할 수 없었기 때문이다. 상층 책임자들에 대한 처벌의 계속된 실패는 사법적 재난조사의 구조적 한계라기보다 수사기관의 의지 문제로 이해되었다. 씨랜드 화재, 대구 지하철 화재 등 2014년 이전에 발생한 대형사고의 유가족들이 세월호 참사를 계기로 구성한 '재난가족협의회'는 이전 재난에서 한 번도 제대로 된 책임자 처벌을 하지 못했기 때문에 재난이 계속 발생하고 있다고 주장했는데, 이 역시 이러한 인식을 반영하는 것이라 볼 수 있다.[83]

책임자 처벌의 계속된 좌절은 검찰 수사에 대한 불신과 기대 양자를 모두 강화했다. 현행법상 정책 결정이나 도의적 책임을 다하

● 2003년 대구 지하철 화재 참사는 법적으로는 방화범과 말단 직원만이 책임을 졌지만, 피해자들과 지하철노동조합 등이 '불에 잘 타는 전동차 자재'와 '1인 승무' 등 비용절감을 근본 원인으로 지적했고, 2007년 허베이스피리트호 원유유출 사고에서도 원청인 삼성중공업의 책임이나 유조선의 단일 선체 문제 등 원청 책임이나 제도의 문제를 원인으로 지적한 이들은 피해자들과 환경운동단체 등이었다.(이원준, 2007; 환경운동연합, 2009)

● 한국의 재난 인식론하에서는 영국의 광우병 문제를 재조사한 필립스위원회가 보고서에 다음과 같이 명시한 것이 낯설게 느껴질 수도 있다. "개인을 비판할 여러 근거를 확인했지만, 우리는 이 보고서에서 악당이나 희생양을 찾길 바라는 모든 사람들이 실망한 채 떠나기를 제안한다."(Lord Phillips, 2000, 1259쪽[Jasanoff, 2005, 221쪽에서 재인용]) 이들은 광우병의 위험성을 낮게 평가한 공무원 개인에게 책임을 묻지 않았다.

지 않은 이들까지 기소할 수는 없기 때문에 재난의 원인을 제공한 최고위층에 대한 처벌 기대는 필연적으로 어긋나며 검찰 수사에 대한 불신의 핵심 원인이 된다. 그러나 책임자 처벌을 위해서는 검찰 수사가 필수적이기 때문에 피해자들은 검찰이 더욱 광범위하고 강력하게 수사를 해주길 기대할 수밖에 없다. 즉 검찰의 재난조사 대행은 검찰에 대한 불신을 강화하면서도 재난조사를 수사기관에 더욱 의지하게 만드는 모순을 안고 있었다.

1장에서 살펴본 것처럼, 세월호 참사 이후 특별조사위원회를 구성하라는 요구는 법적 책임을 둘러싼 이 쳇바퀴에서 벗어나려는 시도였다.[84] 정치학자 아이리스 영이 지적하듯이 법적 책임에만 집중할 경우 누군가는 책임에서 면제된다.[85] 사실 법적으로 책임을 물을 때 문제는 상층뿐 아니라 사회 구성원들의 책임 모두를 면제한다는 것에 있다. 법적 책임에 집착하다 보면 '나도 못난 세상을 만드는 데 일조한 책임', '나 자신도 이 참사에 연루되어 있다는 감각'에서 벗어나게 된다. 세월호 참사가 우리에게 깨우쳐준 그 감각을 잊게 되는 것이다. 이 감각과 멀어지면 사람들은 구조를 바꾸기 위한 노력을 멈추게 된다. 책임의 인격화가 어느 사회에서도 예외 없이 나타나는 현상임에도, 그렇지 않은 방식으로 책임을 물을 방법을 많은 사람들이 고민하는 건 그 때문이겠다.

지금 생각하면 세월호 특조위는 기라성 같은 학자들도 아직 대답하지 못한 질문에 답하기를 요구받았던 것 같다. 권력을 가진 이들을 면제하지도, 우리 자신을 면제하지도 않는 책임 방식을 찾아내라고 말이다. 명확히 언어화하지는 못했어도 상당수의 위원회 구성원들이 이를 고려하고 있었다고 나는 생각한다. 그러나 또 다수의 구성원들은 여전히 법적 책임을 최우선으로 물어야 한다는 생각을 강하게 가지고 있었다. 2015년 여름, 서로 관점의 차이가 크다는 사실을 모른 채 특조위가 출발하고 있었다. 특조위에는 재난조사위원회에 요구될 수 있는 모든 과제가 모여들었다. 과학적으로 침몰 원인을 밝히고, 사회구조적인 원인을 짚어내며, 처벌받아야 할 사람들을 지목하라는 요구들이 말이다.

3장
세월호 특별조사위원회 활동

앞의 두 장에서 우리는 세월호 특별조사위원회에 사법적 조사와 구조적 조사 양쪽이 요구되었다는 것, 그러나 여러 재난 조사의 사례를 통해 과학적인 조사, 처벌을 위한 조사, 사회 구조적 원인을 밝히는 조사가 동시에 성공하기에는 여러 가지 어려움이 있다는 점을 살펴보았다. 세월호 참사와 관련한 조사위원회의 활동을 돌아보기 전에, 먼저 한국의 재난 인식론을 더 쉽게 이해하기 위해 도식화해(유형론으로) 살펴보려고 한다. 재난 인식론이란 재난이 무엇인지, 왜 발생하며 어떻게 예방될 수 있는지를 둘러싼 지식 이론을 말한다. 한국의 재난 인식론 유형을 기술적 관점, 사법적 관점, 구조적 관점 등 3가지로 분류해서 살펴보자.

기술적 관점은 기술적 실패 혹은 이 기술을 운용하는 사람의 잘못으로 재난이 발생하기 때문에 기술적 개선을 통해서 이 실패를 가장 잘 해결할 수 있다고 본다. 사법적 관점은 법적 과실 인정 여부를 재난의 인과관계와 동일시하는 경향이 있고, 규정을 따르지 않은 개인들을 처벌하고 규정을 강화함으로써 동일한 실패의 반복을 막을 수 있다고 믿는다. 구조적 관점은 재난이 기술적·인적 실패로 일어나기도 하지만, 핵심적으로는 사회 시스템의 실패라고 생각한다. 기술적·사법적 재난조사의 한계를 지적하면서 등장한 인식론이라 볼 수 있다. 해외의 경우 주로 기술적 관점과 구조적 관점 두 유형이 각축한다면, 한국의 경우 이 갈등 축에 사법적 관점이 추가되어 세 인식론 유형이 서로 복잡하게 얽혀든다.

[표 2] 한국의 재난 인식론 유형

	기술적 관점	사법적 관점	구조적 관점
인과 모델	기술적·인적 실패	인적 실패	조직적·시스템적 실패
선호되는 해결 방식	법적 처벌·기술적 개선	법적 처벌	구조적 해결
선호되는 전문성	기술적·공학적 전문성	법적 전문성	다양한 전문성 (필요에 따라 구성)
담론 친화성	과학주의, 전문가주의	사법주의	안전사회

물론 각 인식론이 친화적이지 않은 조사 유형을 아예 배제한다는 뜻은 아니다. 그러므로 구조적 관점을 강조하는 이들에게 "그럼 처벌을 위한 조사(사법적 조사)는 필요 없다는 거냐?"라고 물어서는 곤란하다. 기술적 원인을 밝히는 기술적 조사, 법적 책임을 묻기 위한 사법적 조사, 구조적 원인을 밝히기 위한 구조적 조사 중 어느 하나만으로 이루어진 재난조사는 존재하지 않는다. 다른 지점은 각 조사 유형 간의 관계이다. 예를 들어 사법적 관점이 강했던 한국에서는 기술적 조사가 사법적 조사에 종속된 측면이 있었고, 구조적 조사도 결국에는 사법적 판단에 영향을 받은 경우가 많았다. 나는 재난 인식론 차원에서는 구조적 관점을 전적으로 지지

하며, 기술적·사법적 조사가 구조적 조사를 압도하지 않는 관계를 지향해야 한다는 입장이다.

앞으로 살펴볼 세월호 특조위·선조위 구성원들의 인식론이 어느 한 유형으로 말끔히 나눠지지는 않는다. 하지만 앞서 언급한 세 재난 인식론의 혼란과 경합 구도를 머릿속에 그리면서 따라가다 보면, 복잡한 서사가 좀 더 쉽게 이해될 것이다.

세월호 특조위는 이전까지의 검찰 수사 방식의 재난조사와는 다르게 구조적 원인 규명을 주요한 과제로 삼은 재난조사위원회였다. 또 수사권과 기소권을 갖지 못했지만 특검 요청권을 확보했고, 이전의 과거사위원회에 비해 조사 권한도 강해졌으며 청문회와 안전사회 대책 이행에 대한 규정을 마련했다.[1] 하지만 특조위는 권한 범위에 명확히 한계가 있었고, 여론의 지지와 정부의 방해 같은 외부 영향도 많이 받았다. 그럼에도 조사 방향과 조사 방식을 정하는 데에서는 충분히 자율성을 발휘할 수 있었다. 3장에서는 특조위 구성 초기의 한계를 먼저 살펴볼 것이다. 그 한계 속에서 주어진 몇 가지 선택지 중에서 결국 위원회가 어떤 길을 선택했는지, 그 결과 어떤 일이 벌어졌는지 짚어보려고 한다.

1. 위원회 구성부터 예견된 한계

불안정한 권한

고위공무원 4명, 3·4급 2명, 4급 15명 등을 두면서 기획행정
국, 진상규명국, 안전사회국, 지원국을 두고 다시 과를 13개
나 두게 돼있다. 여성가족부, 방송통신위원회보다 더 큰 부
서, 부처를 만든다고 한다. [……] 이 조직을 만들려고 구상하
는 분이 아마 공직자가 아니라 '세금 도둑'이라고 확신한다.

이후에도 두고두고 회자된 김재원 의원의 "세금 도둑" 발언은 1
장에서 살펴보았듯이 세월호 특별법 시행령을 둘러싼 갈등 격화
의 신호탄이었다. 더불어 특별법을 통해 제도적으로 확보된 권한
이 끊임없이 뒤흔들리게 될 특조위의 미래를 예견케 하는 발언이
기도 했다.

특조위가 법적으로 상당한 인력과 권한을 가진 기구였던 것은
맞다. 특조위의 위원은 총 17명으로, 이 중 위원장, 부위원장, 진상
규명소위원장, 안전사회소위원장, 피해자지원점검소위원장 5명은

상임위원이다. 상임위원들은 매일 특조위 사무실로 출퇴근하며, 특조위 업무에만 전념한다. 나머지 12명의 비상임위원은 각각 하나의 소위원회에 소속되어, 주로 소위원회 회의와 전원위원회 회의에 참석해 조사 개시, 조사 결과, 청문회 등과 관련한 안건을 토론·의결한다. 위원회 정원은 총 120명으로, 주요 부서는 행정지원실, 진상규명국(조사1과, 조사2과, 조사3과), 안전사회과, 피해자지원점검과이며, 진상규명국, 안전사회과, 피해자지원점검과는 각각 관련 소위원회의 업무를 담당한다.[2] 그중 진상규명 업무에 가장 많은 위원들이 배정되어 있었으며, 조사관 숫자도 가장 많았다. 진상규명국은 과별로 조사 주제를 분담하고 있었는데 조사1과가 세월호 침몰 원인을, 조사2과가 구조 구난 및 정부 대응의 적정성을, 조사3과가 언론 보도의 적정성 등을 담당하고 있었다.([그림 2] 참조)

특조위의 제도적 특징은 다른 위원회와 비교해보면 더 명확해진다. 특별사고조사위원회의 경우라도, 세월호 참사처럼 특별법을 통해 구성된 경우 자체가 드물다. 구의역사고진상규명위원회는 서울시의 권한으로, 고 김용균 사망사고를 계기로 구성된 석탄화력발전소 특별노동안전조사위원회는 국무총리 훈령으로 구성되었다. 위원 수는 각각 15명, 16명으로 세월호 특조위와 크게 다르지 않았지만, 사무처를 따로 구성하지 않았기 때문에 상임위원과 비상임위원의 구분이 없었으며 위원들이 직접 조사하고 보고서까지 집필하는 등 조사 실무를 일선에서 책임졌다.[3] 반면 2010년부터 2015년까지 5년 동안 존속한 진화위(진실·화해를 위한 과거사정리위원회)는 사무처를 구성하고, 위원장을 포함 4명의 상임위원 및 11명의 비상임위원을 두었다. 이는 업무의 안정성을 위해 상임위원을 두어야 한다는 기존 과거사위원회의 평가가 있었기 때문이다.[4] 이처럼 세월호 특조위는 최근에 구성된 특별사고조사위원회보다 진화위 등 장기 존속한 위원회에 더 가까운 형태로 구성되었다. 진화위에서는 위원장이 장관급, 상임위원은 차관급으로 대우하도록 되어있었는데,[5] 특조위도 이를 그대로 이어받았다. 특조위는 위에서 언급한 산재사망 사고 관련 조사위원회보다 더 큰 권위, 더 많은 예산과 인력, 더 긴 활동 기한 등 조직의 안정성을 보장받는 형태였다.

그러나 시행령 제정 과정에서 드러났듯이 특조위는 위원회의 권위를 뒷받침해줄 것이라 여겼던 권한들을 제약당한 채로 출범했다. 시행령 제정 이후에도 특조위는 불안정성에 끊임없이 맞닥뜨려야 했다. 출범 첫해인 2015년도에 배정된 예산은 89억 원으로 요구안인 159억 원의 절반을 약간 상회하는 정도였다.[6] 예산보다는 인력이 더 문제였는데, 시행령에 따라 정원이 초기 6개월은 90명, 2015년 11월 11일 이후 120명으로 정해져 조사관 충원이 늦어졌다.[7] 게다가 특조위는 정원을 한 번도 채울 수 없었다. 첫 별정직 조사관 및 파견 공무원들이 출근한 2015년 7월 27일에 정무직(상임위원) 5명을 포함한 현원은 57명밖에 되지 않았으며, 법적으로 120명이 채워질 수 있는 11월 11월에도 현원은 76명밖에 되지 않았다. 별정직 조사관을 정원만큼 채용하지 못해서이기도 했지만, 파견이 약속된 공무원들이 다 파견되지 않았기 때문이다. 위원회가 종료될 때까지 파견공무원 정원 48명 중 31명만이 파견되었으며, 별정직 조사관은 2015년 12월 31일 최대 62명(정원 67명)이 채용되었다가 사직 등으로 2016년 6월 30일에는 58명으로 줄어들었다.[8] 이처

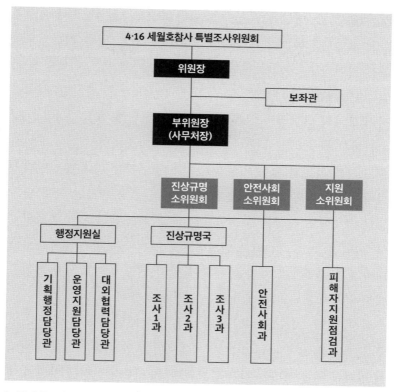

[그림 2] 특조위 사무처 구성

(출처: 특조위 사무처, 『4·16 세월호 참사 특별조사위원회 청산 백서』, 2016, 22쪽에서 재구성)

럼 특조위는 임기 내내 예상보다 적은 인원으로 활동하게 된다.

활동 기한도 문제가 되었다. 특조위의 활동 기한이 언제까지인 지는 출범 초기부터 논란이었다. 세월호 특별법에는 구성을 마친 날로부터 1년 이내 활동을 완료하고, 필요할 경우 6개월 연장할 수 있다고 되어있었다. 당시 정부는 특별법이 시행된 2015년 1월 1일 부터 1년 6개월의 활동 기한이 시작된다고 본 반면 특조위는 시행령, 직원 임용, 예산 등이 전부 갖춰진 2015년 8월 4일부터 시작한다고 보았다.[9] 특조위 내부에서는 2015년 8월 4일을 기산점으로 하지 않더라도, 최소한 위원 임명일(2015년 3월 9일), 시행령 공포일(2015년 5월 11일), 별정직 조사관 임명일(2015년 7월 27일) 사이에서 정부와의 타협점이 있을 것이라 보았다.[10] 또 2016년 4월 13일 총선에서 예상외로 야당(더불어민주당)이 압승하면서 정부가 여론을 고려해 특조위 활동 기한을 보장할 것이라는 기대도 있었다.[11] 그러나 정부와의 협상, 특조위 활동 기한 연장 개정안 국회 발의 등의 시도에도 결국은 2016년 6월 30일, 특조위 활동이 종료되었다. 이러한 조사 기한의 불안정성으로 인해 특조위는 강제종료에 대비해 보수적으로 계획을 세워야 할지 연장을 기대하며 계획을 세워야 할지 계속 가늠해야 하는 조건에 처했다.

예산, 인력, 기한 등 특조위가 처음부터 제한된 자원 안에서 업무를 계획한 것이 아니라 초기 기대보다 불안정해진 조직 상황에서 성과를 내야 했다는 점은 중요하다. 처음부터 한정된 자원 속에서 일을 시작하는 것보다 기대와 예상이 어긋났을 때 그에 맞춰 계획을 수정하며 활동하는 게 훨씬 더 어렵다. 세월호 특조위는 법적으로 보장된 권한에 기대지 않고 위원회의 권위를 다시 세워야 했고, 악화된 조건 속에서 유연하고도 유능하게 대응해야 했다.

법률가들

세월호 특조위는 위원 구성상 유연성과 유능함을 발휘하기 어려운 조건이었다. 위원 구성은 재난조사위원회의 성격을 규정하는 데 1차적으로 영향을 미치는데, 특조위의 경우 위원들의 전문성이 극도로 편중되었기 때문이다. 일반적으로 재난조사는 기술적 실패나 자연 재난의 교훈을 배우려는 계기이기 때문에 공학자, 기술자들이 전담하기 쉽다.[12] 그런데 이와 달리 세월호 특조위는 17명의 위원 중 15명이 변호사·법학자 등 법률 전문가였고 나머지 2명은 언론과 위기관리 전문가로 공학자·기술자는 1명도 포함되지 않았다.[13] 사무처와 함께 조사를 주도할 5명의 상임위원은 전원 법률가로 구성되었다.

해외의 재난조사위원회와 비교했을 때 이 특징은 더욱 두드러진다. 후쿠시마 국회사고조사위원회의 경우 10명의 위원 중 2명만이 법률가이며, 나머지 위원은 지진학자, 분석화학자, 의학 박사, 피해 지역 주민 대표 등 전문성이 다양했다.[14] 1989년 발생한 영국의 힐스보로 축구 경기장 압사 사건을 재조사하기 위해 구성된 9명의 독립 패널 역시 법학, 의학, 범죄학, 기록 관리 등 다양한 분야의 전문가로 구성되었다.[15] 재난조사위원회에 필요한 전문성은 사회마다 사건마다 다르다.[16] 그러나 특정 전문성이 이 정도로 편향된 것은 드문 일이다. 특정 분야에 집중된 전문성은 한국의 사고조사위원회의 특징이라고 보기도 어려운데, 구의역사고조사위나 석탄화력 특조위의 경우 해당 산업 분야, 안전 보건 전반, 노동 분야, 법률가 등 다양한 분야의 전문가들이 위원으로 포함되었기 때문이다.[17] 즉 법률가 편향적 위원 구성은 세월호 특조위의 고유한 특징이다. 이러한 위원 구성에는 여러 한계가 있다. 먼저 재난조사의 시작이자 기본인 기술적 조사를 제대로 할 수가 없다. 또 위원회 조사의 전체 방향이 사법적 조사에 집중되기 쉽다.

[표 3] 특조위 위원 구성 및 업무 분담

구분	위원(추천단위)	주요업무
위원장	이석태 (유가족)	
부위원장	조대환/이헌 (새누리당)	사무처장 겸임
진상규명 소위원회	권영빈(새정치민주연합) 고영주(새누리당) 김서중(새정치민주연합)* 김진(새정치민주연합) 장완익(유가족) 차기환(새누리당) 황전원(새누리당)	(1호) 세월호 참사의 원인 규명(조사1과) (3호) 세월호 참사와 관련한 구조 구난 작업과 정부 대응의 적정성에 대한 조사(조사2과) (4호) 세월호 참사와 관련한 언론 보도의 공정성·적정성과 정보 통신망 게시물 등에 의한 피해자의 명예훼손 실태에 대한 조사(조사3과) (5호) 세월호 참사 관련 특별검사 임명을 위한 국회 의결 요청 (9호) 진상규명과 관련하여 위원회가 필요하다고 판단하는 사항
안전사회 소위원회	박종운(변협) 류희인(새정치민주연합)* 석동현(새누리당) 이상철(대법원) 이호중(유가족)	(2호) 세월호 참사의 원인을 제공한 법령, 제도, 정책, 관행 등에 대한 개혁 및 대책 수립 (6호) 재해·재난의 예방과 대응 방안 마련 등 안전한 사회 건설을 위한 종합 대책 수립 (9호) 안전사회 건설과 관련하여 위원회가 필요하다고 판단하는 사항
지원 소위원회	김선혜(대법원) 신현호(변협) 최일숙(새정치민주연합)	(7호) 위원회 운영에 관한 규칙의 제정·개정 (8호) 피해자 지원 대책의 점검 (9호) 각종 지원과 관련하여 위원회가 필요하다고 판단하는 사항

* 성명 뒤에 *표를 붙인 2인 외에 모두가 법조인, 법률가이다.(출처: 특조위 사무처, 『4·16 세월호 참사 특별조사위원회 청산 백서』, 2016, 21쪽에서 재구성)

　왜 위원이 이렇게 구성되었을까? 우선 위원 선정 방식에 문제가 있었다. 세월호 특별법 6조에는 위원의 자격 요건으로 법률 전문가 외 해양·선박, 정치·행정, 언론, 사회 복지, 의학, 재해·재난 관리 및 긴급 구조, 교육·문화 예술 등 다양한 전문 영역이 규정되어 있었다. 즉 법률상으로는 얼마든지 다양한 전문성을 가진 위원을 선정할 수 있었다. 문제는 위원 추천 구조로 인해 발생했다. 세월호 특별법은 여당과 야당이 각각 5명을, 대한변협과 대법원이 각각 2명을, 희생자 가족들이 3명을 추천하도록 한 '정치적 배당' 형태의 위원 선정 방식을 채택했다.[18] 특조위의 경우 여야와 피해자 가족뿐 아니라 대한변협과 대법원이 추천 단위로 포함되어 있었기 때문에 이미 이 자체로 위원 중 법률가 수가 다수를 점하기 쉬운 구조였다. 여기에 여당, 야당, 희생자가족대표회의도 대부분 법률 전문가를 추천했다.

법률가 중심의 위원 구성은 추천권을 가진 단체들이 특조위의 역할을 어떻게 규정했는지를 보여준다. 여야는 물론 피해자 가족, 이들을 지원한 시민 사회단체 모두 법적 책임 추궁이 가장 핵심이라고 본 것이다. 희생자가족대표회의 추천인 이호중 법학전문대학원 교수가 세월호 국민대책회의 안전대안팀에서 활동하기는 했었다. 언론 전문가(김서중)와 군인 출신 위기 관리 전문가(류희인), 비법률가 2인을 추천한 것이 당시 야당(새정치민주연합)이었다는 사실도 고려해야 한다. 당시 정부 및 여당(새누리당)이 해양·선박 전문가가 없다며 지속적으로 특조위를 비판했지만,[19] 여당이야말로 전원을 법률가로 추천했기 때문에 이 비판에는 명분이 부족하다. 하지만 수사권·기소권 대신 확보한 '특검 요청권'이 가장 중요한 권한으로 주목받으면서, 야당과 피해자 가족은 특검이 미흡한 처벌을 하지 않도록 예방하려고 했고, 이에 맞서 여당은 특검을 통해 정부 책임자들이 수사를 받는 것을 막으려고 했다. 여야 가릴 것 없이 핵심 갈등 지점을 정부 책임자에 대한 수사 요청으로 예상한 것은 마찬가지였고, 자연히 법적 전문성이 가장 우선되었다. 특조위는 그 구성에서부터 사법적 관점이 지나치게 우세해질 위험을 안고 있었다.

신청사건과 청문회

이러한 위원 구성 다음으로 세월호 특조위 활동의 특징을 가장 잘 보여주는 키워드를 꼽자면, '신청사건'과 '청문회'일 것이다. 이 두 조사 방식은 우회적인 방식으로 특조위의 사법적 관점을 강화했다.

'신청사건'은 피해자들이 조사를 신청한 사건을 의미한다. 특조위는 피해자들로부터 조사 신청을 받고, 그 신청을 하나의 사건(case)으로 취급해 담당 부서 및 조사관을 배당하는 방식으로 조사를 진행했는데, 이는 해외의 재난조사위원회 어디에서도 채택한 적이 없는 방식이다. 특조위의 이러한 독특한 선택은 과거사위원회의 제도적 유산이 있었기 때문에 가능했다. 과거사위원회는 의문사, 간첩 조작, 유서 조작 등 독립적으로 존재하는 수많은 인권 침해 사건을 다뤄야 했기 때문에 기본적으로 피해자들의 사건 진정 혹은 진실 규명 신청을 통해 조사 대상을 결정해왔다.[20] 예를 들어 진화위는 총 1만 860건의 진실 규명 신청을 받았고, 직권으로 선정한 조사 사건은 15건밖에 되지 않았다.[21] 과거사위원회는 이러한 각각의 사건을 조사관들에게 배정하고 조사를 진행했다.

세월호 특별법상으로는 피해자가 조사를 신청하는 신청사건과 위원회의 판단을 통해 조사 의제를 설정할 수 있는 직권사건 제도 둘 다 가능했지만, 특조위는 과거사위원회와 유사한 형식을 따르기로 한다.[22] 특조위는 활동이 종료될 때까지 총 238건의 신청사건을 받은 반면 직권사건은 3건만 개시했다.[23]

'사건'은 쉽게 말하면 조사 쟁점과 같은 것이다. 세월호 참사의 원인 규명과 관련해서는 '세월호의 침몰 및 기울기 시점', '급변침이 침몰 원인이 될 수 있는지 여부' 등이, 구조 구난과 정부대응의 적정성 조사와 관련해서는 '해경의 민간 잠수사 구조 참여 배제 이유', '123정이 세월호에 접안한 시각과 횟수' 등이 신청사건으로 접수되었다. 이런 사건들은 각각 사건 번호가 부여되어 해당 쟁점을 다루는 과의 조사관들에게 배정되었다.[24]

다음 절에서 자세히 살펴보겠지만 신청사건에 의존하는 방식은 재난조사에 비효율적이었다.[25] 세월호 참사는 단일한 사건이기 때문이다. 조사 쟁점을 분류할 수는 있지만 각각을 별도의 사건으로 취급한다는 것 자체가 난센스였다. 예를 들어 위에서 언급한 '세월호의 침몰 및 기울기 시점'과 '급변침' 문제는 결국 '세월호는 어떤 계기로 어떤 과정을 거쳐 침몰했는가?'를 답하면 해결될 문제였다. 그러나 특조위는 조사 쟁점을 스스로 정리하지 않고, 6개월 동안이나 피해자 가족들로부터 신청을 받았다.

신청사건 중심의 조사를 피해자 가족들이 원했기 때문일까? 그렇지는 않다. 세월호 특별법 제정 투쟁 당시 피해자 가족과 사회운동 단체들은 특조위가 직권사건을 스스로 설정하고, 피해자와 가족들이 이를 보완하는 차원에서 조사를 신청할 수 있는 권리가 보장된다고 이해하고 있었다.[26] 4·16가족협의회와 4·16연대는 특조위 조사관 임용 이틀 뒤인 2015년 7월 29일, 특조위에 "세월호 인양, 진상규명, 안전사회 대안 마련과 추모지원을 위한 82대 과제"를 공식적으로 전달했다.[27] 인양 3개 과제, 진상규명 11개 분야 33대 과제, 안전사회 4개 분야 24대 과제, 추모 지원 6개 분야 22대 과제와 특별조사위원회 활동 원칙 제안까지 포함한 이 자료는 1년여 동안 진행해온 세월호 진상규명 운동에 대한 갈무리이자, 특조위에 조사 과제를 제안하는 의미를 지녔다. 즉 피해자 가족과 사회운동 단체들은 당연히 특조위가 자기 조사 과제를 마련한다는 점을 전제로 하고, 그 과정에서 자신들의 의견을 고려해달라고 요청한 것이다. 유가족 추천 위원이었던 이호중 위원은 2015년 7월 신청사건 처리를 골자로 한 조사 규칙이 논의될 때, 하나의 사건으로 세월호 참사를 보아야 하며, 과거사위원회의 방식에서 벗어나기를 요청하기도 했다.[28]

> 이호중 위원: 지금 이 조사 규칙을 만들 때 이게 지금 국가인권위원회라든지 과거사위원회의 조사 규칙들을 주로 참조를 한 것 같은데요. 그쪽의 조사 규칙들은 개별 신청사건들이 다 독립적인 성격들이잖아요. 개별적인 사건들이잖아요. [……] 그런데 우리 위원회의 조사라고 하는 것은 사실상 세월호 참사 단일 사건 아닙니까? 물론 세부적으로는 여러 가지 조사해야 될 항목들이 존재하죠. 그렇지만 그 조사해야 될 항목들이라고 하는 것은 서로 유기적으로 연결되어 있습니다.[29]

이호중 위원은 이외에도 조사 규칙 문제 여러 가지를 함께 지적했기 때문에 이석태 위원장은 차기 회의에서 다시 논의할 것을 제안한다. 그러나 차기 회의에서 신청사건을 기본으로 하는 문제에 대해서는 다시 논의되지 않았다.[30] 2015년 9월 8일, 특조위는 정례 브리핑을 통해 "특조위가 자체적으로 직권사건을 준비하고 있지는 않다."라며 신청사건을 중심으로 조사를 진행하겠다고 밝힌다.[31] 이런 결정의 근거와 이유를 정확히 알 수는 없다. 새누리당 추천 위원들과의 갈등을 최소화하기 위한 결정이라는 것이 위원들의 공식 입장이었지만, 특조위 활동 전체를 돌아보면 위와 같은 핑계를 대며 어렵고 복잡한 과제를 회피한 것이 아닌가 싶다. 결정의 이유가 무엇이었든 특조위가 신청사건을 중심으로 조사를 진행하리라는 사실을 알게 된 피해자 가족들은 오히려 다급해졌다. 조사관들이 채용되고 예산이 배정되었는데도 자신들의 신청 없이는 조사가 시작될 수 없다는 것을 인지한 피해자 가족이 최대한 적극적으로 조사 신청을 한 것은 당연한 일이었다.[32]

'신청사건' 위주의 조사 방식은 2가지 지점에서 사법적 관점과 가까웠다. 첫째, 신청사건은 피해자 가족 및 세월호 진상규명 운동의 인식론에 상당한 영향을 받을 수밖에 없는 방식이었다. 1장에서 살펴본 것처럼 특조위 활동기에 세월호 진상규명 운동 내부에서는 사법적 관점은 강화된 반면, 구조적 관점은 약화되고 있었다. 또 기업 책임에 대한 문제의식은 크지 않았던 반면 정부 책임에 대한 문제의식은 공권력의 위협을 받으며 더욱 강해지고 있었다. 이러한 지형이 신청사건에 그대로 반영되었다. 피해자들의 조사 신청 중 선사인 청해진해운과 관련한 것은 거의 없었던 반면 구조 실

패와 관련한 신청사건은 100건을 훌쩍 넘을 정도로 많았다.[33]

둘째, 이 지점이 더 중요한데, 신청사건이라는 형태 자체가 사회 구조적 문제를 제기하기에 적절하지 않다는 점이다. 과거사위원회에서도 신청사건 방식은 개별 사건 조사에 집착하게 해 구조적 원인을 규명하는 데 적절하지 않았다는 평가를 받은 바 있다.[34] 실제로 [표 4]에서 볼 수 있듯이 소위 구조적 원인을 담당하는 안전사회과에 배당된 신청사건 숫자가 가장 적었다. 정리하면 신청사건 방식은 그 자체로 재난조사를 사법적 틀 내에 한정하는 제도는 아니었지만, 구조적 접근이 약화된 논의 지형에 큰 영향을 받을 수밖에 없고, 구조적 원인을 규명하기 어려운 형태였다는 점에서 사법적 관점을 강화하는 효과를 낳게 되었다.([표 4], [표 5] 참조)

신청사건 외에 청문회가 중요한 조사 수단이 된 것도 특조위의 특징이다. 특조위는 여러 조사 권한 중 하나로 청문회 개최 권한을 가졌는데, 이는 이전의 과거사위원회들에 없었던 권한이다.[35] 특조위는 청문회를 적극 활용하자는 기조하에 1년 남짓한 위원회 활동 기한 동안 총 세 차례의 청문회를 진행했다.[36] 청문회는 공개적인 증언 수집을 위한 절차로, 공청회와 달리 위증, 증언 거부, 동행명령 거부 등에 대해 처벌할 수 있다.[37] 재난조사에서 청문회 권한을 적극 활용하는 국가도 있는 반면, 그렇지 않은 국가도 있다. 청문회 문화가 강한 미국에서는 재난조사에 청문회를 주요하게 활용하는 편이다. 허리케인 카트리나 조사위원회의 경우 5개월간 22번의 청문회가, 9·11 위원회의 경우에는 19일간 12차례 청문회가 열렸다.[38]

청문회는 기본적으로 공개로 열리기 때문에 재난조사에서는 증

[표 4] 특조위 종료 시점 신청 조사 분류 현황

구분	접수건수	상임위 분류				취하 및 배정		국/과별 배정 현황				
		상정	분리	병합	소계	조사취하	부서배정	진상규명국			안전사회과 (나,마)	피해자지원과 (바)
								조사1 (가)	조사2 (다)	조사3 (라)		
건수	238	238	10	-	248	19	229	71	111	12	11	24

출처: 특조위 위원장실, 「중간점검보고서」, 2016, 18쪽 (단위: 건)

[표 5] 특조위 종료 시점 취급 사건 현황

구분		신청사건 (부서배정) Ⓐ	직권사건 Ⓑ	소위원회 분리 Ⓒ	이관 Ⓓ	소위원회 병합			실취급사건 (Ⓐ+Ⓑ+Ⓒ+ Ⓓ+Ⓔ)
						병합대상	병합후	병합감소 Ⓔ	
합계		229	3	15	-	103	30	-73	174
진상규명국	소계	194	1	15		81	24	-57	153
	조사1과	71	-	1	-15	26	6	-20	37
	조사2과	111	-	2	15	45	15	-30	98
	조사3과	12	1	12		10	3	-7	18
안전사회과		11	-	-		-	-	-	11
피해자지원점검과		24	2	-		22	6	-16	10

출처: 특조위 위원장실, 「중간점검보고서」, 2016, 19쪽 (단위: 건)

언으로 인해 불리한 상황에 처할 수 있는 운용자나 하급 관리자보다 상층 책임자를 대상으로 이뤄진다.[39] 재난조사가 아니더라도 청문회는 고위 책임자가 출석해 증언할 때 의미가 있다. 자신의 책임을 공개적으로 인정하는 효과가 있기 때문이다. 그러나 바로 이 점 때문에 청문회 역시 힘겨루기의 장이 된다. 2014년 6월 2일부터 8월 30일까지 활동한 국회 세월호 침몰사고 국정조사 특별위원회

(국회 국정조사특위)는 기관보고 후 진행하려던 청문회를 결국 하지 못했는데, 이는 김기춘 대통령 비서실장, 정호성 청와대 제1부속실장, 유정복 인천시장(전 안전행정부 장관) 등을 증인으로 채택하는 데에 여야가 합의하지 못했기 때문이다.[40] 이전의 국회 국정조사특위에서 청문회를 열지 못했기 때문에 세월호 특조위는 자연스럽게 청문회 개최를 중요한 과제로 삼게 되었다.

청문회에는 피해자 가족이나 구조에 나선 잠수사 등 조사기관이 우호적으로 증언을 들으려는 증인들도 출석한다. 하지만 한국에서 청문회는 대체로 이미 증인들의 잘못이나 책임의 증거를 확보한 후 이를 공개적으로 추궁하려는 목적으로 개최된다. 청문회는 추궁하는 쪽에만 대본이 있는 일종의 연극이다. 단순한 비유가 아니라 실제로 그렇다. 세월호 특조위 청문회에서 조사관들이 써준 대본을 읽기만 한 위원들도 있었다(물론 내용에 대한 이해가 없으면 이 연극은 실패한다). 특조위만의 문제라기보다는 한국 청문회의 관행이다. 내가 들은 가장 흥미로운 에피소드는 국회 보좌관들이 국회의원들을 위해 언제 삿대질을 해야 하는지까지도 지시문으로 넣는다는 이야기였다.

또 청문회에는 잘못한 개인이 증인으로 설 수 있을 뿐, 구조(structure)가 증인으로 설 수는 없다. 여러 행위자들을 추궁해 구조적 문제를 드러낼 수 있지만 이를 위해서는 조사위원회의 적극적인 해석이 필요한데, 즉시 언론에 공개되는 청문회의 성격상 개인을 추궁하는 장면은 빠르게 대중에게 전달될 수 있어도 위원회의 전체적인 해석은 뒤늦게 도달할 수밖에 없다. 청문회라는 제도는 이러한 점에서 개인에게 책임을 추궁하려는 사법적 관점과 친화성을 갖는다.

특조위의 1차 청문회는 특히 이런 측면을 생생하게 보여주었다. 1차 청문회의 주요 주제는 1) 세월호 참사 초기 구조 구난 및 정부 대응의 적정성, 2) 해양사고 대응 매뉴얼의 적정성 여부, 3) 참사 현장에서 피해자 지원 조치의 문제점으로 구조 실패에 대한 법적·구조적 책임을 모두 아우르고 있었다. 그러나 31명의 증인과 6명의 참고인 중 가장 핵심은 해양경찰청장, 서해지방해양경찰청장, 목포해양경찰서장, 이 세 명의 해경 지휘부였다. 다른 증인들이 한 주제에만 출석을 요구받은 데 비해, 이들은 청문회 3일 내내 출석을 요구받았고, 거의 모든 위원들이 심문에 나섰다. 이들의 책임을 추궁하는 것이 특조위가 세운 1차 청문회의 실질적 목표였다.

그렇다면 1차 청문회에서 새로운 사실을 밝혀 책임 추궁에 성공했느냐, 그렇지도 않다. 특조위는 현장에 출동한 해경 123정이 자신들이 최초 구조한 사람들이 선원이라는 사실을 알았을 것이라는 점이 "여러 정황들을 통해" 합리적으로 "문제제기"되었고, 역시 당일 출동한 CN-235 항공기가 구조 활동에서 제대로 된 역할을 했는지 "처음으로 공적인 문제제기가 이루어졌다."라는 점을 성과로 꼽았지만, 이것들은 해경 지휘부 책임에 대한 추가적인 증거 확보라고 보기는 어려웠다.[41] 피해자 가족들은 구조 책임자들을 집중 신문한 것에는 만족했지만, 책임 추궁을 제대로 했는지에 대해서 의문을 표하기도 했다.

유경근 4·16가족협의회 집행위원장: 중간중간 실망한 것들이 몇 번 있었습니다. 질의 방식에 있어서도 좀 문제가 있었습니다. "보고를 받았습니까?", "안 받았습니다.", "그렇군요." 대표적입니다. 보고를 받았는지 안 받았는지도 중요하지만 보고 여부와 관계없이 그러한 사실을 알았는지 몰랐는지도 중요한 것이고, 그리고 그것으로 인해서 이어지는 결론을 내는 것이 중요한 겁니다. 보고 안 받았다 그러면 다 넘어가는 겁니까? 이 부분도 좀 보완을 해주기를 부탁드리겠습니다.[42]

책임 추궁이라는 측면에서도 부족한 점이 많았지만, 특조위는 청문회 직후 약간의 보강 조사를 거쳐 해경 지휘부 수사를 요청하는 특별 검사 임명 요청안을 국회에 제출했다.[43] 해경 지휘부에 대한 처벌이 필요했다는 사실과는 별개로, 청문회는 이처럼 구조적 원인 규명보다는 개인 책임의 지목에 집중하는 전략일 수밖에 없었다.

2. 특조위의 혼란

토론의 회피

특조위 종료 후 나는 다른 나라의 조사위원회가 도출한 결과가 아니라 그 과정이 무척 궁금했다. 더 구체적으로는 조사관들과 위원들은 하루를 어떻게 보내는지, 상호 소통과 의사 결정은 어떻게 하는지를 너무나 알고 싶었다. 재난조사위원회가 실제로 어떻게 운영되는지를 구체적으로 기록한 연구는 많지 않았지만, 성공한 위원회는 최소한 조사의 관점을 초기에 확정하고, 그 이후로도 조사 범위를 포함해 조사 방향에 대한 토론을 치열하게 진행했음을 알 수 있었다.[44] 컬럼비아호 사고조사위원회의 조사관이었던 키르히호프는 박사 논문에서 컬럼비아호 조사위원회가 기술적 원인에서 조직적 원인으로 확대하는 과정에서 논쟁이 몇 주 동안, 매일 정오의 조사 회의뿐 아니라 복도와 저녁 식사 시간에도 계속되었다고 적고 있다.[45] 나는 종종 이 장면과 특조위 회의 장면을 비교해서 상상해보곤 했다.

재난조사위원회가 가장 먼저 해야 하는 일은 무엇일까? 사무실

설치와 직원 채용과 같은 실무적 내용을 일순위로 답할 것이 아니라면, 누구라도 방향과 관점을 세우고 그에 따른 조사 계획을 세우는 것이라고 답할 것이다. 그러나 세월호 특조위의 가장 상위 결정 단위인 전원위원회 회의에서 조사의 방향과 관점 등에 대한 토론은 거의 이뤄지지 않았다.

특조위는 2015년 3월 첫 전원위원회 회의 이후 초기 6개월은 대부분 하위 규칙의 제정에 소모했다. 시행령 제정을 둘러싼 갈등으로 한 달여간 전원위원회가 열리지 못했다는 것을 감안하더라도, 결과적으로는 1년 2개월 정도밖에 활동하지 못한 특조위가 2015년 9월 중순 피해자들에 의한 신청사건이 접수되기 전까지 대부분의 시간을 규칙 제정에만 할애했다는 것은 놀라운 일이다. 첫 조사 개시 여부 결정 안건이 상정되는 13차 전원위원회 회의 전까지 세월호 특조위가 회의에서 논의한 규칙안은 특조위 운영에 관한 규칙안, 인사 관리에 관한 규칙안, 자문 기구 운영에 관한 규칙안, 증인 등의 비용 지급에 관한 규칙안, 진상규명 조사에 관한 규칙안, 청문회 운영규칙안 등 총 8건이며, 이 중 청문회 운영 규칙과 진상규명 조사에 관한 규칙안은 수정안 논의까지 각각 세 차례씩 상정되었다.[46]

새롭게 구성된 위원회에는 체계가 필요하다. 또 청문회 운영 규칙이나 진상규명 조사에 관한 규칙을 논하면서 충분히 위원회의 조사 방향을 함께 논의할 수 있다. 그러나 회의록을 살펴보면 관점·방향·기조에 대한 것보다 세세한 법적 규정에 관한 논의가 대부분이다. 예를 들어 7차 위원회 회의에서 청문회와 관련해서는 소위원회가 독자적으로 청문회를 주최할 수 있는지, 위원 1인당

신문 시간에 제한을 둘지 말지, 주신문과 반대신문을 어떻게 설정할지가 논의되었다.[47]

특조위는 왜 이렇게까지 규칙에 집착했을까? 위원회의 권위와 신뢰성이 선험적으로 보증되는 것이 아니라 위원회의 활동을 통해 구성된다는 입장을 따르면,[48] 이 지난한 과정은 출범 전부터 정부에 의해 권위가 흔들린 위원회가 권위와 신뢰성을 다시 세우기 위해 선택한 하나의 방법이었다고 해석할 수 있다. 한편으로 법률가들이 대다수였기 때문에 규칙에 의존하는 경향이 크지 않았을까 생각이 들기도 했다. 물론 기대와 다르게 세세한 규칙들이 위원회의 성공을 보장해주지는 못했다.

위원들이 전체 조사 방향에 대한 토론이 필요 없다고 생각하지는 않았을 것이다. 조사 규칙이 처음 상정된 9차 회의(2015년 7월 13일)에서 한 위원이 어떤 사항을 조사할지를 전체 위원회 차원에서 논의하자고 제안한다.

> 석동현 위원: 진상규명을 위해서 우리 소관을 막론하고 전체 위원들이 처음에 필요한 사항을 전부 리스트업을 해놓고 같이 하나씩 토론을 해서 진상규명할 큰 줄기 사항을 정하는 정신이 규정에 좀 반영이 되었으면 하는데.[49]

위 의견을 제출한 석동현 위원은 안전사회소위원회 소속 위원이었는데, 이에 대해 권영빈 진상규명소위원장과 이석태 위원장 등 상임위원들은 진상규명소위원회가 아닌 다른 소위 소속 위원이 다 참여하지 못하는 한계가 있을 수밖에 없다고 주장했고, 피해자들의 신청사건이 다 공개될 테니 그때 논의하자며 제안을 진지하게 받아들이지 않았다.[50] 석동현 위원이 새누리당 추천 위원이었기 때문이다. 예산 요청과 시행령을 둘러싼 갈등 과정에서 새누리당 추천 위원들이 전체 위원회와 다른 의견을 제출하는 것을 봐온 상임위원들은 조사 계획을 세우자는 발언에도 의도가 있을 것이라 경계했다. 그러나 이후 회의록을 보면 이러한 방어적인 반응은 비단 새누리당 추천 위원들을 향해서만 나온 것이 아니었다.

13차 위원회 회의(2015년 9월 21일)는 소위원회별 업무 계획 보고가 이뤄지고, 피해자들이 조사를 신청한 '신청사건'이 처음 안건으로 올라온 회의이다. 진상규명소위원회의 주요 업무 계획을 본 안전사회소위원회 소속의 이호중 위원은 대부분 법으로 규정된 내용을 조사하겠다는 반복일 뿐 구체적인 계획이 없다고 지적했다.[51] 이에 대해 권영빈 진상규명소위원장은 업무 계획에 없더라도 신청사건 의결 과정에서 중요한 사항들이 보완될 수 있을 것이라 답했다.

> 권영빈 상임위원: 업무 계획이라는 게 좀 추상적이라서 그러는데요. 오늘 이후에 조사 개시 결정 안건을 보시면 [……] 업무 계획으로 갖고 있느냐 없느냐 그게 차이가 아니라, 실질적으로 이런 일을 할 수 있다고 생각을 하고 [……] 지금 이호중 위원님이 제기하신 선체 조사라든가, 수중 촬영 이런 부분들이 가족들도 관심이 많은 부분이라 신청사건으로 들어와 있는 것으로 알고 있고, 조만간 이 부분이 전원위원회에 신청사건 조사 개시 결정 여부가 의결안건으로 상정될

것입니다. 그러니까 오늘 이 자리에서 보시기에 미흡하고 부족한 것이 있다 하더라도, 차후 진행되는 과정 속에서 보완할 수 있는 것은 보완하도록 하겠습니다.[52]

차기 회의에서 전체 조사 과제에 대한 논의가 필요하다는 주장이 류희인 위원에 의해 다시 제기되었다.[53] 그러나 이러한 여러 위원들의 지속적인 문제제기에도 전원위원회에서 관련 토론은 한 번도 이뤄지지 않았다.

왜 조사 과제를 토론하지 않았을까? 정치적 배당으로 인한 갈등을 피하기 위해서였을까? 이런 설명은 부분적으로만 타당하다. 문제제기를 한 위원들은 새누리당 추천 위원들만이 아니었다. 13차 회의에서 문제를 제기한 이호중 위원과 류희인 위원은 각각 유가족 추천, 야당 추천 위원이었다. 2015년 11월에 새누리당 추천 위원들이 위원회 활동을 보이콧한 이후에도 조사 계획에 대한 토론은 진행되지 않았다. 상임위원 중 몇몇은 정말로 신청사건을 토론하는 과정에서 조사 과제의 흐름이 자연스럽게 잡힐 수 있을 것이라 믿었던 것 같다. 또 몇몇 위원들의 인터뷰와 저서 등에는 대통령의 거부로 '진상규명국장'이 임명되지 않은 점이 여러 차례 강조되고 있는데, 구체적인 조사 과제와 방향은 위원회 회의에서 토론을 통해 마련하기보다 진상규명국장의 지휘를 바탕으로 사무처에서 마련해야 한다고 생각했을 수도 있다.[54] 그 진의와 이유에 대해서는 특조위 위원들이 언젠가 밝혀야 할 것이다. 그러나 그 진의가 무엇이든 신청사건 토론 과정에서 조사 방향이 잡힐 것이라는 기대는 게으른 것이었고, 진상규명국장이 없었기 때문에 불가능했다는 것은 핑계에 불과했다. 초기에 진상규명의 큰 줄기를 토론하고 합의하지 못한 데서 발생한 문제들은 이후 위원회 활동에서 형태를 조금씩 달리하며 계속 나타나게 되었다.

방향성의 상실

신청사건을 바탕으로 조사 방향을 잡겠다는 생각은 신청사건 접수가 시작되자마자 즉시 곤란에 부딪혔다. 유사한 내용, 서로 연결된 내용이 각각 다른 신청사건으로 접수되는 경우가 많았기 때문이다. 또 조사 신청 사항도 어떤 것은 너무 자세하고, 어떤 것은 너무 포괄적이었다. 예를 들어 '해경 조직의 구조 주체 확인과 구조에 참여한 세력의 구조 행위 합당성 등 조사'라는 구조 과정 전반을 포괄하는 신청사건과 '○○○의 구조 활동 지휘에 관한 건'이라는 특정인의 행위에 대한 건이 같은 회의에 상정되기도 했다.[55] 신청사건이 상정되기 시작한 초기 전원위원회 회의에서는 유사한 내용이나 연결된 쟁점을 왜 별건으로 처리해야 하냐는 문제제기가 계속 발견되는데, 이는 결국 조사에 대한 전체 계획이 없어서 발생한 문제였다. 그러나 이석태 위원장, 권영빈 진상규명소위원장, 박종운 안전사회소위원장 등 상임위원들은 유사한 질문이 반복되자 절차를 확인하며 계속 방어적인 태도를 보였다.[56]

이상철 위원: 질문인데요. 아까 사안하고 뭐 거의 같은 내용인데 이것을 2건을 독립적으로 내용을 할 필요가 있는지⋯⋯

박종운 상임위원: 절차상 잠깐 설명을 드리면 일단은 개개의 신청서가 들어오면 그 신청서 개개에 대해서 개시 결정을 하고, 향후에 소위원회에서 활동을 하다가 방금 말씀하신 이것도 병합될 가능성이 매우 높죠? 그 병합 절차는 그 이후에 하는 것으로 되어있기 때문에 일단 조사 개시 결정을 먼저 해주셔야 그다음에 병합을 할 수 있습니다.

류희인 위원: 지금 이 안건도 선체 내외부 손상 여부 조사를 아까 이상철 위원님 말씀대로 그런 물리적 결함에 의해서 사고 원인을 하나의 안건으로 한다면 이런 것이 다 거기에 들어갈 수가 있거든요. 이거를 굳이 구분해서 할 건지……

권영빈 상임위원: 신청사건들이 동일인이, 그러니까 피해자 동일한 사람이 여러 개를 신청하는 경우도 있지만 또 여러 사람들이 신청을 하는데 유사한 경우들이 있습니다. [……] 일단은 신청 건별로 조사 개시 결정을 의결한 다음에 조사 범위를 좀 더 구체화 하는 게 좋겠다는 생각을 한 거고요.

류희인 위원: 이것은 굳이 신청을 받아서 안건, 안건별로 우리가 위원회에서 처리를 할 게 아니고, 이를테면 여기 진상조사위원회 소위원회에서 자체적으로 갖고 있는 계획이 있을 것 아닙니까. 진상규명 조사 계획이. 거기에 이 내용은 당연히 들어갈 거거든요. [……] 진상조사 개시 안건을 종합적으로 한번 올려서 검토를 하면 유사한 건들을 우리가 매 건별로 여기서 다루지 않아도 되지 않나 그런 말씀을 드리는

겁니다.[57]

이석태 위원장: 예, 그럼 하여간 그것은 참고하겠고요. 그러면 이 건에 대해서 조사 개시 결정에 찬성하시는 분 거수해 주시죠.

한편 신청사건 접수가 시작되자마자 많은 조사신청서가 접수되면서 상임위원, 조사관 등 위원회 상근 인력 전체는 신청사건 조사 개시를 위해 많은 행정력을 써야 하는 상황이 되었다. 조사방향을 토론하는 것은 더 어려워졌다. 특조위 사무처 내부에서는 조사 과제의 연결성을 논하기보다 부서의 업무 부담을 조정하기 위한 판단이 우선되기 시작했다.[58]

특조위의 과부하는 회의 시 상정된 안건의 개수가 극명하게 보여준다. 첫 조사 개시 결정안건이 올라온 13차 회의에는 총 5건의 조사 개시 결정 안건이 상정되었으나, 차기 회의인 14차 회의에서는 17건이 상정되었으며 20~30여 건의 조사 개시 결정 안건이 한번에 올라온 경우도 종종 있다.[59] 조사 개시까지의 절차도 간단하지 않았다. 피해자의 조사신청서가 들어오면 먼저 조사신청서를 각 소위원회별로 분류해 상임위원회에 보고한다. 신청사건의 성격상 담당 소위원회가 모호하거나 겹치는 경우 조정하기 위해서이다. 이후 소위원회에 사건이 배당되면 담당 조사관이 신청서검토보고서를 작성하는데 이때 신청인 조사 및 조사 쟁점에 대한 기초 조사를 하게 된다. 신청서검토보고서는 소위원회에서 한차례 심의해 의결한 후 다시 상임위원회 심의를 통해 전원위원회 상정

[표 6] 조사 개시까지의 의결 절차

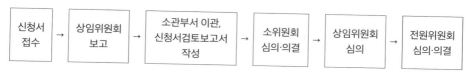

신청서 접수	→	상임위원회 보고	→	소관부서 이관, 신청서검토보고서 작성	→	소위원회 심의·의결	→	상임위원회 심의	→	전원위원회 심의·의결

을 결정한다. 이 과정에서 일부 내용을 보완하거나 상정일을 조정하기도 한다. 이 과정을 모두 거쳐야 전원위원회에 조사 개시 안건을 상정할 수 있다. 위 절차는 60일 이내에 모두 마무리해야 한다. '조사 개시'만을 위해서 얼마나 많은 상임위원들과 조사관들의 역량이 투여되었는지 짐작해볼 수 있다.[60]([표 6] 참조)

이런 상황에서 조사 방향에 대한 논의가 이뤄질 리 만무했다. 일단 조사 개시를 의결해야 하는 건수가 너무 많았기 때문에 시간이 부족했다. 또 신청사건의 주제가 내용과 수준에서 매우 다양했기 때문에 '침몰 원인', '구조 구난', '언론 보도' 등 최소한의 조사 과제를 분류해 토론을 집중할 수도 없었다. 특조위는 다른 그 누구도 아닌, 스스로 만든 조사 규칙으로 인한 행정 절차에 발목을 잡혔다. [표 7]에서 볼 수 있듯이 조사 개시 결정 이전 취하한 사건 4건을 제외하고는 모든 신청사건이 개시되었다. 모든 사건을 개시할 생각이었다면 이 많은 절차는 무슨 소용이었을까? 조사 계획을 구체화하는데도 신청사건 방식은 별다른 긍정적 역할을 하지 못했다.

> 이호중 위원: 조사 이렇게 하겠다는 걸 담은 게 검토보고서인데 "검토보고서 작성하는 데 시간 많이 들이지 말고 실제 조사하는 데 시간을 들이자." 이런 말씀하시면 곤란한 것 아

[표 7] 연도별 신청조사사건 처리 현황

구분	합계	2015년도				2016년도								
		9월	10월	11월	12월	1월	2월	3월	4월	5월	6월	7월	8월	9월
신청서 접수	238	42	41	63	4	30	1	57	-	-	-	-	-	-
조사 개시 결정	234*	5	29	49	37	21	31	4	29	29	-	-	-	-
조사보고서 채택	2	2	-	-	-	-	-	-	-	-	1	-	1	-

* 조사 개시 결정 이전에 신청 취하 4건이 있었음.
(출처: 세월호 특조위 사무처, 『4·16 세월호 참사 특별조사위원회 청산 백서』, 2016, 82쪽)

닙니까? 검토보고서가 조사 계획이잖아요?[61]

권영빈 상임위원: 위원님들 보시기에 신청서검토보고서가 좀 부실하고 그럴 수도 있다고는 생각합니다. 그런데 정확하게 말씀드리면 우리 위원회 운영 규칙 9조 6호에 의하면 [……] 요건은 맞췄다고 보고요. [……] 현실적으로 저희 신청서검토보고서 작성 과정에서 사실 에너지가 많이 낭비되는 측면이 있습니다. [……] 저희가 할 수 있으면 검토보고서를 좀 더 충실하게 하는데 그렇지 못한 점이 있다 하더라도 전체적인 차원에서 볼 때 크게 하자가 있는 것은 아니라고 생각합니다.[62]

　　유가족 추천인 이호중 위원은 신청사건 접수 전부터 신청사건 중심의 조사 방식에 반대했고, 위원회 차원의 조사 계획을 제출해야 한다는 점을 지속적으로 강조해왔다.[63] 그런 입장에서는 신청사건 검토보고서마저 부실한 것은 납득이 어려웠을 것이다. 또 비상임위원들이 위원회의 조사 계획을 파악할 수 있는 유일한 수단이 검토보고서였다는 점에서 이러한 문제제기는 타당한 측면이 있었다. 그러나 신청사건의 조사 개시를 위한 행정 업무에 허덕이던 상임위원들은 비상임위원의 문제제기를 특조위 사무처의 업무 부담을 가중시키는 것으로 받아들였다.[64] 일부 조사관들도 마찬가지였다.[65]

위원회 회의에서 지속적으로 문제가 제기되고 행정 업무에 과부하가 걸리자 특조위는 병합이 예상되는 유사한 사건의 추가 신청을 줄이기 위해 4·16가족협의회에 이미 들어온 사건의 목록을 정리해주기도 했다.[66] 그러나 스스로 만든 구조를 벗어나기는 어려웠다. 6개월의 조사 신청 기한이 종료될 때까지 한 회의 때 의결해야 하는 신청사건의 개수가 극적으로 줄어드는 일은 없었다.[67]

특조위는 왜 독자적인 조사 계획을 세우지 않았을까? 조사 신청을 받아서 이를 바탕으로 조사 방향을 설정하려면 상당한 시간이 소요될 수밖에 없다. 출범 초기부터 활동 기한 논란이 있었던 특조위가 이러한 방법을 선택한 이유를 이해하기는 쉽지 않다. 이호중 위원은 한 인터뷰에서 특조위가 '중립성의 덫'에 걸려있다고 표현한 바 있다.[68] 외부의 정치적 대결 구도가 내부에도 강하게 작동하는 상황에서 많은 위원들이 중립적으로 보이지 않을 경우 받을 공격을 우려했던 것이다. 조사 과제를 위원회 내부에서 바로 논의에 부치기는 부담스럽지만, 피해자들이 직접 신청한 신청사건은 '각하 사유가 없는 경우에는' 무조건 조사 개시가 가능하기 때문에 상대적으로 쉽게 조사를 시작할 수 있었다.[69] 과거사위원회에서도 직권 조사 의결에 대한 정치적 부담 때문에 신청사건 위주로 조사 계획을 수립했던 역사가 있었다.[70] 그러나 불필요한 갈등을 피해 가겠다는 전략은 이호중 위원이 지적했듯이 '관점 자체를 배제하려는 경향'을 낳았다.[71] 가장 큰 문제는 신청사건 위주의 계획이 결과적으로 위원회의 책임을 피해자들에게 미루는 결정이었다는 점이다.[72] 조사신청서 작성을 위해 피해자 가족들은 기억을 더듬고, 자료를 보고, 언론 기사를 다시 찾아야만 했다. 힘겹게 싸워 겨우 재난조사위원회를 만들었는데, 또다시 피해자 가족들이 직접 조사 계획을 만들어내고 있는 셈이었다.

　의도했던 것과 달리 갈등을 피할 수도 없었다. 2015년 11월 23일 전원위원회 청와대 조사 건 상정을 계기로 그동안 지속되었던 갈등이 폭발했다. 구체적인 쟁점은 "청와대 등의 참사 대응 관련 업무 적정성 등에 관한 건"의 조사 사항에 세월호 참사 당시 대통령의 행적을 포함할지 하는 것이었다.[73] 청와대의 세월호 참사 대응의 문제점, 특히 참사 당일 대통령의 7시간의 부재는 특조위 출범 전부터 언론의 주요 관심사였기 때문에 관련 사건이 신청되리라는 것은 모두가 예상하는 바였다. 10월 말 진상규명위원회 회의록을 보면, 대통령 조사에 반대하는 위원들은 이 사항이 진상규명과는 전혀 상관이 없고 대통령을 모욕하고 정치적으로 이용하기 위한 것이라고 주장했다. 반면에 조사를 지지하는 위원들은 이는 대통령의 일상생활을 조사하겠다는 것이 아니며 청와대의 대응에 대통령의 행적이 관련되었다면 충분히 조사할 수 있다는 입장이었다.[74] 11월 전원위원회 회의에서도 새누리당 추천 위원들은 대통령에 대한 조사는 대통령의 형사상 특권을 규정한 헌법에 반한다는 이유로 강력히 반대하며 "청와대 등의 참사 대응 관련 업무 적정성 등에 관한 건"에서 '세월호 참사 당시의 대통령의 행적'은 조사사항에서 제외하는 수정안을 발의했다. 수정안은 6명의 찬성밖에 얻지 못해 부결되었다. 상임위원인 이헌 부위원장을 제외한 새누리당 추천 위원 4명은 수정안 부결과 동시에 회의장을 떠났고, 이후 위원회 회의에 전혀 참석하지 않았다.[75] 특조위 활동에 대한 보이콧이었다.

새누리당 추천 위원들의 보이콧에는 양면적 의미가 있었다. 위원회의 권위를 하락시켰지만, 한편으로는 내부의 진영론적 갈등이 줄어들었다. 그러나 방향 없는 조사, 가설 없는 조사의 문제는 그대로 남아있었다. 1차 청문회가 종료된 2016년 1월, 이제라도 위원회 차원의 조사 계획, 즉 직권사건을 마련해야 한다는 의견이 다시 제기되었다.

> 이호중 위원: 유가족들이 입법 청원을 했던 특별법에 반영된 원칙 중에 하나가 '특별조사위원회는 세월호 참사의 직접적인 원인부터 구조적인 원인까지 직권으로 조사를 한다.'였습니다. 그리고 직권 조사 사항에 혹시라도 좀 미흡한 부분이 있을지 모르니 [……] 그런 것들에 대해서는 '피해자들이 신청을 할 수 있게끔 길은 열어놓자.' 이게 당시의 입법 취지였어요. 이것을 다시 한번 상기해주시기를 간곡하게 당부드립니다.[76]

그러나 마지막까지 조사 계획은 논의되지 않았다. 이호중 위원이 전원위원회에서 위와 같은 의견을 제출하기 전에 진상규명소위원회에서도 유사한 의견이 나왔다. 김서중 위원이 전체 조사 계획이 잡혀야 하며, 종합보고서를 염두에 두고 세월호 참사 전체의 실상을 이해할 수 있도록 분류하자는 의견을 제출한 것이다.[77] 그러나 이 제안은 진지하게 고려되지도, 현실화되지도 않았다. 위원들은 의사 결정에서는 동등한 위치였지만, 실제 일은 조사관들과 함께 조사 실무를 책임지는 상임위원의 의지가 있어야만 추진될 수 있었다. 권영빈 진상규명소위원장은 김서중 위원의 문제제기를 기각하지도 않았지만 실행하지도 않았다. 진상규명소위원장으로서 의지도, 능력도 없었던 것이다. 진상규명소위원회는 병합 등을 통해 194건에서 153건으로 사건 수를 줄이긴 했지만 153건의 관계와 흐름을 끝까지 정리하지 못했다.[78]

자신의 책임을 회피하려는 정부의 비협조와 방해가 피할 수 없는 기본 조건이었음을 생각해볼 때, 특조위가 성과를 내지 못한 가장 큰 원인은 정부의 방해와 정치적 갈등 그 자체가 아니다. 갈등을 피하겠다는 명분 뒤에 숨어 조사 의제·방향·관점에 대한 토론을 회피한 것이다. 그러나 조사의 관점, 방향의 공백이 곧 재난 인식론의 공백을 의미하지는 않는다. 익숙한 인식론이 공백을 채우기 때문이다. 조사 방향의 부재는 한국 사회에 가장 익숙한 재난 인식론, 즉 사법적 관점이 강화될 토양을 제공했다.

조사 범위 확장의 명과 암

앞서 여러 재난조사 사례에서 살펴보았듯이, 조사의 범위는 사회적 원인을 다룰지 여부와 긴밀하게 연관된다. 일반적으로 재난의 기술적·인적 원인 및 사법적 책임을 중시하는 경우 조사의 범위를 좁히는 경향이 있으며, 사회 구조적 원인을 중시하는 경우 조사의 범위를 넓히는 경향이 있다.

세월호 특조위에서 조사 범위에 대한 논쟁은 크게 두 지점에서 진행됐다. 첫째는 안전사회소위원회의 업무 범위에 대한 것이었다. 안전사회소위원회는 세월호 특별법상 '세월호 참사의 구조적 원인 규명 및 권고'와 '안전한 사회 건설을 위한 종합 대책'을 수립하는 두 업무를 담당하고 있었는데, 시행령 제정 과정에서 후자의 범위가 '4·16 세월호 참사와 관련된' 재해·재난의 예방 및 안전한 사회 건설 종합 대책 수립으로 좁아졌다. 세월호 참사가 한국 사회의 안전 패러다임을 바꾸고 시스템 전반의 변화 필요성을 제기한 사건이라고 생각한 이들은 안전사회소위원회가 다룰 범위를 최대한 넓히려고 한 반면, 세월호 참사를 소위 해상에서 발생한 '교통사고' 정도로 생각한 이들은 해양·선박 안전과 관련한 내용만을 다룰 것을 주장했다.[79] 박종운 안전사회소위원장은 시행령 논의 과정에서부터 안전사회소위원회의 업무에 제한을 두는 것은 특별법에 반한다며 이를 받아들이기 어렵다는 입장을 밝히고, 시행령과 상관없이 4·16가족협의회와 국민대책회의가 제시한 안전사회를 위한 24대 과제를 모두 포괄하는 업무 계획을 제출했다.[80]

안전사회소위원회는 업무 계획에서 "이윤보다 생명", "비용보다 안전"이라는 사회적 가치를 확립하는 것을 전체 기조로 하고, 산업 안전 문제, 시민 참여, 국가의 의무, 재난조사 과정에의 피해자 참여 등 그동안 피해자 가족과 시민 사회단체가 강조한 내용을 대부분 담아냈다.[81] 구체적으로는 [표 8]에서 확인할 수 있는 10대

[표 8] 특조위 안전사회소위원회 업무 계획

「생명중심·인권존중」의 거버넌스형 안전사회

Humanware (가치 전환)	Software (제도 개혁)	Hardware (시스템 개선)
국가·지자체, 기업, 시민 등 안전에 대한 패러다임 변화	법령, 제도, 정책, 관행, 문화 등의 개혁	현장 중심, 정보 공유, 투명한 사고 원인 조사 시스템 전환

정책 분류	10대 핵심 과제	전략 기조
세월호 참사의 구조적 원인 분석 및 개선 대책 마련	① 세월호 참사와 관련한 법령·제도 등 정비 ② 민관 유착의 관행·구조의 개혁 방안 및 　기업의 책임성 강화 방안 마련 ③ 안전에 관한 규제 완화 정책 및 　외주화·민영화 정책에 대한 점검과 대책 　마련	• "이윤보다 생명/ 비용보다 안전"의 패러다임에 입각한 총체적 개혁 추진
재난 예방 및 제도 개선	④ 정부 안전 정책의 적정성에 대한 검토 ⑤ 「안전 거버넌스」 구축 ⑥ 4대 영역별* 위험 통제 및 안전 대책 　마련 ⑦ 재난경보 시스템 구축	• 안전 감독 의무자로서의 국가 • 안전 조치 책임자로서의 기업 • 안전할 권리 및 참여권의 주체로서 시민
재난 대응 시스템 강화	⑧ 정부의 신속하고 효과적인 재난 대응 　체계 확립 ⑨ 중앙 정부와 지방 정부의 역할 및 책임성 　강화 ⑩ 공정하고 투명한 재난조사 시스템 구축	재난 사고에 대한 국가의 신속하고 효과적인 구조 및 피해자 보호의 책임성 강화

* 4대 영역은 공공 교통 및 운수 영역, 원전 및 유해 물질 영역, 에너지·시설·SOC 영역, 산업 재해
영역을 말한다.(출처: 특조위 위원장실, 「중간점검보고서」, 2016, 144쪽)

핵심 과제 및 32대 세부 과제를 선정했다. 그러나 안전사회소위원회 회의에서 이 계획은 과도한 욕심이 아니냐는 의견이 다시 나온다.([표 8] 참조)

> 석동현 위원: 그전에도 비슷한 취지로 말씀드린 바 있는데, 세월호 위원회에서 너무 욕심을 내지 말자는 것입니다. 이 추진 전략은 무슨 국민안전처 같은 국가의 국민 안전의 총괄기관, 그야말로 국민의 안전에 대해 무한책임을 지는 상설기관의 비전과 전략 체계라고 해도 과언이 아닐 것입니다. 의견을 보태고 보완 지적을 해서 [……] 좀 더 자극을 주고 좀 더 완성도를 높이는 역할을 해야 한다고 생각합니다. [……] 상설기관이 뭘 하든 간에 '우리는 이걸 하겠어!'라는 식으로 어깨에 너무 힘이 들어가지 않으면 좋겠습니다.[82]

안전 패러다임 변화를 기존 국가기관에 맡길 수 없고, 세월호 특조위가 주도해서 해야 한다는 생각을 가진 위원들로서는 석동현 위원의 의견은 받아들이기 힘든 것이었다. 같은 회의에서 이호중 위원 등은 오히려 업무 계획에서 주요 과제들이 여전히 빠져 있다며 더 많은 과제를 포괄할 것을 주문했다.[83] 안전사회소위원회에 속한 위원들은 대체로 안전 대책 일반을 종합적으로 다뤄야 한다는 의견이었기 때문에 석동현 위원의 의견은 크게 고려되지 않았다. 전원위원회 회의에서도 안전사회소위원회 업무 계획은 별다른 문제제기 없이 통과되었다.[84] 안전사회소위원회는 세월호 참사가 제기한 사회 시스템 개혁이라는 문제의식을 관철시킨 것이다.

그러나 이미 소위원회 업무를 뒷받침할 안전사회과의 정원은 시행령으로 인해 크게 축소된 상태였다. 전원위원회에서 별다른 논의가 없었던 이유는 진상규명소위원회에 비해 상대적으로 관심이 집중되지 않았던 탓도 있지만, 이미 시행령이 통과된 상황에서 굳이 안전사회소위원회 업무에 크게 시비를 걸 이유가 없었기 때문이기도 하다. 계획을 아무리 거창하게 세운들 안전사회과에는 이를 제대로 실행할 자원도, 시간도 없었다. 업무 계획을 마련할 당시 안전사회과의 직원은 팀·과장을 모두 포함해 불과 11명이었으며, 11월 추가 채용 이후에도 15명을 넘지 않았다.[85] 결국 안전사회소위원회는 인력과 시간을 고려해 집중할 과제를 선택할 수밖에 없었는데, 다음 절에서 논할 것처럼 이러한 선택은 세월호 참사의 구조적 원인 규명을 소홀히 하는 결과로 이어진다.

조사 범위에 대한 두 번째 쟁점은 신청사건 접수 기한이 종료되기 직전에 등장했다. 2016년 4~5월, 강제 종료를 2달여 앞둔 시점에 특조위 조사에 대한 방해, 청문회 당시 해경 등이 작성한 대응 문건에 대한 조사 등 세월호 참사 자체가 아니라 세월호 특조위 운영 과정에서 드러난 문제점에 대한 신청사건이 다수 상정된다.[86] 또 검찰 및 감사원 등이 세월호 참사에 대한 기소 및 감사를 제대로 수행했는지 등 타 국가기관의 업무 적정성을 조사해달라는 신청사건도 상정된다.[87] 이를 조사 가능한 사안으로 본 위원들은 이러한 쟁점도 법령에 규정된 '구조 구난의 작업과 정부 대응의 적정성'에 해당된다고 본 반면, 몇몇 위원들은 범위를 과도하게 확장하고 있다고 보았다.[88] 조사 범위의 확장을 반대한 위원들은 이런 사건들이 법이 규정한 범위를 넘어섰고, 여론의 역풍을 맞을 수도 있다고 생각했다. 또 위원회가 더 전념해야 할 부분을 놓치게 되는 것이 아닌지, 조사의 실효성이 있을지 우려했다. 관련 사건들의 조사 개시가 필요하다고 생각한 위원들은 '정부 대응의 적정성'은 진상규명과 안전사회 건설을 위해 정부가 어떻게 대응했는지 전반을 포괄한다고 봐야 하며, 조사를 결국 못하더라도 조사의 어려움에 대한 기록을 남길 필요가 있다고 주장했다.[89]

김선혜 상임위원: 원래 상식적으로 봤을 때 우리 법을 만들 때 이것까지 예상한 것은 분명히 아니거든요. [……] 국회 국정조사도 있을 수 있고 또 수사 의뢰를 할 수도 있고 여러 가지 방법이 있는데, [……] 방해한 것에 대해서 우리가 다시 조사하겠다고 하는 것은 법뿐 아니라 정책적인 면에서도 오히려 역풍이 있을 수도 있다는 것이 제 생각입니다.[90]

류희인 위원: 정부의 대응이라는 것은 구조 구난에 직접적으로 관련되는 것일 것입니다. 조금 더 확장될 수 있겠습니다만, 그 이후에 참사와 관련된 사회의, 아니면 정부의, 아니면 입법기관의 부적절한 행위 자체를 조사하는 것이 과연 타당한지……[91]

김서중 위원: 단순히 참사 당시와 그 이후에 구조 구난이라고 하는 좁은 의미가 아니라 그 이후에 이 진상규명과 안전사회 건설을 위해서 사실 정부가 어떤 식으로 대응했는가 전반을 다 따지는 게 맞다고 보고요.[92]

관련 논의가 두 차례의 전원위원회에 걸쳐 길게 논의되기는 했지만, 결과적으로는 쟁점이 된 7개 사건 모두 조사 개시 결정이 된다.([표 9] 참조) 재난 후의 책임 배분과 재난 서사를 둘러싼 국가의 대응 역시 재난조사의 주요한 쟁점이라고 했을 때, 재난조사위원회에서 관련 쟁점을 다루지 못할 것은 아니다. 또 국가 폭력 관련 조사에서 정부의 은폐 과정까지를 진상규명 대상으로 봤던 경험 때문에 다수의 위원들은 조사 범위의 확장이야말로 사회 구조적 문제를 다루는 방식이라고 생각했을 것이다.[93] 그러나 위원회의 현실적 여건상, 이는 상징적인 행위 이상이 될 수 없었다. 인용된 회의록에도 드러나있지만, 강제 종료가 예상되고 특조위가 가진 조사 권한에 한계가 있었던 상황에서 위와 같은 조사들이 실제로 진행될 것이라는 기대는 조사 개시를 찬성한 측에도 없었던 것으로 보인다.•

조사(업무) 범위를 넓히려는 위원들의 노력을 구조적 관점의 반영, 구조적 원인을 다루려는 의지로 해석해볼 수 있다. 하지만 다른 영역의 안전사회 대책이나 위원회 출범 이후 발생한 일을 조사하는 것이 구조적 원인 조사인가? 그렇지는 않다. 컬럼비아호 조사위원회가 기술적 원인을 특정한 후 조직적이고 역사적인 원인으로 거슬러 올라갔다면, 특조위는 기술적·인적 원인에서 조직적·

• 세월호 특조위 방해에 관해서는 검찰이 관련자를 기소해 현재 재판이 진행 중이며 2020년 12월 17일에 2심 판결이 선고되었다. 2심에서 법원은 위원회의 성과 없는 종료가 정부와 여당의 방해·비협조에 의한 것이라고 판단했지만 해양수산부 전 차관 외 청와대 관련자들에 대해서는 무죄를 선고했다.(《연합뉴스》, 2020년 12월 17일) 사참위도 세월호 특조위 방해를 주요 조사 과제 중 하나로 다뤘다.(사회적참사특조위, 2018)

[표 9] 특조위 후기 쟁점 사건 목록

안건 상정일	사건명
30차 위원회 회의 (2016.4.18.)	4·16 세월호 참사 특별조사위원회 제1차 청문회 대응 문건에 관한 조사의 건
	특조위 제1차 청문회 기간 중 보수 단체의 방해 행위에 관한 조사의 건
	특조위 조사 활동 방해를 목적으로 한 해수부 문건에 관한 조사의 건
31차 위원회 회의 (2016.5.2.)	검·경이 123정장만 기소한 이유에 관한 조사의 건
	법무부와 검찰이 참사 원인 규명 및 책임자 기소 등과 관련하여 엄정한 업무를 수행했는지에 관한 조사의 건
	감사원의 세월호 참사 관련 감사에 관한 조사의 건
	정부가 세월호 참사를 정치적으로 이용했는지 여부에 관한 조사의 건

제도적 원인으로 조사 쟁점을 따라 순차적으로 범위를 확장해가지 않았다. 특조위가 조사 과제를 설정하는 방식은 세월호 참사의 원인과는 상대적으로 거리가 있는 사회 시스템 전반의 문제를 독립적 과제로 제시하거나, 참사로부터 먼 시간대가 갑자기 중요한 조사 과제로 등장하는 식이었다. 즉 중범위의 구조적 원인, 직접적 원인과 간접적 원인 사이의 연결고리에 대한 사고가 부족했다. 구조적 관점이 확산되었다고 해서 구조적 원인 규명의 방법을 바로 알 수는 없다. 담론만으로 제도를 구성할 수는 없는 것이다. 조사 범위를 확장한 세월호 특조위의 결정은 자신의 의지를 보여주는 것이긴 했지만 재난조사의 방법 측면에서는 문제가 있었다. 기술적·인적 원인과 구조적 원인 사이의 연결고리가 취약해지면, 구조적 원인이 재난과는 크게 관련이 없다는 반박에도 취약해질 수 있기 때문이다. 이후에 안전사회소위원회 운영을 다루며 살펴볼 것

이지만 조사 범위를 최대한 넓힘으로써 구조적 원인을 다루고자한 상징적인 조치는 오히려 구조적 관점을 약화시키는 부메랑이되어 돌아온다.

형사사건 수사 따라하기

위에서 본 것처럼 세월호 참사가 제기한 사회 시스템 개혁이라는 과제는 특조위의 운영 기조를 강하게 규정하고 있었지만, 정작 조사 절차와 목표는 수사기관을 따라가고 있었다. 특조위는 스스로 설정한 많은 운영 규칙에 사법적 관점을 새겨 넣었다. 먼저 조사 규칙 자체가 형사소송법을 기반으로 하고 있었다. 조사규칙을 논의할 때 왜 재난조사가 형사 소송 절차대로 되어야 하는지에 대한 의문이 없지 않았다.[94] 그러나 위원 중 누구도 검경의 수사와 재난조사가 어떻게 구분되어야 하는지를 명확히 알지 못했고, 따라서 대안을 제시하지는 못했다. 결국 조사 규칙은 형사소송법을 크게 참고한 초기 형태 그대로 큰 변화 없이 확정된다.

사법적 형태로 확정된 조사 규칙은 조사관들의 조사 방식과 인식에 상당한 영향을 미쳤다. 특조위 조사 규칙은 조사 대상자와 참고인의 진술 청취 시에 진술 조서를 반드시 남겨야 한다고 규정하고 있었는데, 이는 형사소송법 제244조를 참조한 것이었다.[95] 특조위 조사관들은 경찰·검찰과 유사하게 조사 대상자를 소환해 진술을 받고 진술 조서를 작성해 남겼는데, 과거사위원회의 사례를 고려했을 때 이는 법정에서 증거 자료로 활용될 수 있었다.[96] 실제로 특조위가 1차 청문회 이후 제출한 특검요청서에는 특조위가 조사를 통해 작성한 진술 조서 목록이 명기되어 있다.[97] 관련자에 대한 진술 청취와 기록은 재난조사에서 기본적으로 이뤄지는 조사 방법이지만, 조사와 수사를 분리하는 국가에서 조사 정보는 예외적인 경우를 제외하면 수사기관으로 바로 넘어가지 않는다. 그러나 특조위의 경우 진술 기록을 담당 조사관과 조사 대상자의 간인까지 포함한 조서의 형태로 남겨 법적 효력을 부여할 수 있도록 한 것이다. 이러한 조사 방식은 특조위가 스스로를 수사기관과 유사한 기능을 하는 조직으로, 조사관들 자신도 검찰 수사관과 비슷한 역할을 하는 사람으로 생각하도록 했다.•

조사관들을 대상으로 한 조사 교육 역시 재난조사를 수사와 유사하게 생각했다는 점을 보여준다. 조사관들이 받은 조사 교육은 경찰의 증거 수집 방법, 진술 조사 시의 전략 등에 대한 강연이 유일했으며, 뒤늦게 채용된 조사관들에게는 이러한 교육조차 이뤄지지 않았다.• 다른 어떤 조사 매뉴얼도 공식적으로 제공되지 않은 상태에서 많은 조사관들이 검찰 수사를 모방하는 방식으로 조사를 진행한 것은 어찌 보면 당연한 일이다. 세월호 참사 관련 재난조사보다 검찰 수사가 먼저 진행됨으로써 조사의 주요 기초 자료가 검찰의 판결문, 공판 기록, 수사 기록 등이었다는 점도 사법적

• 특조위에 과연 사법적 조사를 할 능력이 있었는지도 생각해볼 필요가 있다. 수사 훈련을 제대로 받지 않은 조사관들이 '합리적 의심 이상을 넘어서는' 고도의 개연성을 밝혀내기는 어려웠다.

• 특조위 정원을 90명에서 120명으로 순차적으로 늘리도록 시행령을 개악한 결과, 최초 별정직 채용 3개월 이후에 또 한 번 몇십 명 규모의 별정직 조사관 채용이 진행되었다. 실제로 일선에서 일하는 조사관 절반 이상이 2차 채용을 통해 특조위 업무를 시작했는데, 이들은 아무런 교육도 받지 못한 채 바로 조사 업무에 투입되었다.

사고를 강화했다. 특조위는 구조적 원인까지 조사할 수 있어야 한다는 지향은 분명히 있었지만, 조사 방식은 기존의 사법적 원인 규명을 위한 형태를 대부분 모방하는 것이었다.

위원들도 마찬가지였다. 일부 위원들은 형사 사건 수사와 재난 조사를 비슷한 것으로 생각했다. 대통령의 형사상 특권이 규정되어 있기 때문에 대통령에 대한 조사는 형법 이론상 있을 수 없는 주장이라는 고영주 위원의 발언이 대표적이다.[98] 이는 재난조사를 기소 여부와 연관시키지 않는 위원들에게는 이해할 수 없는 주장이었다.[99]

> 고영주 위원: 아니, 대통령은 형사상 면책 특권이 있잖아요. 공소권이 없는 것을 조사를 하겠다는 게 말이 되나요?[100]

> 김서중 위원: 면책 특권이 있는 것은 기소를 안 한다는 얘기지, 조사하고는 별개 문제 아닌가요?[101]

하지만 형사 사건과 재난조사의 혼동은 고영주 위원 같은 새누리당 추천 위원들만의 문제는 아니었다. 13차 전원위원회 회의의 한 신청사건 논의 과정은 사법적 관점과 구조적 관점이 진영으로 나뉘지 않음을 보여준다. 이 회의에서 '가만히 있으라'고 방송한 여객부 승무원의 '업무상과실치사상죄의 공동정범 성립 여부'가 조사 개시 여부 결정안으로 상정된다.* 죄의 성립 여부를 묻는 사건명에 대해 이호중 위원은 여객부원이 당시에 그렇게 방송을 하게 된 경위가 공동정범의 성립 여부와 직결되지 않을 수 있다는 문제를 제기했다.

> 이호중 위원: 공동정범이 되건 안 되건 간에. 여객부원이 왜 당시에 그런 식의 행동을 했는지를 조사해달라고 하는 게 더 본질적인 취지 아닌가요? 그리고 우리 세월호 특조위는 진실 규명을 하는 것이지 죄의 성립 여부를 다루는 것이 아닙니다. 진실을 규명한 이후에 거기서 드러난 팩트들을 놓고 그게 어떤 범죄에 해당될 수 있다고 하는 판단은 있을 수 있지만, 기본적으로 처음부터 조사 대상을 어떤 범죄의 성립 여부 이렇게 한정하는 태도는, 저는 이거는 바람직하지 않다, 절대로 이렇게 해서는 안 된다고 생각해요.[102]

'업무상과실치사상죄 공동정범 성립 여부'라는 사건 제목은 진상규명소위원회 논의 과정에서 선내 대기 방송 경위에 대한 조사 목표를 명확히 하자며 권영빈 진상규명소위원장이 제안해 수정된 사건명이었다.[103] 진상규명소위원회에 상정된 사건명은 '여객부원 강○○의 선내 대기 방송 적절성 및 허위 진술 여부'였으나, 진상규명소위원장은 신청 취지란에 업무상과실치사상죄 및 위증죄 성립 여부를 조사해달라는 내용이 적혀있었다는 이유로 사건명을 법

• 세월호 참사에서는 기관부·항해부에 비해 여객부의 희생이 컸다. 기관부·항해부는 전원이 생존했으나 여객부 아르바이트생은 6명 중 3명만이 생존했으며, 여객부 직원은 5명 중 선내 대기 방송을 진행한 승무원 1명만이 생존했다. 선내 대기 방송을 진행한 여객부 승무원도 다른 여객부 승무원들처럼 탈출하지 않고 침몰 직전까지 배에 남아있었다. 그는 배에 차오른 물로 배 바깥으로 쓸려 나오면서 기적적으로 생존했는데, 배에 끝까지 남아있었기 때문에 선원 중 유일하게 기소되지 않았다.(진실의 힘, 2016, 158쪽)

위반 사항을 밝히는 방식으로 '구체화'했다.[104] 신청인은 물론, 진상규명소위원회 위원들도 조사의 목표를 법 위반 여부를 판단하는 것으로 생각했기 때문에 가능한 일이었다. 그러나 이렇게 되면 구명조끼를 입고 선내에서 대기하라는 비상식적인 안내방송을 가능하게 한 청해진해운의 조직적 문제, 가령 여객부 선원에 대한 교육이나 갑판부·기관부와의 소통 관행 등은 조사 과제에서 빠지게 된다.* 법적 유무죄를 따지는 조사로는 유사한 상황이 발생했을 때의 대응, 가령 선박에 대한 전문 지식이 있는 갑판부·기관부 선원들의 대응이 미흡했을 때 여객부 선원이 취해야 할 행동은 권고 사항으로 나올 수가 없다.

전원위원회 회의에서 이호중, 이상철 위원은 제목이 한번 결정되면 사건의 성격을 강하게 규정한다며 반대 의견을 표명했다. 이에 대해 다른 위원들도 동의했다는 점, 최소한 이의를 제기하지 않았다는 점은 흥미롭다.[105] 진상규명소위원회 검토 회의에서는 사건 제목을 '공동정범 성립 여부'라고 하자는 제안에 동의한 위원들조차, 사법적 조사에 한정해서는 안 된다는 주장이 직접적으로 제기되었을 때는 누구도 반대하지 않았다는 뜻이기 때문이다. 특조위의 혼란을 잘 보여주는 장면이다. 이후에 이 사건은 유사한 신청 사건들을 병합해 '선내 대기 방송 경위'로 사건명이 변경되었다.

특정 사건의 조사 방향 외에도, 검찰 조직과 조사위원회를 유비

---

* 해당 선원의 대응은 사후적으로 보면 매우 잘못된 것이었지만, 세월호 참사 직후 구명조끼를 입었을 경우 부력으로 인해 선내 탈출이 더 어렵다는 '구명조끼의 역설'은 세월호 참사 이후에야 대중적으로 알려졌다.(《경향신문》, 2014년 4월 24일)

하는 발언도 종종 눈에 띈다. 예를 들어 이헌 부위원장은 보통 검찰 등 수사기관에서는 시한이 1달이며 늦어도 3개월까지만 허용되는데 그에 비해 특조위의 조사가 느려서 미제 처리 실무도 보통일이 아닐 거라며 걱정했다.[106] 구조적 관점을 중시하던 위원들 역시 예외는 아니었다. 예를 들어 김진 위원은 특조위의 조사가 법리적인 부분만을 따져서는 안 된다고 생각했고 청문회에서도 '선박 도입 및 운영 과정의 문제점'의 심문을 맡을 만큼 침몰의 원인을 구조적 문제까지 거슬러 올라가 찾으려는 관점이 강했다.[107] 그러나 김진 위원 역시 조사관들이 작성하는 조사결과보고서와 전원위원회에서 의결하는 진상규명조사보고서와의 관계를 사경이 올리는 의견서와 검사가 쓰는 공소장으로 비유하거나 진상규명국장과 조사관들을 검사와 수사관으로 비유하는 경우가 많았다.[108] 새누리당에서 추천을 받았든, 새정치민주연합에서 추천을 받았든, 이런 유비는 공통적이었다.

구조적 원인 조사 방법 및 과정에 대해서 특조위 안에 고민이 아예 없었던 것은 아니었지만, 이는 안전사회소위원회 바깥으로 잘 확산되지 않았다. 안전사회소위원회는 2015년 9월 22일에 운용자에서 관리 시스템, 기업, 규제, 정부까지 사고의 원인을 점점 상위 조직으로 찾아 올라가는 '시스템 사고 이론'을 소개하는 강연을 열었는데, 진상규명소위원회 위원들은 물론 다른 소위원회 조사관들도 관심이 없었고 참여도 저조했다.[109] 2016년 5월 말, 즉 강제종료를 1달 반 정도 앞둔 시점에 사회 기술 시스템과 구조적 조건까지를 원인으로 다루려는 관점을 담은 유럽 안전 신뢰성 및 데이터 협회(ESReDA)의 「사고 안전성 조사를 위한 가이드라인」이 발췌

번역되어 조사관들에게 공유된 적도 있다. 이는 특조위가 공식적으로 진행한 것이 아니라, 안전사회소위원회 연구 과제를 수행하던 자문위원이 특조위 조사관들을 위해 번역해준 것으로, 안전사회과 소속 조사관을 통해 다른 조사관들에게 알음알음 전달되었다. 위 가이드라인 역시 시스템 사고 이론 강연과 유사하게 리즌, 라스문센 등의 시스템 이론을 기반으로 한 사고 조사 방식이 반영되어 있었다. 그러나 조사관들은 각자 여러 시행착오를 거쳐 이미 나름의 방식으로 조사를 진행한 뒤였고, 이미 몇몇 사건의 경우 조사결과보고서가 소위원회 등에 제출되고 있었다.[110] 이러한 자료를 통해 관점을 재확립하기에는 한참 늦은 시점이었다.

법적 처벌에 방점이 찍혀있기는 하지만 소극적으로든 적극적으로든 구조적 원인 조사에 대한 지향이 특조위 내에 없지는 않았다. 그러나 이러한 지향과 별개로 특조위는 구조적 원인 조사를 위해 어떤 방법과 계획을 가지고 접근해야 할지 연구나 토론을 진행하지 않았다. 지향과 실행 사이의 격차는 재난조사위원회의 역할을 수사기관의 역할과 유사한 것으로 여겼음을 보여준다. 조사위원회는 수사기관이 다룰 수 없는 영역을 담당하는 역할과 수사기관을 대신하는 역할 사이에서 후자로 기울었다.

3. 사법적 조사와 정책 연구로 나뉘다

가설 없는 조사가 낳은 것

조사 방향이 없었다는 것은 곧 특조위가 가설을 세우지 못했다는 것을 의미한다. 몇 가지 가설을 세우고 가능성을 제거해 가는 방식의 조사 지휘와 훈련을 받지 못한 조사관들은 각자의 판단에 따라 조사를 진행했다. 이는 2가지 효과를 가져왔다. 첫째, 조사의 목표를 결국 검찰 고발이나 감사원 감사 요청을 위한 것으로 축소했다. 둘째, 조사를 계속 의혹과 미세한 쟁점에 집중하게 했다.

조사 방향 없이 신청사건이 들어오는 대로 조사를 시작하는 방식은 일선에서 조사를 진행해야 하는 조사관들에게 큰 어려움이었다. 특조위 종료 후 조사관 24명이 작성한 서술형 평가서에는 조사가 본격적으로 시작되기 전 조사 방향을 설정해야 한다는 의견이 반복적으로 기록되어 있다.[111] 위원들과 조사관들은 서로 답답해했다. 위원들은 종종 검토보고서가 부실하다고 지적해야 했는데, 사건별로 조사관의 개인 역량에 크게 의존하고 있었기 때문이다. 어떤 검토보고서는 신청인의 여러 요청을 체계적으로 분리해서 정리한 반면, 어떤 검토보고서는 조사의 가능성 여부도 제대로 따져보지 않고 조사신청서의 내용을 그대로 가져오기도 했다. 예를 들어 이미 통신사에 기록이 없어 실제 조사가 불가능하다는 것이 확인됐는데도 통화 기록을 압수해달라는 조사신청서의 내용을 그대로 옮겨서 검토보고서를 작성해 소위원회 회의에 상정한 경우도 있었다.[112]

조사관들은 각자의 판단에 따라 본인에게 배당된 사건, 즉 조사 쟁점에 접근했다. 본인에게 배당된 사건 중 무엇을 우선할지도 대부분 조사관 개인에 의해 판단되었다.[113] 예를 들어 '청와대 등의 참사 대응 관련 업무 적정성 등에 관한 건 등'은 위원회에 큰 갈등을 일으킨 사건이었지만 조사 개시 이후 별다른 조사가 진행되지 않았다. 개별 조사관 수준에서 감당하기 어려운 조사 쟁점에 대해 과장이든 소위원장이든 책임자급의 지휘가 없었기 때문이었다. 조사관들은 각자의 가설을 세웠는데, 구조적 문제에 집중한 이도 세세한 기술적 내용에 집중한 이도 있었지만, 대부분은 잘못을 저지른 사람을 찾아내기 위한 조사를 진행했다.

「중간점검보고서」*에 실린 진상규명소위원회의 '진상규명 사건 조사 현황'에는 참사의 원인 규명 관련(조사1과), 구조 구난 작업과 정부 대응의 적정성 관련(조사2과), 언론 보도의 공정성·적정성과 피해자의 명예 훼손 실태 관련(조사3과) 조사 진행 상황이 간략하게 서술되어 있는데, 검찰 고발이나 감사원 감사 요청을 염두에 둔

• 세월호 특조위는 종합보고서를 내지 않은 대신, 위원장실 명의로 「중간점검보고서」를 제출했다. 「중간점검보고서」에는 위원회 활동 전반과 각 소위원회별 조사 사항이 짧게 기록되어있다.

조사를 진행했다는 점이 곳곳에서 눈에 띈다. 예를 들어 "2014년 3월 20일 인천항만청 과장과 해양수산부 연안해운과장은 인선회 선사들로부터 노래방에서 92만 원의 접대를 받고, 15만 원 상당의 점퍼를 각각 수령했으나 이 사실에 대한 감사 기록이 없어 부실 감사 의혹이 있"다는 내용은 특조위가 해운업계와 공무원 간의 유착 등 소위 구조적 원인 조사에 착수했다는 점을 의미한다.[114] 그러나 개인의 비리를 평면적으로 나열했을 뿐 일상적인 유착이 발생하는 원인을 짚지는 못했다는 점에서 이러한 중간 조사 결과는 특별법 제정 운동 당시 지적된 검찰 수사의 한계, '비리를 저지른 행위자만을 나열하고 비리가 발생한 원인은 규명하지 않은' 한계에서 전혀 벗어나지 못한 것이기도 했다.[115]

또 선내 대기 방송 경위는 진상규명소위원회의 보고서 초안 검토 회의에서 특정인에 대한 잘못을 위주로 주요 내용이 서술되었다고 지적받았는데도, 「중간점검보고서」에는 향후 조사 과제로 "지시한 선사 관련자 특정"과 "선사가 승객들의 선내 대기를 지시한 이유 확인 및 관계기관의 관련성 여부"를 언급하고 있다.[116] 조사 개시 의결부터 보고서 검토까지 계속된 위원들의 이견에도 불구하고 실제로는 대기 방송을 지시한 책임자를 찾아내 처벌하는 것이 조사의 목표였음을 확인해준 셈이다. 세월호가 침몰할 당시 유일하게 골든타임 내 구조 현장에 도착한 해경 123정과 관련해서도 "향후 123정 관련 사건의 추후 핵심 과제는 정말 의도적으로 선원을 최우선으로 구조를 했는가임"이라고 되어있어, 역시 법적 책임으로 쉽게 이어질 수 있는 의도의 유무가 쟁점이었음을 보여준다.[117]

'선내 대기 방송 경위'는 앞서 살펴본 대로 사건명을 정할 때부터 논란이 있었는데도, 끝까지 위증죄와 업무상과실치사상죄의 성립 여부에 초점이 맞춰졌다. 해당 사건의 진상규명보고서는 위원회 회의에서 통과되지 않았지만, 원안에 가까운 형태로 조사관들에게 샘플로 공유되었는데 해당 선원을 검찰에 고발한다는 권고를 담고 있다.[118] 조사 규칙에 따르면 조사 결과에는 재발 방지나 법령·제도·정책·관행의 시정, 안전사회 건설과 피해자 지원을 위한 조치 등이 포함될 수 있다고 명시되어 있었으나 이러한 권고들을 도출할 수 있도록 조사 방향이 잡히지는 않았다. 범죄 성립 여부로 조사의 방향을 한정해서는 안 된다는 주장에는 모두 고개를 끄덕였지만, 구조적 관점의 조사가 구체적으로 무엇인지는 위원들도 조사관들도 몰랐던 것이다. 전원위원회 회의에서 해당 사건의 조사 방향에 대해 문제제기한 두 위원은 안전사회소위원회 소속이었기 때문에 진상규명국 조사관들과는 소통의 기회조차 없었다. 진상규명소위원회 조사 내에 법적 책임과 연결되기 어려운 구조적 원인이 설 자리는 거의 없었다.

사법적 조사로 기울었다는 점을 상징적으로 보여주는 또 하나의 자료는 특검요청서이다. 앞서 여러 차례 강조했듯이 구조 관련 정부 책임자들이 대부분 기소조차 되지 않았기 때문에, 이를 특조위 조사로 바로잡아야 한다는 사회적 요청이 강했다. 1장에서 살펴보았듯이 특조위에는 수사권·기소권 대신 특검 요청권이 주어졌는데, 특조위는 이 권한을 활용하는 데 큰 의의를 두었다. 특조위는 동일한 내용의 특검요청서를 두 차례, 2016년 2월 19일에는 19대 국회에, 2016년 6월 30일에는 20대 국회에 제출했다. 특검요청서가 두 차례 제출된 이유는 회기 만료로 이전 특검요청서가 자동폐기되었기 때문이다. 특조위가 요청한 수사 대상자는 해양경찰청장, 서해지방해양경찰청장 등 해경 지휘부 및 구조 업무와 관련된 해양경찰 관계자들로, 특조위는 이들이 "관계 법령 및 매뉴얼에 따른 지휘·감독 의무를 가지고 있으나 본연의 임무 역할을 소홀히 하거나 해태하여 승선객의 사망 또는 상해라는 결과가 발생했으며, 업무상 과실치사상죄로 이미 처벌을 받은 김경일 123정장과 공동정범구조에 있다고 보았"다.[119]

특검요청서에서 법 위반 사항을 수사해달라고 요청하는 것은 당연하며 전혀 비판받을 일이 아니다. 그러나 2월의 특검 요청이 실질적인 조사 마무리로 보인다는 점은 짚어봐야 할 문제다. 2016년 6월 제출된 두 번째 특검요청서에 수록된 특조위 조사 내용 및 확보 자료 목록을 보면, 2월 특검 요청 이후로 추가된 진술조서가 없다.[120] 특조위 내에서 해경 지휘부에 대한 조사가 추가로 진행되지 않은 것이다. "진실을 규명한 이후에 그 팩트를 놓고 어떤 범죄에 해당될 수 있는지" 판단하는 것이 순서라는 이호중 위원의 말에 모두 공감했지만 그러한 종합적 조사는 이루어지지 않았다. 오히려 조사는 '특검 요청'이라는 목표만을 향했고, 특검 요청이 마무리되자마자 해경 지휘부에 관한 조사는 사실상 종료되었다.

이미 다 알려진 사실이지만, 본래 세월호 참사 현장에는 100톤급 소형 함정인 123정이 아니라 200톤급 이상인 중형 함정이 출동했어야 했다. 유일하게 골든타임 내 현장에 도착한 123정에 청와대에서 직접 연락해 끝없이 VIP 보고용 영상을 요청했던 것도 잘 알려져 있다. 목포서장, 서해청장, 해경청장까지 온갖 지휘부들이 TRS 교신을 통해 현장에 명령을 쏟아냈지만, 사람을 구하는 데 아무런 소용이 없었다는 점도 잘 알려져 있다. 해경 지휘부의 지휘는 123정의 적극적 구조 행위조차 이끌어내지 못했던 것이다. 이러한 사실들에서 시작하는 구조적 원인이라면, 왜 골든타임 내 도착할 수 있던 배가 123정밖에 없었는지, 왜 현장 인력은 적고 명령하는 자는 많았는지, 그 명령은 왜 현실에서 힘을 발휘하지 못했는지, 해경이라는 조직의 문제에 좀 더 초점을 맞춰야 했을 것이다.* 그러나 특조위의 조사 방향에서 이런 질문들은 전혀 제기되지 않았다.

핵심 조사 사항이 아니라 주변적인 의혹도 동등한 지위의 조사 과제가 되었다. 특조위는 의혹 사항에 대한 조사가 핵심은 아니라고 보았지만, 그렇다고 해서 신청사건에서 각하해서는 안 된다고 보았다. 진상규명소위원회 18차 회의에서 '참사 당시 미국 군사위성의 세월호 촬영 여부 조사'에 대해 한 조사관이 각하 의견으로 검토보고서를 제출한 에피소드가 이를 잘 보여준다. 해당 조사관은 '미국의 군사위성 자료는 대북 공동 방위 차원의 목적에 한하는 것이므로 영해에서 무단으로 촬영하는 일은 있기 어렵다.'는 것을 각하 사유로 제출했지만 위원들은 이를 받아들이지 않았다. 위원들은 '잘못된 사실에 전제해 신청된 것이기 때문에 각하한다는 규정은 법에 없다.' 혹은 '조사관의 검토 의견[미국 군사 위성이 영해에서 무단으로 촬영하지 않는다는 의견]도 그 자체가 조사해 확인할 내

• 이러한 질문들에 대한 답은 감사원 감사에서 어느 정도 드러났다. 당시 세월호 항로에는 200톤급 이상인 중형 함정이 배치되어 있어야 했지만, 사고 당일 중국 어선 불법 조업 특별 단속을 이유로 100톤급 소형 함정인 123정만 배치되어 있었다. 또 해경은 법적으로 정해진 안전 훈련조차 제대로 진행하지 않는 등, 인명 구조를 주요 임무로 삼고 있지 않았다.(감사원, 2014)

용이다.'라는 의견으로 재상정을 요청했다.[121] 해당 조사관은 근거가 별로 없는 의혹 사항에 대해서는 조사를 진행할 필요가 없다고 생각했을 것으로 보인다. 다른 중요한 조사 사항이 많은데 본인이 왜 미국 군사 위성의 세월호 촬영 여부 자체를 조사하기 위해 시간을 쏟아야 하는지 의아했을 수도 있다. 그는 위원회가 가설을 좁히는 쪽으로 판단해달라고 요청한 셈이었다. 그러나 특조위는 '잘못된 사실에 전제해 신청된 것도 각하할 수 없다.'는 입장을 취함으로써 위원들 자신도 합리적이라고 보지 않는 의혹 사항들까지 조사해야 하는 상황을 만들었다.

조사 신청 마감을 앞두고 여러 의혹 사항에 대한 신청사건이 다수 접수되었다. 예를 들어 '참사 당일 세월호가 맹골수도를 진입한 후 앵커를 내리고 운항했는지에 관한 조사의 건', '해군 레이더 항적을 통한 고의 침몰 여부 조사' 등 소위 고의 침몰설, 혹은 이외에도 침몰과 구조 과정에서 어떤 의도가 개입한 것이 아닌지를 염두에 둔 사건들이었다.[122] 진상규명소위원회 위원들 중 몇몇은 우려를 표명하기도 했다. 예를 들어 '선원·선사와 일반 생존자들의 사전·사후 접촉 여부에 관한 조사' 건이 상정되자 김서중 위원은 음모론적인 가설로 일반 생존자들을 조사의 대상으로 삼는 것이 맞는지 의문을 제기했고, 김진 위원은 고의침몰이 명시적으로 언급되어 있는지를 재차 확인했다.[123] 그러나 '각하 사유가 아닐 경우 조사에 착수한다.'는 원칙이 있었기 때문에 이러한 의혹 사항들도 각각 독립적인 사건으로 조사 개시가 의결되었다.

이처럼 가설의 부재는 의혹이 사라질 수 없는 구조를 만들었다. 핵심 원인을 지목하려면 인과 관계가 확정되어야 하고, 이는 서사의 형태를 띨 수밖에 없다. 또 의문점이 있지만 사고 원인과 크게 관련 없는 경우에는 배제되거나 소략하게 언급될 수 있다. 그러나 특조위, 특히 진상규명소위원회는 몇 가지 가설을 세우고 좁혀가는 것이 아니라 오히려 이전에는 부각되지 않았던 의혹 사항을 추가로 발견한 것을 성과로 내세우는 경향이 있었다. 예를 들어 중간 점검보고서에는 2차 청문회 당시 "화물 적재 과정에서 기관실 쪽에 연기가 나고 타는 냄새가 났다는 우련통운 직원의 진술 공개"가 주요 조사 성과로 기록되어 있다.[124] 아무런 앞뒤 설명 없이 증언만을 부각시켜 의혹 사항을 추가한 것인데, 내부 폭발설은 참사 직후 일각에서 제기된 적이 있긴 하지만 침몰 당시의 세월호 상태상 배제된 가설이었다.[125] 게다가 배가 인양되지 않은 상태에서 기관실을 직접 보지도 않은 하역 담당자의 진술로 기관실의 상태를 사실로 확정할 수도 없는데도 이를 부각한 것이다. 이미 드러난 사실을 통해 가능한 가설을 세우고 이를 배제하는 방식이 아니라 언론과 인터넷상의 의혹 제기에 휘둘림으로써 특조위는 스스로도 크게 원하지 않은 '의혹 사항 조사'에 권위를 부여한 셈이 되었다.

'모든 의혹을 한 점 남김없이 규명한다.'는 건 상징적인 구호가 될 수는 있겠지만 실제로는 불가능하다. 원인에 근접은 하지만 결코 그것에 도달할 수 없다는 것, 여러 객관적 자료에도 궁극적으로 원인이 '추정'으로 남는 점 등은 사고조사에 수반되는 근본적 한계이다.[126] 스스로 의도한 것은 아니었지만, 결과적으로 재난조사의 이러한 태생적 한계를 부정함으로써 특조위는 선조위와 사참위 앞에 종결 불가능한 조사 과정의 길을 열어주었다.

구조적 원인 조사의 실종

　사회 구조적 접근의 약화는 진상규명소위원회와 안전사회소위원회 분리에서 기인한 바도 크다. 특별법 제정기에 세월호 특조위 안에 진상규명소위원회, 안전사회소위원회, 피해자지원소위원회의 세 개 소위원회를 두도록 한 것은 긍정적인 평가를 받았다. 진상규명만이 아니라 피해자 지원을 포함한 재해·재난의 예방과 사후 대책 마련까지를 과제로 삼았다는 이유 때문이다.[127] 특히 안전사회소위원회는 '4·16 세월호 참사의 원인을 제공한 법령, 제도, 정책, 관행 등에 대한 개혁 및 대책 수립'과 세월호 참사에 한정되지 않는 '안전사회 건설과 확립'이라는 업무도 담당했기 때문에 세월호 참사의 구조적 원인은 물론, 세월호 참사가 제기한 한국 사회의 구조적 문제를 다루는 상징적인 부서였다.[128]

　그러나 실제 운영 과정에서 세월호 참사의 구조적 원인에 관한 조사는 설 곳을 잃게 된다. 시행령 제정 과정을 거치면서 안전사회국이 안전사회과로 축소되어 직원 규모가 크게 줄어든 영향도 있다. 그러나 구조적 원인 조사의 축소는 법령에서 정해진 진상규명소위원회와 안전사회소위원회의 업무 구분에서부터 어느 정도는 예견된 결과였다. 그리고 특조위 내에서 두 소위원회가 전혀 다른 방식의 업무 진행 방식을 택하면서 본격적으로 문제가 발생했다.

　앞서 설명했듯이 특조위 내 각 소위원회는 특별법에서 정한 목표를 나눠 맡고 있었다. 세월호 특조위 내부에서 이는 대략 '진상규명소위원회는 직접적 원인을 담당하고, 안전사회소위원회는 간접적 원인을 담당한다.'는 식으로 이해되고 있었다. 그런데 이러한 업무 분담은 바로 곤란에 부딪혔다. 재난 분석의 여러 접근법이 있지만, 이들은 공통적으로 직접적인 원인에서 간접적인 원인으로 한 수준씩 거슬러 올라가는 접근법을 취한다.[129] 예를 들어 운용자 개인의 행동 → 작업장의 국부적 요인 → 안전 문화, 관행과 같은 조직 요인 순으로 원인을 찾아가는 것이다.([그림 3] 참조) 그런데 부서를 나눔으로써 이 흐름이 끊겼기 때문에 먼저 어디까지를 직접적 원인과 간접적 원인으로 나눠 각 부서에 업무를 배분할 것인가라는 문제가 발생한다. 나름의 기준을 정해 부서별 업무 배분을 하더라도 종합적인 설명을 위해서는 이를 언젠가는 하나의 흐름으로 연결해야 하는데, 각 수준의 조사 담당자들이 함께 작업하지 않으면 이는 불가능하다. 예를 들어 '가만히 있으라'는 선내 대기 방송을 진행한 선원에 대한 조사를 하는 담당자와 청해진해운이라는 조직 수준의 조사를 하는 담당자가 따로 있을 때, 각각이 세운 가설이 다를 경우 어떻게 할 것인가? 실제 조사는 방송을 명령한 사람을 찾기 위한 것에 맞춰졌지만, 구조적 요인까지 거슬러 올라간다면 갑판부, 기관부, 여객부가 업무상 분리되어 평상시에도 긴밀한 소통이 이뤄지기 어려웠다는 것, 여객부의 경우 대부분 선박에 대한 기초 지식이 없는 경우가 많다는 것에 더 주목했을 수 있다.

물론 특조위 조사에서 직접적 원인과 간접적 원인 조사 사이의 서로 다른 가설이 직접 부딪히는 일은 발생하지 않았다. 이는 진상규명국과 안전사회과의 업무 분담과 협력이 잘 이뤄졌기 때문이 아니라, 조사가 크게 진척되지 않았기 때문이다. 또 신청사건 중심으로 조사 과제를 설정한 결과, 진상규명국에 비해 안전사회과에

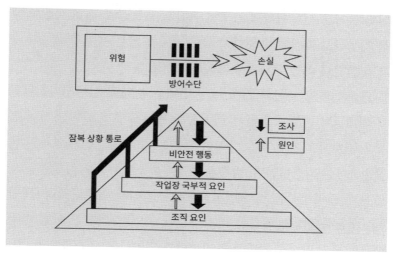

[그림 3] 조직 사고의 발전과 조사 단계 (출처: 리즌, 『인재는 이제 그만』, 2014, 21쪽)

배당된 조사 사건이 매우 적어 조사 쟁점이 겹치는 일 자체가 적었기 때문이기도 하다.[130]

진상규명국과 안전사회과의 조사 가설이 부딪히지 않은 더 핵심적인 이유는 진상규명소위원회와 안전사회소위원회가 전혀 다른 업무 방식을 택했기 때문이다. 진상규명소위원회는 피해자들이 신청한 200여 건의 신청사건을 조사하는 데 매진한 반면, 안전사회소위원회는 자문·전문위원들을 운용해 안전사회 종합 대책을 마련하는 데 집중했다.[131] 진상규명소위원회는 조사를, 안전사회소위원회는 연구를 담당한 셈이었다. 법령의 업무 분담에서부터 구조적 원인 분석에 대한 책임이 없었으며, 사법적 관점이 특히 강했던 진상규명소위원회는 조사 과제에서 한 단계 상위 수준까지 분석해야 한다는 생각 자체를 하지 못했다. 반대로 안전사회소위원회는 자문·전문위원의 보고서 작업을 통한 종합 대책 마련이 핵심 업무라고 생각하며 종합 대책의 기초가 되는 세월호 참사의 구조적 원인에 대한 조사에 소극적으로 임했다.[132]

구조적 원인 조사와 정책 연구의 비중에 대해 안전사회소위원회 내에서도 이견이 있었다. 이호중 위원이 구조적 원인 조사의 필요성을 계속 강조했다면, 류희인 위원은 정책 대안을 마련하는 데 집중하자는 의견이었다. 박종운 안전사회소위원장도 직원들을 조사 업무에 배정하는 것이 현실적으로 무리라는 의견이었다.[133] 안전사회소위원회에 배당된 신청사건이 적었던 점도 조사를 핵심 과제로 삼지 않아도 된다는 알리바이가 되었다.

이호중 위원: 우리는 연구기관이 아니에요. 조사기관입니다. 그리고 그 조사는 세월호 참사의 원인에 대한 조사와 항상 연결이 돼있는 거예요. [……] 직접적인 참사의 원인은 진상소위원회에서 한다 하더라도 우리는 구조적인 원인에 대한 조사 이런 거를 지금 하기로 돼있는 거 아닙니까? [……] 그런데 조사 파트가 없어요, 지금 보면요. [……] 저는 오히려 조사 파트의 비중이 더 커야 한다고 생각해요. [……] 그냥 해외 사례 연구하고 학자들이 논문 쓰듯이 연구해 가지고 개선 대책이 나오는 게 아니라는 말이에요.[134]

류희인 위원: 사고 당시의 상황, 구조적 문제를 조사하는 게 맞는지는 잘 모르겠네요. 왜냐하면 사실 우리 안전소위에서는 방안을 제출, 제시를 하는 거 아니에요, 궁극적인 게?[135]

안전사회소위원회의 종합 계획 작업을 함께한 자문·전문위원들 중에는 세월호 특별법 제정기에 국민대책회의 안전대책팀에서 활동해온 활동가나 다른 대항 전문가들도 적지 않았다. 이들은 구조적 원인 조사에 대한 문제의식이 있었으며 조사관들에게 조사 방향에 대한 자문을 해주기도 했다. 그러나 조사 권한이 없는 활동가나 대항 전문가가 직접 조사에 나설 수는 없었다. 다만 안전사회과 조사관 중 몇몇이 구조적 원인 조사에 대한 의지가 있어 안전사회소위원회 업무 전체가 정책 대안 마련을 위한 종합대책보고서 작업에 집중된 와중에도 신청사건에 대한 조사를 진행했다.[136] 그 결과 규제 완화 등 일부 조사 내용이 전문·자문위원들의 보고서에 포함되기도 했다.[137] 그러나 전문·자문위원들과 조사관들의 협업으로 애써 마련한 「안전사회 실현과제 보고서」 초안은 특조위 강제 종료로 국가에 이행을 강제할 수 없었고, 사회적으로도 거의 반향을 얻지 못했다.[138]

사법적 원인 규명과 구조적 원인 규명을 동시에 추구한다며 각각의 과제를 담당하는 부서를 분리한 방식은 최소한 특조위에서는 실패했다. 직접적 충돌은 없었지만 조사 내용을 서로 비교했을 때 진상규명소위원회와 안전사회소위원회의 가설이나 재난을 바라보는 관점은 완전히 달랐다. 구조 실패와 관련해 진상규명소위원회가 123정이 의도적으로 선원을 먼저 구했는지가 중요한 쟁점이라고 본 반면, 안전사회소위원회는 해상사고에 대한 정부의 구조 역량이 갖춰져 있었는지가 중요한 쟁점이라고 보았다. 또 안전사회소위원회의 규제 완화에 대한 조사는 세월호 참사를 '느린 재난'으로 파악하는 관점에서 이뤄질 수 있었던 반면, 진상규명소위원회의 선사 지시로 승객을 선내에 대기시켰을 것이라는 가설은 일부러 승객들을 구조하지 않았다는, '의도'를 찾으려는 관점에 가까웠다.[139]

이러한 분리에 대한 내부 평가는 나뉜다. '초기에 함께 조사하고 후반에 대책을 함께 토론하는 것이 맞았을 것 같다.'며 부서 분리의 문제점을 제기한 조사관이 있었던 반면, '진상규명에는 조사·수사 경력자들을 100프로 배치하고 안전사회나 피해자 지원에는 연구원들, 현장 경험자들, 관련 전문가들 위주로 배치하는 것이 효과적일 것'이라며 앞으로 더 확실하게 분리하자는 의견도 있었다.[140] 특조위는 활동 기한 내내 구조적 원인 규명을 시도하지 못했고, 시도하지 않았다. 그리고 그에 대한 평가도 엇갈린 채로 종결하게 되었다. 진상규명과 안전사회 업무의 분리에 대해 제대로 평가하지 못한 결과, 이러한 업무 분리는 사회적참사특별조사위원회에도 그대로 이어졌다.

- 물론 진상규명소위원회의 모든 사건이 의도를 찾거나 처벌을 위해서만 조사되지는 않았다. 진상규명소위원회에 배당된 사건 중 유일하게 의결된 '참사 당시 세월호에 실린 화물량 및 무게' 조사는 이것이 세월호 참사 당시 복원성을 재계산할 기초 자료라는 점을 명시하고 있다는 점에서 해당 사건과 연결된 과제를 명확히 인지하고 있다.(특조위, 2016g)

4. 특조위가 선택하지 않은 것들

"방해받아서 아무것도 못 하고 끝났잖아요." 세월호 특조위에 대한 평가는 이 한 줄로 요약된다. 성과를 남기지 못했지만, 외부적인 조건 때문에 어쩔 수 없었다는 평가다. 사실 특조위가 '아무것도' 못 하지는 않았다. 진상규명국에서 의결된 「화물량 조사보고서」는 이후 선조위의 조사에도 중요한 참고 자료가 되었다. 안전사회소위원회는 「안전사회 실현과제 보고서(초안)」을 발표했으며, 피해자지원소위원회는 희생자 가족과 생존자 등 피해자들에 대한 실태 조사를 진행하고, 신청사건 1건과 직권사건 2건을 의결했다. 1~3차 청문회 자료집의 몇몇 주제는 세월호 참사의 사실 관계를 확인하는 데 있어서 여전히 중요한 자료이다.

그럼에도 세월호 참사에 대한 종합적 조사 결과를 도출하지 못했다는 점에서 '아무것도 못 했다.'는 평가가 틀린 것은 아니다. 다만 '방해받아서'라는 평가를 평면적으로 받아들이면 위험하다. 정부의 방해가 없었다면 세월호 참사 조사는 별다른 문제없이 합의된 결과를 도출할 수 있었으리라는 단순한 결론에 이르기 때문이다. 하지만 앞서 살펴본 해외 재난조사위원회 사례와 앞으로 살펴볼 선체조사위원회의 사례에서도 알 수 있듯이, 상대적으로 좋은 조건하에서도 재난조사는 쉬운 것이 아니다.

특조위 시기 정부의 방해는 직접적인 억압에 의해서보다 위원회가 책임 있는 선택을 회피하도록 한 데서 효과를 발휘했다. 세월호 특조위가 갈등을 피하기 위해 스스로 조사 과제를 설정하기보다 피해자들의 신청을 받아 조사 방향을 마련하겠다는 선택을 했을 때, 이미 특조위는 실패를 향한 길을 열었다. 그러나 그때 모든 가능성의 문이 닫혔다고 하긴 어려운데, 이후에도 특조위에는 여러 선택의 갈래가 있었기 때문이다. 갈등을 피하기 위한 전략이 신청사건 위주의 조사였다면, 최소한 2015년 11월, 새누리당 추천 위원들이 위원회 불참을 선언한 직후에 조사 방향 전체에 대한 논의를 시작할 수 있었을 것이다. 강제 종료까지 6~7개월 내에 조사를 완료하기는 쉽지 않았겠지만, 신청사건 중 우선 밝혀야 할 내용이 무엇인지 정리하고 이에 따라 자원을 다시 배치했다면 조사 성과는 지금보다 나았을 것이다.

2016년 6월 30일, 강제 종료일에 진행한 조사관 워크숍과 같은 자리가 더 자주 마련되었어도 좋았을 것이다. 이날 조사관 전체가 모여 각자가 담당한 신청사건의 중간 조사 결과를 공유하고 서로 궁금한 것을 묻거나 의견을 나누는 자리가 있었다. 부서별 장벽 때문에 서로 무엇을 조사하고 있는지도 잘 몰랐던 조사관들이, 각자 흩어져 있던 사건들이 특조위의 조사 기한이 끝날 때가 되어서야 처음으로 모였다. 시간순이든 조사 대상이든 쟁점을 나눠 이러한 워크숍을 정기적으로 여는 게 그렇게 어려운 일이었을까? 협업을 위한 기획 없이, 팀장, 과장, 소위원장으로 올라가는 보고용 문서

작성에 힘을 쏟은 건 세월호 참사 당시의 정부 부처뿐만이 아니라 특조위도 마찬가지였다.

물론 특조위가 책임지고 조사 계획을 마련하고, 부서별 장벽을 넘은 협업이 가능했더라도 사법적 조사로 초점이 쏠리는 것을 막기는 쉽지 않았을 것이다. 세월호 특조위가 태초에 이중적 요구, 사법적 조사와 구조적 조사의 두 과제의 수행을 요청받았고 전자를 중시하는 분위기가 있었기 때문이다. 위원 구성의 법률가 편향도 주요한 제약 조건이었다. 앞서 살펴본 것처럼 이런 구성은 위원회의 여러 규정과 운영 방안에서 계속 사법적 방식을 따라가게끔 했다. 그러나 법률가 중에도 구조적 조사를 중시한 위원들이 분명 있었고, 안전사회소위원회의 조사 초점도 '누가 잘못했는가'보다 '어떻게 이런 일이 발생했는가'에 초점이 맞춰져 있었다. 말로만 수없이 되뇌던 '구조적 원인 규명'이 어떻게 가능할지를 차분히 논의할 시간이 있었다면, 사법적 조사로 과도하게 기울어진 초점도 어느 정도 교정되었을 것이다.

그러나 현실은 그렇게 흘러가지 않았다. 조사 방향 설정의 책임을 피해자들에게 떠넘기면서 특조위는 가설 없는 조사를 진행하게 되었는데, 이는 사법적 관점을 더 강화하고 의혹을 부각하는 결과를 낳았다. 각자 신청사건을 배당받은 조사관들은 대부분 가장 익숙한 방식인 사법적 조사를 택했다. 너무 많은 신청사건, 충분한 시간이 없다는 조급함도 조사 방향을 차분히 설정하지 못하게 한 원인 중 하나였다. 조사 규칙, 청문회, 특검 요청 등 위원회 스스로가 설정한 규칙과 활동 방향도 이러한 경향을 촉진했다. 조사의 큰 줄기가 없는 상황에서는 마치 추가로 의혹 사항을 발견한 것이 조사 성과인 것처럼 여겨지기도 했는데, 이는 결과적으로는 '의혹 사항 조사'에 권위를 부여하게 된다. 이러한 의혹 사항 중 일부는 사참위에서 주요 조사 사항이 되었는데, 이것이 과연 적절한 조사 방향이었는지는 이후에 다시 평가해보아야 할 것이다.

또 특별법 제정기에는 긍정적으로 평가받았던 안전사회소위원회 독립은 기대와 반대되는 효과를 낳았다. 안전사회소위원회의 독립으로 진상규명소위원회는 구조적 원인 규명을 자기 과제로 삼을 필요가 없었고, 안전사회소위원회는 조사보다 정책 연구에 집중하면서 세월호 참사의 구조적 조사 과제를 포기했다. 세월호 참사의 직접적 원인과 사회 구조적 문제를 연결하는 중범위 수준의 분석이 실종되면서, 세월호 참사를 구조적으로 바라보는 관점은 더 약해지게 되었다.

구조적 조사라는 것이 애초에 쉽지 않았고, 짧은 조사 기간 동안 사법적 조사라도 제대로 하는 것이 맞지 않았겠냐고 생각하는 이도 있을 것이다. 그러나 법적 처벌을 중심 목표로 한 조사는 '진실'의 최종 판단을 사법부에 맡길 수밖에 없는 곤란으로 귀결된다. 특조위가 상당수의 법령을 모방한 과거사위원회의 평가에서도 이미 이런 딜레마가 지적된 바 있다. 진화위에서는 진상규명이 이뤄진 후 유족들이 사법 절차에 호소하는 사례가 증가했는데,[141] 이에 대해 한 상임위원은 "법원이 주역이고 진실위(진화위)가 그림자처럼 뒤이어 어른거리는 꼴이다. 법원의 결정은 공식적인 최종 결정이고, 진실위(진화위)는 그저 법원더러 '잘 판단해주십사' 권고하는 민간 조직처럼 보"인다고 기록하기도 했다.[142] 사회 구조적 원인 규명을 통한 새로운 시스템 마련의 지향이 있었던들 전반적인 조사 방향이 사법부에서의 판단을 향해 간다면 결국 세월호 참사의 진실도 사법부에 좌우될 수밖에 없다. 이는 수사권·기소권의 보유로 해결될 수도 없는 문제다. 조사위원회가 직접 기소한다고 해도 결국은 법원이 최종 판결을 할 것이기 때문이다.

강제 종료는 이러한 평가를 제대로 진행할 수 없게 했다. 만약 사법적 조사만 진행한 결과, 공식적인 조사 결과의 권고 상당수가 검찰, 감사원, 법원에 판단을 넘기는 방식으로 제출되고 구조적 원인 규명은 거의 이뤄지지 않았다면, 특별법 제정 운동기에 검찰이 받았던 비판적인 평가를 특조위도 받았을 것이다. 그러나 강제 종료는 특조위 자신의 무책임한 선택과 역량 부족에 대한 일종의 면죄부가 되었다. 강제 종료는 사법적 조사의 한계, 구조적 조사의 어려움과 같은 중요한 문제들을 논의할 기회를 없애버렸다. 특조위에 대해 제대로 평가할 기회를 빼앗김으로써, 이후의 세월호참사 조사위원회들도 특조위와 같은 곤란을 겪게 된다.

4장
2016~2017년 탄핵 정국과
선체조사위원회의 출범

2016년 12월 3일, 6차 촛불집회 무대에 세월호 참사 미수습자 가족이 섰다.[1] 선체 수색이 중단된 2014년 11월 이후, 세월호가 인양되지 못하면 딸의 시신조차 찾을 수 없다는 생각에 2년 넘게 외로운 싸움을 해온 어머니였다. 박근혜 대통령의 지지율이 여전히 굳건했던 2016년 3월 말, 그는 세월호 특조위 2차 청문회에서도 세월호 인양을 호소했다.[2] 그 발언은 청문회장을 눈물바다로 만들었지만, 특조위 강제 종료는 그의 메시지가 청문회장을 넘어서 우리 사회 곳곳으로까지 퍼져나가지는 못했다는 것을 보여주었다.

　9월 30일로 특조위 사무실에서 쫓겨나 조사관 신분을 잃었던 나는, 12월 3일 집회에서 당시 회원이었던 한 사회운동 단체의 유인물을 들고 광화문광장과 시청광장 사이에 서있었다. 9개월 전에는 가닿지 않던 미수습자 가족의 메시지가 그날은 200만 명이 넘는 집회 참석자들의 마음을 울리고, 언론을 통해 널리 퍼졌다. 추운 겨울 아스팔트에 앉아 펑펑 눈물을 흘리는 한 중년 여성을 보며, 엇갈린 타이밍에 대해 생각했던 기억이 난다. '2달 전 광화문에서 특조위 위원과 조사관들이 단식 농성을 했을 때, 사람들이 미수습자 가족의 말에 귀 기울여줬다면 상황이 달라졌을까.' 이제라도 가닿아 다행이라기보다 '왜 이제야?' 하고 원망스러운 생각이 들었던 걸 떠올리면, 그때의 나는 분노에 잡아먹힌 상태가 아니었던가 생각한다. 물리적·시간적 거리두기가 된 지금, 2016~2017년 촛불집회와 세월호 참사의 재소환에 대한 평가는 더 복잡하다. 촛불집회가 있었기 때문에 다행이라거나, 반대로 촛불집회가 세월호 참사를 소환한 방식이 잘못되었다고 단순히 말할 수 없다. 촛불집회가 세월호 참사 조사에 미친 효과는 양가적이었다. 이 장에서는 선체조사위원회(선조위)의 출범과 활동, 이후의 원인 논쟁에 영향을 미친 담론 지형이 촛불집회를 통해 어떻게 변했는지를 살펴보려고 한다.

1. 촛불집회와 세월호 참사의 재소환

활동 기한 논란을 겪던 세월호 특조위는 2016년 9월 30일 강제 종료되었다. 특별법 발효일인 2015년 1월 1일부터 활동 기한을 계산하면 1년 6개월의 활동 기한과 3개월의 보고서 작성 기한이 모두 끝났다는 것이 이유였다. 이러한 강제 종료는 이후 조사관들의 보수 지급 소송을 통해 법원으로부터 부당했음을 인정받았지만 그것은 나중 일이었다.[3] 2016년 9월 사무실 집기를 처분하며 정리 수순을 밟는 상황에서 계속 조사를 이어가기는 어려웠다. 특조위가 이렇게 극적으로 종결됨으로써 피해자 가족들을 포함해 세월호 진상규명을 요구하던 이들은 국가에 대한 불신과 분노가 더 커졌다.

세월호 특조위의 활동 종료 1달도 채 되지 않은 2016년 10월 24일, 《JTBC》의 보도를 통해 아무런 공적 지위가 없던 최순실이 국정에 개입했다는 사실이 드러났다. 10월 29일 박근혜 대통령 하야를 요구하는 첫 촛불집회가 시작되었다. 매주 주말마다 촛불집회에 참여하는 사람들은 늘어났고, 2016년 12월 9일 국회의 탄핵 소추안 가결, 2017년 3월 10일 헌법재판소의 탄핵 인용으로 박근혜 대통령은 파면된다. 참고로 세월호 미수습자 가족이 본 무대에서 발언한 12월 3일 집회는, 2017년 4월 29일까지 계속된 총 23차례의 촛불집회 중 참석 인원이 가장 많았다.[4]

박근혜 퇴진 촛불집회는 세월호 진상규명 운동의 담론 지형을 크게 변화시켰다. 먼저 촛불집회는 시민들에게 세월호 참사의 기억을 소환했다. 촛불집회의 핵심 구호는 '이게 나라냐!'였는데, 이는 세월호 참사 당시 국가 부재의 기억과 강하게 공명했다. 박근혜정권퇴진국민행동 백서는 박근혜 대통령 당선부터 촛불집회의 시작까지 주요한 사건으로 국정원 댓글 조작, 세월호 참사, 백남기 농민 사망을 꼽고 있다. 이는 대통령 선거에 대한 부당 개입이나 공권력의 폭력과 더불어 승객 구조에 실패한 세월호 참사 역시 박근혜 정부의 정당성에 강한 의문을 제기한 사건이었다는 점을 보여준다.[5] 세월호 참사에 대한 관심이 부상하면서 박근혜 대통령의 '7시간'의 부재가 다시 주목받았으며, 2017년 1월 7일 7차 촛불집회는 세월호 참사 1000일을 추모하고 세월호의 조기 인양을 촉구하는 내용으로 진행되기도 했다.[6] 세월호 참사 유가족들도 노란 옷을 입고 촛불집회에 항상 참여하며 박근혜 퇴진의 목소리를 높였다.

촛불집회 과정에서 세월호 진상규명 활동에 관한 관심과 지지도 높아졌다. 단적으로 세월호 진상규명 운동의 공식 연대체인 4·16연대에 대한 후원이 급증했다. 4·16연대의 2016~2017년 결산 내역을 보면, 2016년 10월 7000여 만 원이었던 수입이 촛불집회 한가운데였던 12월에는 2억 7000여 만 원으로 급증했으며, 2017년 2월 감사보고서에 따르면 회원 수가 전년 대비 2배 이상 증가했다.[7]

수면 아래 내려가 있던 세월호 참사에 관한 다양한 의혹도 다시 부상했다. 2016년 12월 촛불집회가 한창인 가운데 유튜브에 공개된 「세월X」라는 다큐멘터리는 상당한 주목을 받았는데, 이로 인해 잠수함 충돌설이 다시 환기된다.[8] 1장에서 살펴본 것처럼 세월호 참사에 대한 여러 의혹은 참사 직후부터 등장했고, 몇몇 의혹에 대해서는 진보 언론까지 나서서 팩트 확인을 진행한 바 있다.[9] 《한겨레》의 2014년 5월 기사는 침몰 원인에 대한 여러 의혹을 다루면서 해당 해역에 암초가 없다는 지역 주민들의 증언, 사고 해역이 수심이 얕아 잠수함이 활동할 수 없다는 정보를 제공하고 있다. 그러나 국정농단 사태를 계기로 이전에 루머로 취급받았던 의혹 중 일부가 사실과 가까웠다는 것이 확인되면서 분위기가 반전되기 시작했다. 예를 들어 2014년 4월 16일 7시간의 부재 동안 미용 시술을 받지 않았냐는 의혹이 있었는데, 4월 16일 당일은 아니었지만 평소에 청와대에서 미용 시술을 받아왔고, 이미 세월호 침몰 상황을 파악하고 있었다고 해명했던 오후 시간에 머리 세팅을 위해 미용사들이 출입했다는 점이 드러났던 것이다. 온갖 의혹에 불이 붙으면서, 세월호 참사 당일 '대통령의 7시간'뿐 아니라 고의 침몰이나 잠수함 충돌설 같은 외력설도 다시 떠오르기 시작한다.

피해자 가족들은 모든 의혹을 조사하기를 원했다. 2017년 3월 23일, 세월호 인양 국회 토론회의 피해자 가족 대표의 발제문 1장의 제목은 '침몰 원인 틀을 깨자!'로, 과적, 고박 불량, 조타 미숙이라는 참사 당시 정부가 밝힌 침몰 원인을 깰 필요가 있다고 제안하고 있다. 일단 재판부에서 기계 결함 가능성을 배제하지 않은 만큼, '솔레노이드 밸브(전기 신호를 받아 타를 움직이게끔 유압을 주는 밸브)' 고장 가능성과 프로펠러 오작동 가능성 등 재판부가 그 가능성으로 언급한 부분을 인양을 통해 조사해야 한다는 것이었다. 또 어떤 가설도 음모론으로 취급되어 배제되는 것을 원치 않으며, 세월호 침몰에 관한 모든 정보와 자료를 모아 정밀 검토하고 의문점들을 재정리하는 것이 필요한 시점이라고 강조했다.[10]

한편 세월호 참사의 국가 책임 문제도 계속 주요하게 남아있었다. 박근혜 대통령이 탄핵되었지만 피해자들의 입장에서 국가에 책임을 제대로 물었다고 생각되지는 않았다. 2017년 3월 10일 헌법재판소가 박근혜 대통령 탄핵 결정문에서 세월호 참사와 관련한 청와대의 의무 위반은 탄핵 사유가 되지 않는다고 판결함으로써 피해자 가족들의 박탈감은 더 커졌다.

> 피청구인은 행정부의 수반으로서 국가가 국민의 생명과 신체의 안전 보호 의무를 충실하게 이행할 수 있도록 권한을 행사하고 직책을 수행하여야 하는 의무를 부담한다. 하지만 국민의 생명이 위협받는 재난 상황이 발생하였다고 하여 피청구인이 직접 구조 활동에 참여하여야 하는 등 구체적이고 특정한 행위 의무까지 바로 발생한다고 보기는 어렵다. [……] 대통령의 '직책을 성실히 수행할 의무'는 헌법적 의무에 해당하지만, '헌법을 수호해야 할 의무'와는 달리 규범적으로 그 이행이 관철될 수 있는 성격의 의무가 아니므로 원칙적으로 사법적 판단의 대상이 되기는 어렵다.[11]

'대통령의 성실한 직책 수행 의무는 단순히 도의적·정치적 의무에 불과한 것이 아니라 법적 의무'이며 따라서 '그 불이행은 사법

심사의 대상이 된다.'는 김이수·이진성 재판관의 보충 의견이 있었지만, 결론적으로 사법부의 최고기관은 대통령의 사법적 책임을 인정하지 않았다.[12] 헌법재판소의 위와 같은 논리는 "특정한 행위 의무"가 발생하지 않는 상위 책임자에게 법적 책임을 묻기 어렵다는 현행법상 한계를 다시 확인해주었다.

헌법재판소의 결정은 피해자 가족들에게 '세월호만 [유죄 인정이] 안 된다.'는 뜻으로 받아들여졌다.[13] 4·16연대는 헌법재판소의 선고 당일 바로 입장을 발표하고, "박근혜의 세월호 참사 당일의 직무 유기를 탄핵 사유로 인용하지 않은 것은 상식 밖의 일로 매우 유감"이며, "박근혜의 권한 남용이 특조위 조사도 특검 수사도 헌재 탄핵 심판도 모면하는 데 통"했으며 "법치의 관점에서는 매우 치명적인 선례"라 논평했다.[14] 이처럼 박근혜 대통령의 책임은 피해자 가족과 세월호 진상규명 운동에 있어서는 끝끝내 물어지지 않은 셈이었다. 인격화된 국가 이해 속에서, 박근혜 대통령의 책임과 국가 책임은 동일시되어 있었다. 결국 세월호 진상규명을 통해 국가 책임을 묻는 일은 더 절실하게 완수해야 하는 과제가 되었다.

2. 진상규명 운동의 재난 인식론은 어떻게 바뀌었나

의혹을 부각하는 전략

선조위 출범 당시 4·16연대의 재난 인식론은 국민대책회의의 재난 인식론과는 크게 달라져 있었다. 1장에서 2015년 4월 4·16연대 출범 당시 국가 책임을 인격화된 방식으로 묻고자 하는 경향이 강화되고 안전사회운동의 반향이 실패했으며, 사법적 관점이 구조적 관점보다 우위에 서게 되었다고 언급했었다. 그 뒤에 4·16연대가 어떤 방식으로 활동을 이어왔는지 시간을 다시 조금만 거슬러 올라가보자.

4·16연대는 출범과 동시에 세월호 참사에 대한 피로도를 호소하는 담론 지형 속에서 운동의 반등을 꾀해야 했다. 2016년 3월 문화인류학자 김현경이 세월호 참사 2주기를 앞두고 《한겨레》에 기고한 「세월호와 동정피로」라는 칼럼은 한국 사회의 '세월호 피로증'을 다뤘는데, 이 표현은 2016년 10월 촛불집회를 거치며 세월호 참사 진상규명 운동이 다시 반향을 일으키기 전까지 약 1년 반 동안 대중적 인식의 지형을 가장 잘 보여준다. 위 칼럼에 따르면 '동

정피로'란 "고통스러운 현실이 지속되면서 고통받는 자들에 대한 동정심이 약화되는" 현상이다. 사태는 변하지 않았지만 우리의 마음이 변한 이유를 정당화하기 위해 사람들은 유족에게 책임을 돌리는 논리를 만들어낸다. 칼럼은 "유족을 동정해서가 아니라 같은 일이 반복되지 않게 하기 위해" 자신도 떼어놓았던 노란 리본을 다시 달 것이라는 다짐으로 끝난다.[15] 《한겨레》에 이런 내용이 실릴 정도로 세월호 특조위가 한창 활동하던 2016년 상반기는 기존의 지지자들조차 피로를 호소하던 상황이었다. 4·16연대 입장에서 이들의 지지를 다시 획득하는 것은 사활이 걸린 문제였다. 4·16연대는 그 이름에서 알 수 있듯이 세월호 참사라는 단일 사건의 해결을 목적으로 삼은 조직이었기 때문에 세월호 참사에 대한 관심과 지지 없이는 존속 자체를 위협받을 수 있었다.

2016년 3월에 열린 특조위 2차 청문회 후, 4·16연대는 세월호 청문회에서 밝혀진 진실과 의혹으로 "국정원과 청해진 해운은 특수한 관계", "바뀌고 누락된 이상한 항적도(AIS)"를 부각시키며, "하나부터 열까지 의혹투성이"라는 표현을 퍼뜨렸다.[16] 사실 특조위 2차 청문회의 전체 주제는 '4·16 세월호 참사의 원인과 관련 법령·제도적 문제점'이었다. 세부적으로는 1) 침몰 원인 및 선원 조치의 문제점, 2) 선박 도입 및 운영 과정의 문제점, 3) 침몰 후 선체 관리 및 인양의 세 주제가 다뤄졌다.[17] 이처럼 선박 도입과 검사 과정 등 관행과 제도의 문제가 비중 있게 다뤄졌지만, 4·16연대는 여기에 전혀 주목하지 않았다. 또 당시 4·16연대 공동 대표였던 박래군은 세월호 참사의 의미와 사회운동의 과제를 논하는 글에서 국정원과 청해진해운 관계에 의문을 제기하며 "아마도 국정원은 세월호의 도입부터 운항 과정과 침몰 과정, 수색 과정, 그리고 이후 증거의 은폐, 조작 등과 관련 세월호 참사의 모든 과정에서 보이지 않게 움직이고 있지 않을까 싶다."라고 주장하기도 했다.[18]

4·16연대는 대중의 관심을 불러일으키기 위해 의혹을 부각하는 전략을 택했다. 대중의 분노와 충격을 자아낼 서사를 강조함으로써 지지를 확대하려 한 것이다. 의혹은 대부분 국정원, 청와대, 혹은 미군과 같은 강력한 행위자를 최종 책임자로 상정하고 있었다. 이는 불의(injustice)를 확실히 하고, 그 책임을 타자로부터 구하고, 그에 대한 해결책을 제시하는 사회운동의 기본적인 활동 방식에 더 익숙한 형태였다.[19] 수많은 국가 폭력에 맞서온 한국 사회운동에 친화력이 있는 서사이기도 했다. 초반에 삼풍백화점 붕괴, 대구 지하철 참사 등 재난과 비교되었던 세월호 참사는 5·18 광주 항쟁 등 국가 폭력 사건과 더 자주 비교되게 된다.[20]

구조적 원인 규명을 중시하던 활동가도 세월호 참사를 '국가 폭력이자 국가 범죄'로 인식하자고 제안했다. 국가기관을 직접적 행위자로 지목하는 방식은 아니었다. 당시 4·16연대 상임위원이었던 김혜진 활동가는 국가 폭력을 "세월호 침몰의 구조적인 원인에 정부가 개입해 있고, 직접적인 원인은 계속 감추고 있으며, 그 이후에는 진실을 가로막고, 유가족을 모욕하며, 함께하는 시민을 탄압하는 정부의 행태"를 가리키는 의미로 사용했다.[21] 그녀는 참사 직후부터 줄곧 국가를 인격화된 방식이 아니라 '체제'로 이해하고, 국가 폭력 역시 구조적 문제로 이해하자고 주장했지만, 사실 위와 같은 문장에서 이러한 의미가 제대로 전달되기는 어려웠다. 지금 생각해보면 여전히 무엇이 국가 폭력인지에 대해 세월호 진상규명 운동 내에서 합의된 정의가 없었던 것이다. 다만 실제 국가의 탄압을 겪거나 지켜본 피해자 가족의 입장에서 국가가 인격화된 주체로 이해되었다는 점만은 분명했다. 피해자 가족의 입장을 고려하며 분노의 방향을 명확히 하려면 국가는 체제보다 인격화된 모습으로 등장해야 했다.

박래군 공동대표와 김혜진 상임위원의 미묘한 입장 차이에서 알 수 있듯이, 또 안전사회운동에 집중한 활동가들과 그에 관심이 없었던 4·16연대 사무처와의 차이에서 알 수 있듯이, 세월호 진상규명 운동은 물론 4·16연대라는 사회운동 조직도 완전히 단일한 목소리를 가진 집단은 아니었다. 물론 4·16연대의 공식 입장은 여러 단체와 활동가들의 토론과 합의를 거쳐 발표되는 것이므로 가장 무게 있게 다뤄져야 한다. 이 책 전반에서 4·16연대의 입장을 세월호 진상규명 운동의 공식 입장으로서 다루는 것은 이 때문이다. 그러나 사법적 관점과 구조적 관점 간 재난 인식론의 경합은 사회운동 연대 조직 내부에도 있었다.

4·16연대에 속한 여러 사회운동 단체들의 입장 차이는 있었지만, 최소한 2016년경부터 '국가 폭력'은 세월호 진상규명 운동의 지지자를 모으기 위한 핵심 프레임으로 채택되었다. 사회운동론에서 프레임은 사회운동 조직이 지지층을 모으기 위해 '바깥의 세계'를 단순화하는 해석 도식이다.[22] 1980년대 권위주의 정부에 맞선 '민주화', '민중', 미군기지 철수 운동 등에서 종종 발견되는 '민족 자주', 세월호 참사 이후의 '안전사회'도 일종의 프레임이다. 그런데 프레임은 기존의 가치관과 관행, 담론에서 완전히 자유로울 수 없다. 사회운동은 항상 역사적으로 상속된 프레임을 활용하되,

새로운 프레임을 결합해야 하는 과제를 안고 있다.[23] 국가 권력이 저지른 학살을 수차례 경험해온 한국 사회운동에서 국가 폭력 프레임은 특정한 형태로 상속되었던 것이다. 지금 생각하면 사회운동 일부는 세월호 참사라는 재난을 겪으며 이 프레임의 내용을 변형시키려고 했는데, 국가가 해서는 안 되는 일(국민을 총칼로 죽이는 일)을 하는 것, 즉 작위뿐만 아니라 국가가 해야 하는 일을 하지 않은 것(생명을 지켜줘야 할 국민을 죽게 내버려 둔 일), 부작위 문제도 국가 폭력의 문제로 담아내고 싶어했던 것 같다. 구조적 문제를 제기한 사람들은 의식했든 의식하지 않았든 국가 폭력 프레임의 변화를 염두에 두었다고 봐야 한다.

그러나 세월호 참사를 국가 폭력으로 보자는 말을 '부작위도 국가 폭력으로 해석하자'는 의미로 받아들인 사람들은 많지 않았다. 세월호 참사와 국가 폭력의 유비는 오히려 세월호 참사의 원인과 책임을 인격화하는 효과를 낳았다. 그렇다면 세월호 진상규명 운동에서 국가 폭력 프레임을 강조한 당시의 전략이 맞았을까? 국가 폭력 프레임 채택이 일정 정도는 불가피했더라도, 국가 폭력 정의의 모호성에 계속 기대는 것이 아니라 다른 이해를 확산시킬 시도들을 더 할 수 있지 않았을까? 안타깝게도 사회운동은 그 씨앗을 제대로 뿌리지 못했다.

구조적 원인을 중시하지만 국가 폭력 프레임을 승인한 사회운동가들은 자신들의 프레임이 어떤 효과를 낳고 있는지 제대로 마주하지 않았다. '세월호 참사에 국가 폭력으로 부를 수 있는 부분이 있지.'라는 정당화 속에서 구조적 관점과 안전사회 요구는 계속 약화되었다. 4·16연대가 '안전사회'가 덜 중요하다거나 구조적 원인 규명이 필요 없다는 입장을 공식적으로 낸 적은 없다. 안전사회라는 상징을 버릴 수는 없기 때문이다. 그러나 4·16연대 성명·논평 중 규제 완화나 민영화, 민관 유착 등 세월호 참사의 구조적 원인으로 지목되었던 문제가 언급된 것은 2016년 4월이 마지막이다. 세월호 참사에 대한 구조적 관점의 눈에 띄는 공백과 달리, 국정원, 기무사, 조사 방해 지시자, 박근혜 대통령 등 특정 국가기구 및 개인을 책임자로 지목하는 입장은 늘어났다.[24]

촛불집회가 가져온 효과는 이미 시작되고 있던 4·16연대의 입장 변화를 정당화해 주었다. 조직 외적으로는 국가의 인격화 경향이 강해지고, 사법적으로 국가 책임을 물어야 한다는 열망이 커졌다. 정치적 상황은 180도 전환되었다. 정권은 교체될 예정이었고, 세월호 인양도 가시화되고 있었으며, 중단되었던 세월호 참사 조사도 다시 시작될 예정이었다. 조직 내적으로는 회원이 급증하면서 운영이 전보다 더 안정화되었다. 그러나 내부적으로는 분리가 시작되었다. 2017년 3월 4·16연대 총회에서 국민대책회의 존엄안전위원회의 후신인 4·16연대 안전사회위원회가 해소했는데, 이로써 4·16연대 내에서 구조적 관점을 대변하는 세력이 사라졌다.* 결과적으로 조직 외적으로도, 내적으로도 사회 구조적 원인 규명을 요구하는 목소리는 설 자리를 잃었다. 이미 1년여 가까이 지속된 4·16연대 내 구조적 관점의 부재가 전혀 문제시되는 일 없이, 2017

---

* 4·16연대 내 안전사회위원회를 해소하는 대신 생명안전시민네트워크(생명안전시민넷)가 발족했는데, 생명안전시민넷은 때때로 4·16연대와 협력하기는 했지만 독립적인 기구로 현재까지 활동해오고 있다.

년 5월, 문재인 정부가 출범한다.

새로운 수사와 4·16연대의 사법주의

      문재인 정부의 출범으로 세월호 참사 진상규명은 전기를 맞았다. 우선 새로운 수사가 시작되었다. 문재인 대통령은 당선 직후 '세월호 특조위 활동 강제 종료'에 대해 해양수산부(해수부)에 감사를 지시한다. 그해 12월, 감사를 마친 해수부는 10여 명의 해양수산부 공무원들에 대한 검찰 수사를 의뢰했다. 내부 법적 검토를 무시한 채 세월호 특조위의 활동 기간을 축소한 점, 청와대와 협의해 '세월호 특조위 관련 현안 대응 방안' 문건을 작성한 점 등이 이유였다.[25] 해당 수사를 담당한 서울동부지검은 2018년 1월 김영석 전 해수부 장관 등을, 3월에는 조윤선 전 정무수석 등 박근혜 정부하의 청와대 핵심 참모들을 기소했다.

    세월호 참사 당일 대응과 관련한 수사도 시작되었다. 2017년 10월 12일 청와대는 국가안보실 공유 폴더에서 세월호 사고 발생 보고서를 발견했는데, 이를 통해 보고 시점이 30분 늦은 시각으로 조작된 것을 확인한다.[26] 실제로는 9시 30분에 보고를 받았는데도, 외부로는 10시에 사고 발생 보고를 받았다고 발표하기 위함이었다. 대통령이 "단 한 명의 인명 피해도 발생하지 않도록 하라."라고 첫 지시를 내린 것은 오전 10시 15분이었다. 보고받은 시간에 비해 대통령의 첫 지시 시간이 너무 늦었다는 비난을 피하기 위해 문서를 조작한 것이다. 청와대는 다음날인 13일 즉시 허위공문서 작성 혐의로 김기춘 전 대통령 비서실장 등에 대한 검찰 수사를 의뢰했다.[27] 검찰의 수사결과는 2018년 3월 28일 발표됐다. 검찰 수사에 따르면 대통령이 세월호 참사를 보고받은 시점은 9시 30분도, 10시도 아닌, 10시 19~20분경이었다. 첫 지시는 10시 22분경에 내려졌다. 2014년 당시 청와대는 세월호에서 마지막 카카오톡이 발송된 시간인 10시 17분을 골든타임으로 인식하고 있었는데, 보고도 지시도 이 시간을 넘겨 이뤄진 것이다. 검찰은 세월호 참사 발생 직후부터 청와대에 대한 비난 여론이 고조되고, 2014년 7월 국정조사 등에서 강도 높은 추궁이 예상되자 정상적으로 보고 및 지시가 이뤄진 것처럼 보고서를 조작했다고 보았다.[28] 보고 시각을 조작한 김기춘 전 대통령 비서실장과 김장수 전 국가안보실장은 허위공문서작성으로 기소됐다.

새로운 수사의 시작은 4·16연대의 사법주의를 더욱 강화했다. 4·16연대는 정권이 교체된 2017년 5월부터 전 법무부 장관인 황교안 및 관련자를 모두 수사할 것을 요구했다.[29] 7월 세월호 참사 당일 대통령 보고 시간 조작 발표와 뒤이은 수사 개시는 이러한 흐름을 더 가속했다.[30] 4·16연대는 2017년 10월 17일에는 기자회견을 통해 '4·16 세월호 참사 특별조사위원회 진상규명 방해 세력 명단'을 공개하고, 10월 25일에는 특조위 무력화에 앞장섰다며 새누리당 추천 위원 5명과 박근혜 대통령 등을 포함한 13명을 고발했다.[31] 이후에도 4·16연대의 활동 패턴은 비슷해서, 해수부 감사 결과나 검찰 수사 결과가 발표되면 이를 인용해 더 많은 책임자들을 더 강력하게 처벌해야 한다고 성명을 발표하는 식이었다.[32] 4·16연대의 활동은 세월호 진상규명 방해 세력에 대한 수사 및 처벌 요구로만 집중되었다.

이전 정부의 진상규명 방해를 강조하는 기조는 점차 박근혜 정부 시기 이루어진 모든 조사가 잘못된 것이었으며, 그 조사 결과를 부분적으로라도 인정하는 이들은 '해양 적폐 세력'이라는 식으로 바뀐다. 전 정부에 대한 규탄이 이전에 이루어진 모든 조사 결과를 부정하는 방식으로 이어지기 시작한 것이다. 이를 상징하는 구호가 '전면적인 재조사'이다. 전면 재조사 요구는 세월호 참사 당일 대통령 보고 시간이 조작되었다는 사실이 알려진 이튿날인 2017년 10월 13일에 처음 등장해 1년여 뒤 선조위가 활동을 종료한 시점에는 가장 대표적인 요구안이 되었다.[33]

이전의 수사 결과를 부정하는 4·16연대의 입장 변화 중 가장 눈에 띄는 부분은 세월호 참사의 기업 책임과 관련한 입장이다. 4·16연대는 세월호 참사에서의 선사 책임까지 부정하기 시작했다.

> 우리는 과연 세월호 참사가 박근혜 정부가 주장한 대로 '청해진해운의 탐욕'과 '급변침'에 의한 '해양 교통사고'인지, 아니면 '따로 존재하는 실소유주의 부정을 감추기 위한 은폐'와 '은폐된 침몰 원인'에 의한 대참사였는지 이제는 제대로 낱낱이 밝혀내서 다시는 이런 일이 일어나지 않아야 한다는 국민의 요구를 다시 상기하고자 한다.[34]

> 박근혜 검찰은 침몰 원인을 '청해진해운의 탐욕 탓'으로 돌렸고, 복원력이 약해진 상태에서 급변침으로 침몰했다는 항적도를 마치 확정된 근거인 마냥 제시했었다.[35]

2018년 3월 성명에는 청해진해운 혹은 유병언 일가가 아닌 '따로 존재하는 실소유주'의 가능성이 명시적으로 언급된다. 이는 2014~2015년 국민대책회의가 세월호 참사를 기업 책임과 국가 책임이 결합된 사건으로 바라보았던 것과는 완전히 달라진 성격 규정이다. 이들은 세월호 참사를 재난참사로만 한정하는 경향은 극복되어야 하며, 어딘가 진짜 원인 제공자가 있을 것이고, 진상규명이란 진짜 원인 제공자가 피할 수 없도록 과학적 입증과 증거, 조사와 수사, 국민적 압박을 가해 자백하도록 하는 것이라고 규정한다.[36] 이러한 주장에는 세월호 참사에서 사고가 일어난 바로 그 순간이 가장 중요하며 나머지 문제들은 주변적이라는 생각도 포함되어 있었다.

> 간접적인 원인으로 추정하는 것들과 직접적인 원인을 밝혀내는 것은 전혀 다른 차원의 문제입니다. 침수의 순간, 참사의 발단이 된 그 침수의 순간이 애초부터 시작되지 않았으면 그다음 문제들은 문제가 있었어도 나타나지 않게 되었을 것입니다.[37]

의식하지는 못했겠지만 4·16연대의 재난 인식론은 사법주의, 진영론, 음모론과 더불어 재난을 만들어낸 '긴 잠복기'보다 사고를 촉발한 계기가 중요하다는 재난에 대한 고전적 관점이 결합된 형태를 띠었다. 전상진에 따르면 책임질 일은 생기는데 아무도 책임지지 않을 때 상상적 해결책으로 음모론이 대두한다. 음모론은 복잡한 문제를 간명하게 하며, 무엇보다 책임자를 명확히 보여준다.[38] 그러나 음모론은 "구조(structure)가 중요한 역할을 할 가능성, 우리 자신이 공모자일 가능성"을 삭제한다.[39] 진상규명을 방해한 진영에 침몰 혹은 구조 실패를 지시한 책임자가 있을 것이며 이를 찾아내서 처벌하자는 2018년 당시 4·16연대의 논리는 간명하다. 그러나 이 논리 내에 법적 책임으로 이어질 보장이 없는 원인들이나 재난이 발생한 당일보다 먼 시점까지 거슬러 올라가 원인을 찾으려는 구조적 관점이 설 자리는 없었다. 또 침몰 원인과 관련한 몇 가지 기술적인(technical) 가설 중에서, 위에 제시된 4·16의 논리, 즉 진상규명을 방해한 이들이 곧 침몰의 물리적인 원인도 제공했을 것이라는 서사에 부합하는 가설이 지지될 가능성이 커졌다.

4·16연대가 어느 시기 이후로는 연대 운동 조직으로서의 성격이 약화되었다고 하더라도, 한국 사회운동에서 여러 단체가 연합한 사회운동 조직이 이렇게 극단적인 입장을 표명한 적은 없다. 따라서 4·16연대의 사례를 보고 사회운동이 일반적으로 책임자 처벌을 위해 음모적 서사를 쉽게 동원하는 경향이 있다고 생각하면 곤란하다. 한국의 사회운동은 책임자를 지목할 수 있는 국가 폭력 사건에서도 그에 머물지 않고 이러한 폭력을 허용한 국가의 구조적 문제도 중시했으며, 1장에서 보았듯이 세월호 참사의 구조적 원인 규명을 가장 강조한 것도 사회운동 단체들이었다. 그렇다고 당시 4·16연대 사무처에 모든 책임을 돌릴 수는 없는데, 재난에서의 국가 책임을 어떻게 물어야 할지에 제대로 대답하지 못한 사회운동 전체가 이런 결과를 낳은 측면도 있기 때문이다.

세월호 진상규명 운동에 동참한 많은 사람들이 의도하거나 예상한 바는 아니었지만, 국가의 책임을 물으려는 사회운동의 시도는 국가의 '의도'에 의한 폭력과 국가의 '부작위'에 의한 폭력을 구분하지 못하면서 구조적 원인마저도 인격화하는 음모론적 서사에 빠져들었다. 이 과정에서 세월호 참사의 보편성, 앞서 소개한 김현경의 칼럼에 나온 표현을 빌리면 "언제든 우리에게도 일어날 수 있는 일"이자 "이미 다른 장소에서 다른 모습으로 일어나고 있는 일"로서의 세월호 참사의 성격은 약화되었다.

3. 징검다리 위원회의 출범

선조위는 2016~2017년 촛불집회가 끝나갈 시점에 출범했다. 박근혜 대통령의 탄핵 인용 후 3주도 채 지나지 않은 2017년 3월 26일, 해저에서 인양된 세월호를 실은 반잠수선의 부양으로 세월호가 드디어 모습을 드러냈다. 이틀 뒤인 3월 28일 선조위 위원이 선출되고 4월 11일 세월호의 육상 거치와 동시에 선출된 위원들이 공식 임명되면서 선체조사를 통한 세월호 침몰 원인 규명, 미수습자와 유류품 수습 등을 임무로 한 세월호 선조위가 활동을 시작했다.[40] 선조위는 시기상으로는 세월호 특조위와 사회적참사특별조사위원회(사참위)의 공백기를 잇고, 조사 범위는 세월호 침몰 원인으로 한정한, 세 위원회 중 업무 범위와 규모가 가장 작은 위원회였다.

구성을 살펴보기 전, 선조위 출범 당시 사회적참사법, 소위 2기 특조위법이 국회 신속 처리 안건 제도(패스트트랙)로 처리되기를 기다리던 상황이었다는 점을 짚을 필요가 있다. 패스트트랙은 여야 간 합의가 어려운 쟁점 법안이 장기간 표류하는 것을 막기 위해 국회 상임위에서 재적 의원 5분의 3 이상이 찬성해 통과시키고

330일이 지나면, 법사위 심사 여부와 관계없이 본회의에 자동 상정되도록 한 제도이다. 특조위 강제 종료 후 새누리당의 반대로 사회적참사법 처리가 어려워지자 당시 야당이었던 더불어민주당, 국민의당, 정의당 등은 2016년 12월 23일 국회 환경노동위원회에서 사회적참사법을 신속 처리 안건으로 지정했다.[41] 문제는 패스트트랙 제도로 사회적참사법은 빨라도 2017년 11월 말에야 본회의에 상정될 수 있었던 반면, 세월호 인양은 이미 2017년 초에 가시화되고 있었다는 점이다. '세월호'라는 가장 중요한 증거가 이를 독립적으로 조사할 주체가 없는 상태에서 올라오고 있었다.[42] 선조위는 앞으로 구성될 사참위를 기다릴 수 없는 긴급한 과제, 세월호라는 직접적 증거에 대한 독립적·전문적 조사의 필요성으로 인해 시급히 구성되었다.

위원회의 구성과 역할에 대한 갈등으로 출범이 계속 늦어졌던 특조위와 달리, 선조위는 선체 인양과 동시에 조사에 착수할 수 있도록 인양 전에 이미 여야 합의와 위원회 설치를 위한 특별법이 가결(2017년 3월 2일 국회 본회의 의결)되었고, 위원 임명 과정도 큰 갈등 없이 진행됐다. 이미 2016년 8월에 국회3당 원내대표가 선체 조사 필요성에 대해서는 합의한 바 있었는데, 이는 박근혜 정부하에서도 선체 조사의 필요성에 대해서는 큰 반대가 없었다는 것을 의미한다.[43] 정부 책임이 주로 구조 실패와 관련해 제기되었기 때문에 침몰 원인 자체의 조사에 대해서는 민감하지 않았던 것으로 추정된다. 게다가 실제 선조위 설치에 관한 여야 합의와 국회 의결이 이뤄진 2017년 2월 말~3월 초는 박근혜 대통령의 탄핵 소추안이 가결되고 헌법재판소의 판결을 기다리고 있던 시기여서, 세월호 선체 조사는 반대에 부딪히거나 정치 쟁점화되지 않았다.

특조위의 조사 범위에 비해 선조위의 조사 범위는 좁고 초점이 명확했다. 특조위가 세월호 침몰 원인과 구조 실패, 언론 문제, 안전사회 종합 대책 마련, 피해자 지원 점검 등 상당히 광범위한 업무 범위를 담당한 데 비해, 선조위는 선체 조사 및 유류품 수습, 선체 보존 방안 마련 등 업무 범위가 좁았다.[44] 특히 선조위가 국가 책임 문제에 있어 가장 중요한 '구조 실패' 국면을 다룰 필요가 없었다는 점이 중요하다. 선조위는 세월호 참사의 진상규명 주제를 첫째, 세월호의 침몰 원인(왜 넘어졌는가), 둘째, 세월호의 침수·침몰의 원인(어떻게 침수·침몰되었는가), 셋째, 승객의 구조 실패 원인(왜 구조하지 못했는가), 넷째, 승객 등 생명·신체의 위기 상황에서 국가 재난 관리 시스템은 왜 작동되지 않았는가로 정리한 후, 이 중 선조위에 주어진 진상규명 활동은 첫째와 둘째, 즉 '왜 넘어졌는가'와 '어떻게 침수·침몰되었는가'였다고 밝히고 있다.[45] 이렇게 안전사회와 피해자 지원 관련 업무가 빠지고, 진상규명 쟁점 중에서도 한정된 부분을 담당하는 위원회가 탄생할 수 있었던 이유는 이후 구성될 2기 특조위, 즉 사참위에서 남은 과제들을 종합적으로 담당해야 한다고 생각했기 때문이다.

조사 범위가 축소되면서 조사관 구성도 크게 달라졌다. 직원 수(상임위원 포함)는 53명으로, 120명이었던 특조위에 비해 크게 줄었으며 위원과 조사관 구성 역시 해양·선박 관련 학자 및 기술자가 대다수를 차지하게 된다. 법률가 중심의 특조위와 달리, 선조위는 공학자·기술자 중심의 위원회가 되었다. 선조위도 특조위와 유사한 정당 추천 구조를 가지고 있었지만, 단서 조항으로 "선박 설계·건조·항해·기관 분야에 5년 이상 종사한 사람" 및 "해양사고 조사 및 구조 관련 분야에 5년 이상 종사한 사람"이 2/3, 즉 8명 중 6명 이상이 되도록 규정하고 있었기 때문이다.[46] 이처럼 공학자·기술자들이 다수 결합한 선조위는, 세월호라는 직접적 증거가 인양된 만큼 정치적 논란에서 좀 더 자유롭고 객관적으로 조사하리라는 기대를 받으며 출범했다.

또 정권이 교체되면서 선조위는 활동 기한 논란, 예산 삭감, 새누리당 추천 위원들의 보이콧 등 특조위가 겪었던 다방면의 방해를 겪지 않았다. 실제 문재인 정부는 선조위에 전반적으로 협조적이어서, 선조위가 제대로 된 선체 조사를 위해서 옆으로 눕혀져 나온 세월호의 직립(선체 직립)을 결정하자 예산 등의 문제를 비교적 빠르게 처리해주었다.[47]

조사 방향조차 제대로 논의하지 못했던 특조위와 달리 선조위는 위원회 회의 초반 조사 범위, 업무 수행을 위해 필요한 전문성 등에 대한 토론을 진행한다. 특조위 활동에 대한 평가와 축소된 업무 범위, 국회와 정부의 협조적 태도에 힘입어 선조위의 업무는 비교적 빠르게 궤도에 올랐다. 조사 범위는 2차 위원회 회의에서 장시간 논의해 '구조·구난은 제외하되 인양은 과정 전반, 즉 계약부터 작업 방법 변경, 천공, 선미 좌현 램프 절단 등을 모두 포함'하기로 합의했고, 2017년 4월 28일 3차 위원회 회의에서 정식 의결되었다.[48]

선조위는 유가족의 신청사건을 중심으로 조사 계획을 수립한 특조위와 달리 직권사건을 중심으로 조사 계획을 수립했다. 업무 범위가 명확하고, 조사 쟁점을 잘 파악하고 있는 전문가들로 구성됐고, 특조위를 반면교사로 삼을 수 있었기 때문이다. 선조위는 아래와 같은 8개의 직권사건으로 조사 쟁점을 세분화해 비교적 체계적으로 조사했다. 선조위의 직권사건은 조타기와 조타 과실 여부, 급선회 항적 및 횡경사, 복원성, 구획 구조 확인과 검증 시뮬레이션 및 모형시험, 세월호 좌현 핀안정기에 관한 조사 등으로 그동안 침몰 원인에서 밝혀지지 않았던 부분과 의혹을 포괄하고 있었다.[49]

[표 10] 선조위 직권 사건 목록

사건 번호 (의결일)	사건명
직가-201701 (2017. 7. 7.)	조타기와 조타 과실 여부에 관한 조사
직가-201702 (2017. 7. 7.)	급선회 항적 및 횡경사에 관한 조사
직가-201703 (2017. 7. 7.)	세월호 복원성 등에 관한 조사
직가-201704 (2017. 8. 4.)	구획 구조 확인, 검증 시뮬레이션·모형시험 등에 관한 조사
직가-201705 (2017. 9. 7.)	주기관과 발전기 최종 정지 시간 및 정전 여부 관련 조사
직마-201801 (2018. 1. 12.)	통상적인 선무 확인 조사와 승객 탈출 경로 구조 가능성 검토를 위한 기초 조사
직다-201701 (2017. 8. 4.)	선체·의장품 훼손 여부 및 의혹 쟁점 사항 조사
직가-201701 (2018. 4. 13.)	세월호 좌현 핀안정기에 관한 조사

출처: 선조위, 『貞立 진실을 세우다: 세월호 선체조사위원회 활동 백서』, 2018, 98~99쪽, 필자가 재구성

선조위는 업무 범위와 위원 구성상 기술주의적 편향에 빠질 가능성이 있었다. 그러나 흥미롭게도 선조위는 구조적 원인까지 조사하겠다는 지향을 표명하고, 2017년 6월 13일 5차 회의에서 관련 논의를 진행했다. 선조위는 이미 출항부터 사고 발생까지를 조

사 범위로 하기로 의결했었지만, 위원장의 제안으로 5차 회의에서 '도입 후 출항 시'까지를 조사할 것인지 다시 논의했다. 세월호 특조위에서 새누리당 추천 위원들이 전반적으로 조사 범위를 좁히려는 태도를 취했던 데 비해 선조위에서는 자유한국당 추천인 김영모 부위원장 등이 이를 적극 지지한다.[50] 세월호 도입 후 출항까지의 여러 문제들이 이미 검찰과 감사원 등을 통해 조사된 바 있었기 때문에 유사한 범위까지 조사를 확장하자는 결정이 그리 어렵지 않았던 것으로 보인다. 이러한 결정에는 선조위 역시 세월호 참사를 긴 잠복기를 가진 사건으로 바라보고 조사하겠다는 선언적 의미가 있었다.

또 선조위는 해외의 권위 있는 두 업체(브룩스벨, 마린)에 주요 조사 과제를 맡겼는데, 예산 등을 고려할 때 이 역시 세월호 선체 조사에 우호적인 정권하에서 출범했기 때문에 가능했다. 영국 해상 자문 업체인 브룩스벨은 '세월호 급선회 및 침몰 원인 규명을 위한 조사'를 담당했는데, 과제명에서도 알 수 있듯이 선조위의 핵심 과제를 함께 조사하는 과업을 맡았다. 브룩스벨은 아직 세월호가 육상에 거치되기도 전인 2017년 4월 7일 선체 조사를 시작했다. 이는 선조위 위원의 공식 임명보다도 빨랐고,[51] 조사관 채용이 7월 10일에야 이뤄진 것을 생각하면 조사관들보다 3달이나 먼저 선체 조사를 시작한 셈이었다.[52] 외국 업체가 선조위의 핵심 업무를 담당하게 된 데는 국내 해양 선박 분야에 대한 시민들의 신뢰도가 낮고, 의혹도 많은 상황이 주요한 배경이 되었다. 선조위는 제3의 독립적인 기관을 섭외함으로써 신뢰도를 높이려는 전략을 택했다.[53] 특히 브룩스벨이 1994년 에스토니아호 침몰과 2012년 코스타콩코

르디아호 좌초 사고 등의 조사에 참여한 경력이 있다는 점이 높게 평가되었다.[54]

다른 한 곳은 '급선회 컴퓨터 모의 실험 및 자유 항주 & 침수 모형 시험'을 담당한 마린(MARIN)이다. 마린은 1932년에 설립된 네덜란드의 해양 연구소로 자유 항주 시험 경험이 많고, 시험용 수조 규모나 모형 배를 구현하는 기술 등에서 세계 유수의 업체로 평가받고 있었다. 선조위는 많은 기대를 가지고 마린을 용역 업체로 선정했다.[55] 마린의 시험은 세월호의 복원성, 세월호 내부의 구획 확인 등 선조위의 다른 직권사건들의 조사 결과를 기초로 종합적인 결론을 도출하기 위한 시험이었기 때문에 다른 용역 과제보다 그 의미가 컸다.

특조위와 비교했을 때 선조위의 출발은 순조로워 보였다. 정치적 대결에 시간을 낭비할 필요도 없고, 업무 범위가 좁고 명확해 조사 방향을 빠르게 설정할 수 있었으며, 그럼에도 기술적 원인만으로 한정하지 않고 사회 구조적 원인까지 조사하고자 하는 지향이 있었다. 위원들과 조사관들의 경력과 전문성도 조사 목표에 부합했으며 해외 업체와 기관도 활용할 수 있었다. 결정적으로 특조위와 달리 직접적 증거, 인양된 세월호 선체가 눈앞에 있었다. 침몰 원인만큼은 선조위에서 밝힐 수 있으리라, 위원회 자신을 포함해 누구나 이를 기대할 수 있을 상황이었다.

선조위 출범 1년 3개월 뒤, 기대는 어긋났다. 법정 활동 기한 종료(2018년 8월 6일)를 채 일주일도 남겨두지 않은 7월 31일 전원위원회에서 선조위는 재난조사위원회 역사상 유례없는 선택을 한다. 두 개의 종합보고서를 내기로 결정한 것이다. 나를 포함한 종합보고서 집필진 4명은 《한겨레》에 이런 문장이 담긴 기고문을 썼다. "두 쪽으로 나뉘어 장기간 논쟁했던 위원들은 각자의 의견을 담아 두 개의 보고서를 내는 데 빠르게 합의했다. 다른 문장보다 같은 문장이 더 많을 텐데도 양쪽 입장을 하나의 보고서로 엮어 담으려는 시도를 더 이상 하지 않았다. 이미 논쟁에 지쳤고 남은 시간이 없었기 때문이다."[1]

선조위의 두 개의 보고서에는 다른 문장보다 같은 문장이 훨씬 더 많다. 두 개의 보고서가 별개의 가설을 각자 추구했을 것이라 생각하고 읽기 시작한 사람들은 하나같이 놀란다. 그만큼 두 보고서의 근본적인 차이를 찾기 어렵다는 의미다. 왜 선조위는 '조사의 한계'로 담을 수 있었을 이 차이를 좁히지 못했을까? 차이를 좁히지 못해 발간된 두 개의 보고서가 세월호 진상규명의 향후 경로에 미친 영향은 무엇일까? 이것들이 이 장에서 다룰 질문이다. 앞서 '징검다리 위원회'라고 표현했듯이, 선조위는 인양된 배를 방치하지 않은 채 특조위에서 사참위로 건너가기 위해 마지못해 만든 작은 위원회였기 때문에 사회적으로 그다지 주목받지 못했다. 이 글을 읽는 독자들도 특조위보다는 선조위에 대한 기억이 훨씬 적을 것이다. 그러나 선조위의 활동과 2개의 보고서는 지금 세월호 참사 조사가 안고 있는 문제, 기술적 원인의 합의와 재난에서의 책임 배분의 어려움을 종합해서 보여주는 사례다. 이 문제가 사참위에서도 반복되었다는 점에서, 또 비단 세월호 참사뿐 아니라 다른 재난 사례에서도 또다시 반복될 수 있다는 점에서 선조위 사례는 중요하다.

1. 새로운 문제와 반복된 문제

종결에 대한 이견

　　예상보다 이른 시기에 활동을 접어야 했던 특조위와 달리 법적 활동 기한을 모두 보장받은 선조위는 조사를 종결할 의무가 있었다. 그러나 특조위에서 종합보고서를 발간하지 못했음에도 사회적으로 용인되었던 경험과 선조위 이후 사참위가 출범할 것이라는 전망은 선조위의 조사 종결에 대한 합의를 어렵게 했다.

　　선조위의 조사 기한 기산일로부터 4개월여 후인 2017년 11월 24일, 330일 전에 신속 처리 안건으로 지정되었던 사회적참사법, 소위 2기 특조위법이 처리되었다.[2] 선조위가 한창 활동 중일 때 선체 조사를 포함해 구조 실패, 조사 방해 등 참사 전반을 조사할 위원회 출범이 가시화된 것이다. 위원 중 유일하게 특조위 활동 경험이 있던 권영빈 소위원장은 2017년 10월에도 사회적참사법이 통과되면 사참위에서도 선체 정밀 조사를 할 권한을 갖게 된다며 선체 조사 이월을 암시하는 발언을 한다. 이 시기는 총 10개월의 조사 기한 중 3분의 1밖에 지나지 않은 시점이었기 때문에 일부 위원들은

이러한 발언을 사참위 출범을 핑계로 위원회 업무를 해태할 수도 있다는 뜻으로 받아들였다.•

> 권영빈 위원: 그러니까 세월호 선체조사위원회가 어떤 무슨 종지부를 찍는다든가 세월호 선체조사위원회 활동으로 진상규명이 끝나는 게 아니고 정말 우리 사회 전체로 볼 때 세월호 참사 진상규명 과정 속에서 우리 세월호 선체조사위는 그냥 하나의 자리매김을 하는 거거든요.[3]

> 김철승 위원: 선체조사위원회에서 조사위원들끼리 처음에 한 얘기가 있습니다. 뭐냐면 진상규명을 위해서 우리는 정말로 최선을 다하자 [……] 앞으로 다른 2기 특조위, 3기 특조위, 저는 모르겠습니다. 저는 선체조사위원회 조사위원이니까 우리 기간 내에서 [……] 최대한 할 수 있는 부분들은 저희가 해야 된다, 그게 우리한테 맡겨진 책무다 이렇게 생각하고 있습니다.[4]

> 김영모 위원: 지금 권영빈 상임위원께서 우리가 선체 정밀 조사를 못하면 2기 특조위 법에 거론이 되어있다고 [……] 다른 사람들은 다른 곳에서 무엇을 하든지 간에 우선 우리는 우리 선에서 끝낼 수 있도록 최선을 다해야 된다는 전제가 있어야겠다……[5]

• 위원회의 출범은 2017년 4월이었지만, 조사 기한은 첫 번째 직권사건 조사 개시가 의결된 2017년 7월 7일부터 기산되었다.(선조위, 2018a)

조사 기한이 상당히 남아있는 상황에서, 최대한 할 수 있는 만큼 조사해 보고서를 내겠다는 것이 위원으로서 책임 있는 자세일 것이다. 그러나 이러한 발언을 피해자 가족은 곧이곧대로가 아닌, 다른 의도로 받아들였다. '우리 선에서 최선을 다해 끝내자.'는 발언이 회의에 참관한 피해자 가족에게는 '조사를 제대로 하지 않고 종결하려 한다.'는 뜻으로 들렸던 것이다. 여기에는 몇 가지 배경이 있다. 첫째, 피해자 가족들이 조사 기한 부족을 걱정하고 있었기 때문이다. 당시는 배 안의 뻘과 화물을 빼내고, 실종자 수색을 우선했기 때문에 선체 조사가 본격적으로 시작된 지는 얼마 되지 않은 시점이었다. 둘째, "우리 선에서 끝낼 수 있도록 하자."라는 발언을 한 김영모 부위원장이 자유한국당 추천 위원이었기 때문이다. 특조위에서의 방해와 강제 종료를 경험한 피해자 가족은 김영모 부위원장을 비롯해, 자유한국당 추천 위원들의 발언에는 그 이상의 의도가 있을 것이라 의심했다. 셋째, 조사의 종결을 일사부재리 원칙이 적용되는 형사 판결과 유사하게 여겼기 때문이다. 선조위의 조사 종결이 다음 조사를 위한 발판이 될 것이라는 생각보다는 한번 끝나면 재론이 불가능할 것이라는 불안감이 더 강했고, 완고한 태도로 이어진 것으로 보인다.

회의록 중간중간에 기록되어있는 피해자 가족의 발언을 선조위 위원들이 얼마나 무겁게 받아들였는지는 알 수 없다. 다만 선조위의 지위와 조사의 종결에 대한 상이 초기부터 달랐던 점은 분명해 보인다.

이동권 위원: 도대체 저희가 생각하는 조사의 종결이라는

의미가 어떤 의미일까 [……] 조금 더 생각해봤으면 좋겠습니다. [……] 선조위가 조사의 완전한 종결이라고 생각하지 않기 때문에 [……] 누가 될지는 모르겠지만 조사를 할 수 있는 그런 여건들을 선조위가 만들어놓는다면 굉장히 큰 의미가 있다고 생각을 합니다.[6]

아직 조사 기한이 남아있을 때 이러한 태도의 차이는 그리 큰 문제로 보이지 않았다. 무조건 어떻게든 결론을 내야 한다거나, 반대로 결론을 내지 않고 사참위에 침몰 원인 조사 과제도 꼭 이월해야 한다고 주장한 사람은 없었다.[7] 그러나 조사 기한 종료일이 다가오자 이 차이가 핵심 대립 지점이 된다. 2018년 5월 21일 종합보고서 기획단 1차 회의에서 권영빈 소위원장은 '선체조사위의 조사는 결론을 내기 위해 하는 것이 아니다.'라고 명시적으로 발언한다.[8] 이처럼 선조위의 임무와 종결에 대한 관점 차이는 이후 침몰 원인 논쟁과 종합보고서 분리에 영향을 준다. 대체로 선조위가 침몰 원인에 대한 결론을 도출해야 한다고 생각했던 위원들은 내인설을, 사참위에 조사를 이월할 수도 있다고 생각한 위원들은 열린안을 지지했다.

조사의 종결은 다음 조사를 위한 발판이 될 수 있을까? 아니면 피해자 가족의 우려처럼 이제 다 끝났다는 생각만 강화할까? 이전 위원회인 세월호 특조위가 재난조사의 종결이란 어떤 의미이며 어떻게 종결할 수 있는지에 대해 합의한 바가 없었기 때문에 이 쟁점은 온전히 선조위가 해결했어야 했다. 선조위 활동이 마무리되기도 전에 다음 재난조사위원회가 출범하는 상황이었으므로 선조위는 조사 종결 문제를 좀 더 심층적으로 논의할 현실적 필요도 있었다. 그러나 선조위의 모든 논의는 진영론적 갈등 구도에 사로잡혀 있었고, 대부분의 쟁점은 진영을 기준으로 판단이 덧씌워졌다.

진영론적 갈등의 표출

위원 추천 구조가 여전히 정치적 배당의 형태를 취했기 때문에 진영론적 갈등은 처음부터 내재해있었다. 선조위 위원 8명 중 희생자 가족 대표가 추천한 3명 외에 나머지 위원 5명 중 2명은 여당인 자유한국당이, 3명은 당시 야당이었던 더불어민주당, 국민의당, 바른미래당이 추천했다.[9] 세월호 특별법 제정 운동에 대한 탄압과 특조위 강제 종료를 경험한 피해자 가족들은 자유한국당이 추천한 위원들을 경계했는데, 이는 4·16연대 및 특조위 출신 조사관들도 마찬가지였다.[10] 4·16가족협의회 및 4·16연대 등은 2017년 3월 말 선미 램프• 절단에 항의하며 세월호 선체 인양, 미수습자 수습과 조사 전 과정에 선조위 야당(더불어민주당)·가족 추천 위원, 준비단을 참여시켜야 한다고 요구했다. 이는 결국 여당 추천 위원 2명(김영모·이동곤)은 조사위원회 구성원으로서 인정하지 않겠다는 의

• 부두에 접안해 짐을 싣고 내리기 쉽게 하는 경사로를 의미한다. 배의 뒤편에 있어 선미 램프라고 불리며, 이러한 경사로의 보유가 카페리의 특징이다. 카페리는 화물칸이 격벽으로 되어있지 않아 선미 램프로 한번 침수가 시작되면 매우 위험하다. 따라서 선미 램프의 수밀이 중요한데, 세월호 선원 중 선미 램프 사이로 빛이 들어오는 것을 목격했다는 증언이 있어, 인양 전에는 선미 램프가 최초 침수 지점 혹은 침수를 가속화한 원인일 수도 있다는 추정이 있었다.(진실의 힘, 2016, 414~418쪽)

지를 표명한 것이었다.[11] 선조위는 야당(더불어민주당)·가족 추천 위원의 주도하에 위임·전결 규정에서 부위원장을 대부분 배제했다. 자유한국당 추천 위원이 부위원장이었기 때문이다. 이로 인해 선조위 출범 후 김영모 부위원장은 선조위 내부 주요 결재 라인에서 제외되고, 선체 조사 업무에서 배제되었다.[12] 자유한국당 추천 위원들에 대한 배제는 선제적으로 이뤄진 측면이 있었다. 피해자 가족의 입장에서는 다시는 특조위에서와 같은 일을 당하지 않겠다는 생각이었을 것이다. 이에 대해 김영모 부위원장 등은 부당함을 토로했으며, 국민의당 추천 김철승 위원도 우려를 표명했다.

김영모 부위원장: 법의 해석으로 그렇다고 한다면 [……] 앞으로 선조위에서 부위원장의 역할은 뭘까 스스로 고민을 하지 않을 수가 없었습니다. [……] 제가 이 선조위에서 아무런 역할을 할 수 없다는 것에 너무나 자괴감이 들었습니다.[13]

김철승 위원: 그렇게 많지 않은 인원이 10개월 내에 임무 완수를 해야 됩니다. [……] 그런 차원에서 가급적이면 많은 사람들이 참여할 수 있는 [……] 방향으로 가는 것이 가장 좋다고 봅니다. 부위원장이 아까 말씀하셨는데 저는 조금 서글픈 생각이 듭니다. 정말 열심히 하려고 오셨는데 업무를 배제시키는 방향으로 간다면 우리 조사위원회가 [……] 근거조차 상실하지 않나 이런 생각이 듭니다.[14]

피해자 가족이 우려할만한 정황이 없지는 않았다. 회의록을 읽으면 새누리당 추천 위원들이 전반적으로 피해자 가족들의 의견 보다 타 국가기관과의 관계 등을 더 고려하는 모습이 보인다. 예를 들어 선체 인양을 통해 발견된 디지털 전자 기기와 휴대 전화의 데이터 복원, 즉 디지털 포렌식을 국립과학수사연구원(국과수)에 맡기는 문제에서 김영모 부위원장이나 이동곤 위원은 금액적인 측면, 국가기관 간의 협력, 정권이 교체된 상황 등을 고려하자며 국가기관을 좀 더 신뢰하는 태도를 취했다. 피해자 가족들은 국과수에 디지털 포렌식을 맡기려면 포렌식 과정에 참관할 수 있도록 허가해달라고 요청했으나, 이러한 요구를 자유한국당 추천 위원들은 과도하다고 여겼다. 반면 다른 위원들은 피해자 가족과의 신뢰 회복을 제1의 기준으로 삼아, 국과수가 피해자 가족의 요구를 받아들이지 않으면 예산을 사용하더라도 민간기관에 디지털 포렌식을 맡기자고 주장했다. 결국 국과수에 포렌식을 맡기는 문제는 부결되었다.[15]

　피해자 가족의 자유한국당 추천 위원들에 대한 배제는 때로는 납득할 수 있었고 때로는 과도했다. 그러나 피해자 가족의 선택이 옳은지 그른지 일일이 판단하는 것은 이 책에서 하고자 하는 일이 아니며, 사실 그 누구의 어떤 작업에서도 굳이 행해질 필요가 없다고 생각한다. 피해자 가족의 선택을 생각할 때 가장 중요한 것은 이해다. 그러나 위원과 조사관, 활동가들의 선택은 다른 문제다. 이들의 판단과 선택에 대해서는 면밀히 평가해야 한다. 동시에 피해자 가족을 이해하려는 노력이 편들기 위해서가 아니라는 것도 확실히 하고 싶다. 있는 힘껏 이해하되, 부정적 결과를 야기한 판단과 선택이 있었다면 그대로 기록할 것. 이것이 이 책에서 내가 지키고자 하는 태도다.

사실 회의록을 보면 선조위 초반의 의견 분포는 특조위 때와 달리 진영에 따라 나뉘지 않는다. 브룩스벨의 용역 계약 건에 대해서는 위원장과 다수의 위원이, 비상임위원의 권한에 대해서는 권영빈 소위원장과 다수의 위원이 의견을 달리했다. 더불어민주당 추천이었던 김철승 위원은 김영모 부위원장의 권한 배제에 대해 우려를 표명했지만, 디지털 포렌식과 관련해서는 강력하게 피해자 가족과의 신뢰 회복을 주장했다.

진영이 많은 것을 설명한다고 생각될 때가 있다. 전문가들이 사회적 위치나 정치적 입장에 따라 사안을 바라보는 일도 적지 않다. 그러나 모든 전문가들이 특정 진영의 관점으로 판단하지는 않으며, 세상은 네 편과 내 편이라는 두 개의 진영으로만 나뉘지 않는다. 조사위원회가 제대로 역할을 하기 위해서는 진영 구도에서 벗어날 필요가 있었다. 그러나 이후에 살펴볼 것처럼 진영 구도는 더욱 강화되고 고착되었다.

책임 배분을 고려한 선택적 가설 지지

선조위는 특조위에 비해 기술적 조사에 집중하도록 설계된 위원회였다. 그러나 동시에 대통령 탄핵을 거치면서도 묻지 못한 세월호 참사에 대한 국가 책임을 물어야 한다는 열망이 강해진 상황에서 출범한 위원회이기도 했다. 이 점이 선조위의 조사 활동에 중요한 영향을 미친다. 선조위의 기술적 가설을 피해자 가족과 4·16연대가 선택적으로 지지하도록 했기 때문이다.

기술적 가설을 선택적으로 지지한다는 것은 무슨 말인가? 시간적으로는 세월호 참사보다 뒤에 발생했지만, 포항 지진을 둘러싼 논쟁은 세월호 침몰 원인에 대한 사회운동의 선택적 지지를 이해하는 데 도움이 된다. 2017년 포항 지진 발생 직후 과학자들의 의견은 둘로 나뉘었는데, 많은 과학자들이 2011년 동일본 대지진이 한반도 지각에 준 영향으로 발생한 '자연 지진론'을 지지한 반면, 일부 과학자들은 진앙지 근처의 지열 발전소가 암반층을 뚫어 수압 파쇄로 물을 주입한 결과 발생한 '유발 지진론'을 제기했다. 이후 정부 조사단은 '촉발 지진'을 결론으로 제시했는데, 동일본 대지진의 여파로 이미 충분히 지진이 일어날만한 상황에서 지열 발전소의 액체 주입이 일종의 방아쇠 역할을 했다는 것이었다. 이 논쟁에는 학계뿐 아니라 포항 시민과 시민 단체들이 결합했는데, 시민 단체들은 대체로 피해 보상 청구 대상과 정책 실패의 책임 소재를 고려해 유발 지진론을 선택적으로 지지했다. 환경운동연합 등 일부 시민 단체는 의견을 달리했지만, 시간이 지날수록 점점 더 많은 시민 단체들이 유발 지지론을 지지하면서 논쟁의 양상이 변화한다. 이들의 활동이 정부 조사단을 직접 압박했다고 보기는 어렵지만, 촉발 지진 개념에 대한 사회적 수용도를 높이는 데 중요한 역할을 했다고 볼 수 있다.[16]

이처럼 재난의 원인에 관해 논쟁이 벌어질 때, 사회운동이 선택적으로 가설을 지지하는 현상은 종종 발생한다. 포항 지진 이후 시민 단체들이 피해의 책임을 물을 대상을 고려해 유발 지진론을 지지했듯이, 세월호 참사에서도 해결되지 않은 책임 배분의 문제가 지속적으로 영향을 미쳤다. 대통령이 탄핵까지 되었는데도, 여전히 세월호 참사 관련 정부 책임자들 대부분이 법적 책임을 지지 않았다는 분노는 침몰 원인에 대한 특정 가설을 선택적으로 지지하는 것으로 이어졌다. 그런데 세월호 침몰 가설에 대한 선택적 지지에는 포항 지진의 경우와 다른 점이 있다. 포항 지진에 대한 전문가들의 가설이 양쪽 모두 동료 검토를 거쳐 논문으로 출판된 데 비해, 세월호 침몰에 대한 외력설은 전문가 공동체 내에서 인정받은 바가 없다. 따라서 포항 지진의 경우 '자연 지진론'과 '유발 지진론' 두 개의 가설이 경쟁한 데 비해, 세월호 침몰의 경우 외력설이 명확한 가설로 등장하지 않고 의혹 제기의 형태로만 존재했다. 이 차이를 염두에 두고 선조위의 활동을 살펴보자.

선조위의 조사에서는 급선회를 유발한 원인을 밝히는 것이 가장 핵심 과제였다. 급선회 발생 원인으로는 조타 미숙, 기계 결함, 외력 3가지가 언급되었는데 재판 과정에서 검토된 것은 조타 미숙과 기계 결함이었다. 외력은 전문가 공동체 내부에서 유력한 가설로 여겨지지 않았다. 선체 조사와 침몰 원인 규명을 담당한 선조위 조사1과 역시 활동 초기에 잠수함 의심 영상, 앵커 손상 등을 비롯해 외판, 선체 내부 손상 등을 점검했으나 외력을 의심할만한 합리적 증거가 부족했다.[17] 결정적으로 눈에 띄는 파공이 없었기 때문이다. 선조위는 조사 시작 후 6개월이 넘도록 유력한 가설을 찾지 못했다. 남은 가설인 조타 미숙과 기계 결함 사이에서 후자로 기운 것은 2018년 2월 5~6일 일본 가와사키중공업에서 이뤄진 유압 기기 개방 검사에서 솔레노이드 밸브 고착이 확인되면서였다.[18] 솔레노이드 밸브는 조타실에서 타각 신호를 주면 유압을 조절하는 아주 작은 밸브로, 전기 신호가 준 타각만큼 타가 돌 수 있도록 유

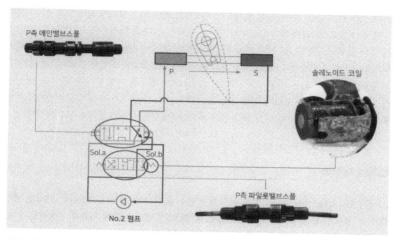

[그림 4] 타기펌프의 개략적인 구조와 솔레노이드 고착 발생 위치
(출처: 선조위, 『세월호 선체조사위원회 종합보고서 본권 Ⅰ 침몰원인조사(내인설)』, 2018, 85쪽)

압을 주고 다시 닫혀야 한다. 그런데 이 밸브가 고착되면 조타 신
호를 주지 않았는데도 타를 계속 돌아가게 하는 신호를 주게 된
다.([그림 4] 참조)•

기술적 문제로 보이는 급선회 발생 원인에 대한 가설은 각각 책
임 배분 문제와 연결되어 있었다. 피해자 가족을 비롯해 한국 사회
는 '누가 잘못했는지', 즉 이 거대한 비극의 결정적 책임을 누가 져
야 하는지를 묻고 있었다. 검찰은 조타 미숙을 급선회의 원인으로
보고 기소했고, 1심에서는 검찰의 기소 의견이 인정되어 세월호

• 이는 세월호 선장·선원 재판 중에 제기된 가능성으로, 대법원은 검찰이 기소한 조타 실수가 핵
심 원인이 아닐 수 있다며 인양 후 정밀 조사가 필요함을 인정한다.(진실의 힘, 2016, 405쪽) 이
는 선조위 출범 직전 인양 관련 토론회에서 4·16가족협의회 진상규명분과장이 가능성을 열어
두고 조사해야 한다고 지적한 부분이기도 했다.(4·16가족협의회, 2017)

급선회 발생 당시 항해를 맡은 조타수와 항해사에게 징역 10년형이 선고되었다. 그러나 2심과 대법원에서 기계 결함 가능성이 인정되어 두 사람은 과실로 선박을 침몰시켰다는 혐의에서 벗어나 최종 형량이 징역 5년으로 줄어든다.[19] 따라서 급선회의 원인이 조타 실수냐 기계 결함이냐는 진실 그 자체뿐 아니라 책임 배분의 문제에 있어서도 중요했다.

외력에 대한 가설, 즉 급선회를 일으킬만한 외력이 무엇인지에 대해 제기된 가설은 크게 2가지로 잠수함 충돌과 앵커(닻)를 암초에 걸리게 한 행위였다. 잠수함 충돌이 급선회의 원인일 경우 해당 잠수함 승조원들은 물론 잠수함 운항 조직(한국 해군은 물론 미군 잠수함일 경우 미군까지도)에 책임을 물을 수 있으며 소위 은폐를 도운 정부 책임자에게도 책임을 물을 수 있다. 앵커설은 누군가 일부러 닻을 내렸다는 주장이기 때문에 잠수함설보다 고의성이 더 강조되며 침몰을 명령한 자를 찾을 수 있는 가설이다. 즉 조타 미숙, 기계 결함, 외력 중 외력이 가장 광범위하고, 높은 지위에 있는 사람들에게까지 책임을 물을 수 있는 가설이었다. 한편 기계 결함, 특히 솔레노이드 밸브와 같이 점검 사항으로 의무화되어 있지 않은 아주 작은 기계의 결함은 참사의 책임을 가장 분산시키는 원인이었다고 할 수 있다. 이러한 점에서 '누가 잘못했느냐?'라는 사회의 질문과 '정부 책임을 제대로 묻지 못했다.'는 사회적 인식은 책임을 확실히 물을 수 있는 가설에 대한 선택적 지지를 뒷받침했다.

과학 논쟁 연구에서는 일반인들의 선택적 지지를 비과학적이라고 비판하거나, 해결해야 할 문제로 보는 것이 아니라 항상 존재할 수밖에 없는 조건으로 바라보자는 태도가 대체로 합의되어 있다.

세월호 참사에서 피해자 가족이 책임을 묻기 위해 가설을 선택적으로 지지한 것 자체를 비난할 수는 없다는 뜻이다.

그렇다고 책임의 직접적인 연결고리를 가장 잘 보여주는 서사가 항상 재난의 원인일까? 기계 결함이 법정에서는 책임 문제를 흐트러뜨리는 것처럼 보이더라도, 결국은 이러한 기계 결함이 참사로 연결되지 않게 하기 위한 선사와 정부의 책임이 수없이 존재한다. 국가 책임에 대한 가장 쉬운 서사가 외력설인 상황에서, 기계 결함을 원인으로 보는 과학자·기술자들은 이 직접적이지 않은, 복잡한 원인과 책임 소재를 피해자 가족에게 설득해야 했다. 그러나 몇몇 위원과 조사관을 제외하고 선조위 내부의 과학자·기술자들은 자신이 밝혀야 하는 침몰 원인과 세월호 참사의 책임 배분이 어떻게 연결되는지를 크게 생각하지 못했다. 과학적으로 규명한 원인에 왜 추가적인 설명이 필요한지 많은 조사관들과 위원들은 이해하지 못했다. 이 부분이 재난조사위원회가 부딪히는 곤란함이다. 재난조사위원회는 분명 과학적 원인과 더불어 책임 배분에 대한 답을 피해자들에게 줘야 한다. 그러나 조사를 주도하는 과학자·기술자들은 이 임무를 수행하도록 훈련되지 않았다. 놀스는 "과학자들과 기술자들이 연구실을 떠나 조사팀에 들어가면 (종종 즉시) 절망적으로 정치화된 분쟁의 결정권자로서의 일시적인 역할을 떠맡는다."라고 썼다.[20] 선조위의 조사관과 위원들도 곧 동일한 어려움에 처하게 되었다.

종합보고서작성기획단의 딜레마

특조위에서 진상규명국과 안전사회과의 분리로 인해 발생한 구조적 원인 규명의 실종도 반복되었다. 선조위는 초기에 세월호 도입 시기까지를 조사 범위에 포괄하겠다고 결정했지만, 실제 조사는 2014년 4월 15일과 16일, 출항부터 침몰까지에 집중했다. 그러나 선조위 일각에 구조적 관점은 살아남아 있었는데, 종합보고서작성기획단이 존재했기 때문이다. 선조위에는 활동 초기부터 종합보고서를 염두에 두고 관련 업무를 추진할 부서가 있어, 세 조사위원회 중 유일하게 조사 시작과 동시에 종합보고서의 기조와 사회적 기능을 고민할 수 있었다. 몇몇 이유에서 종합보고서작성기획단(보고서기획단)은 선조위 내에서 가장 명시적으로 구조적 관점을 대표하는 부서가 되었다.[•] 보고서기획단의 실무 책임자였던 김선애 종합보고서기획담당관은 특조위 안전사회과 팀장으로 안전사회 종합 대책의 상당수 과제를 총괄했던 경력이 있었으며, 종합보고서가 일반 시민들에게도 읽힐 수 있도록 발간되어 재난의 교훈이 전문가뿐 아니라 사회적으로도 학습되어야 한다는 문제의식이 있었다.[21] 보고서기획단은 초기에 여러 재난 보고서들

• 보고서기획단은 집필진, 조사관 등과 기획팀 회의 형태로 진행하다, 2018년 5월 25일, 집필과 평가자문을 담당하는 외부 전문가들을 공식 위촉했는데 위촉 위원은 보고서 집필진 4명, 제도개선 분야 집필진 2명, 평가위원 9명이었다. 평가위원에 세월호 참사 유가족이 5명 포함되어 있었고, 4·16가족협의회뿐 아니라 일반인희생자 대책위원장도 포함되어 있었다. 특히 가족협의회 진상규명분과장과 일반인희생자 대책위원장은 검토 회의에 거의 빠짐없이 참여해 종합보고서에 대한 의견을 제출했다.(선조위, 2018a, 298~308쪽)

을 검토하며 기본 방향을 잡아갔는데, 특히 컬럼비아호 사고조사 보고서에서 영감을 받은 것으로 보인다. 컬럼비아호 조사위원회는 사고의 조직적 원인으로 우주왕복선 프로그램의 역사 및 문화를 검토했고, 물리적 원인 외에 조직적·역사적 원인에 보고서의 약 절반 정도를 할애했다.[22]

> 김선애 과장: 컬럼비아호 보고서를 보면 사고 발생 원인으로 조직 문제라고 얘기가 되어있습니다. 그러니까 기존에 반복된 사고일 경우에는 어떤 나사의 의사 결정 구조나, 사고의 조직적 원인들을 종합보고서에 담을 수 있습니다. [⋯⋯] 저희 보고서가 나름대로 해외재난보고서에 대한 고민 속에서 진행됐다는 것을 말씀드립니다.[23]

종합보고서 발간은 세월호 참사의 원인 규명 및 투명한 공개뿐 아니라 참사의 원인을 제공한 법령·제도·정책·관행 등 개선 대책을 수립해 권고하는 것을 목적으로 삼았는데, 이는 법령으로도 정해진 사안이었다.[24] 보고서기획단은 조사1과의 대인 조사에서 선사인 청해진해운의 조직적 문제 등을 조사할 것을 요청하는 등 구조적 원인 규명을 위해 노력했다.[25] 또 별도로 제도 개선 분야 필진을 섭외해 연구를 진행했는데, 조사 결과를 통해 즉시 도출될 미시적인 개선안 외에도 거시적·구조적 제도 개선안이 필요하다고 생각했기 때문이다.[26] 보고서기획단은 거시적·구조적 제도 개선안으로 선사의 책임 강화와 관련한 안과 사고 보고 체계와 관련한 안을 마련하기로 결정하고 각각의 과제를 연구할 필자를 별도로 섭외

했다.[27]

보고서기획단은 초기에 선체 조사와 제도 개선안을 좀 더 유기적으로 연결하려 노력했던 것 같다. 보고서기획단은 '통상적인 선무 확인 조사와 승객 탈출 경로 구조 가능성 검토를 위한 기초 조사' 사건에서 선원들을 조사할 때 기존의 선박 운항 관행이 어떠했는지도 함께 조사가 진행되기를 기대했지만, 쉽지 않았던 것으로 보인다.[28] '통상 선무 확인'이 사건명에 있긴 했지만 '승객 탈출 경로 구조 가능성 검토'가 본래 사건의 주요 목적이었기 때문에 실제로는 침몰 당시 선원들의 행위에 주로 초점이 맞춰졌다. 담당 조사관들이 다른 기술적 쟁점과 관련한 사건도 동시에 담당하고 있었던 데다 구조 구난과 관련한 쟁점은 본래 선조위 업무가 아니었다는 점도 이 사건이 중요한 위치를 차지하지 못하게 했다.[29]

보고서기획단은 사고 보고 체계 관련 제도개선보고서 집필자와 함께 선원 노동 및 해상 안전 관리, 사고 보고 체계에 대한 별도의 인터뷰 및 실태 조사를 진행하는 것으로 구조적 원인 조사의 미흡함을 보충하려고 했다.[30] 새로운 사고보고 제도를 제안하기 위한 실태 조사는 선원, 선사, 안전 관리자 등 다양한 관련자들을 만나 면담을 진행하는 방식으로 총 12차례 진행되었다.[31] 사고보고 체계 관련 제도개선보고서는 재난에는 이전의 조직적·사회적 원인이 무수히 연루되어 있다는 관점에서, 안전을 경시한 청해진해운의 조직문화와 내항 여객선 안전 관리가 낙후되어온 사회적인 기원을 살핀 후 연안 여객선의 사고 보고 제도 수립과 안전 관리 책임자 육성을 포함한 안전 관리 구조의 개선을 제시했다.[32] 또 다른 제도개선보고서인 선사 책임 관련 보고서 역시 선사 책임을 자발적으로 강화할 유인이 필요하다며 안전 관리 책임자의 처벌 규정 마련 등을 제시했다. 이러한 제도개선보고서는 전원위원회에서 두 차례 논의되었는데, 제도개선보고서가 세월호 참사의 원인과 동떨어진 일반론이 아니냐는 질문을 받게 된다.[33]

> 권영빈 소위원장: 그런데 보면 이게 세월호하고 관련된 것 들이 뭐가 있어요. 솔직히. 그리고 영세 연안 여객선사나 이 런 걸 자꾸 얘기하는데, [……] 오히려 [청해진해운보다] 훨씬 더 영세한 여객선사들의 현황과 사고, 문제점, 발전 방향으 로서가 더 나을 것 같아요.[34]

> 장범선 위원: 제도 개선 쪽에 초점을 맞춘다고 하더라도 마찬 가지로 이런 것들이 결국 대형선사라든지 세월호에 관련된 구체적인 문제들을 먼저 구체적으로 기술하고 그것을 베이 스로 해서 나와야 좀 더 설득력 있지 않나 생각이 들고요.[35]

> 김영모 부위원장: 앞에 우리가 직권 조사라든지 신청 조사 에 의해서 결론을 낸 부분과 뒤에 두 분의 제도개선[보고서] 집필위원이 작성해서 수록돼 있는 내용이 판이하게 다르다 고 합니다. [……] 밝혀주신 내용들이 정말 방대한데 어떤 의 미에서 보면 세월호 참사가 일어나게 된 보다 근본적이고 보다 제도적이고 관리적인 문제들을 담고 있습니다. [……] 우리가 사고 원인 조사를 한 것과 제도개선[보고서] 내용들 이 제가 볼 때는 유리가 되어서는 안 될 것 같다……[36]

특조위에서 진상규명국과 안전사회과의 분리로 인해 세월호 참사의 구조적 원인 규명이 제대로 이뤄지지 못한 것과 유사하게, 선체 조사는 기술적 쟁점에 집중한 반면 제도개선보고서는 별도로 작성되었기 때문에 발생한 문제였다. 특조위가 사법적 조사와 제도 개선을 위한 정책연구로 양극화되었다면, 선조위는 기술적 조사와 제도 개선 연구로 나눠졌다. 중범위 수준의 원인 규명, 직접적 원인과 제도 개선 사이의 연결고리는 여전히 부족했다. 조사 결과와 연결되지 않는다고 지적한 위원들이 스스로 내놓은 제도 개선안 아이디어들도 천차만별이었다. 공무원 징계 등 개인 처벌을 강조하는 위원이 있었던 반면, 연안 여객선 공영제와 같은 제도적 해결책을 이야기하는 위원도 있었다. 이외에도 개선된 제어 시스템 등 기술적 해결책, 선박의 운항과 정비를 분리해야 한다는 조직적인 해결책 등이 중구난방 논의되다 별 진전 없이 종료되었다.[37] 보고서기획단이 마련한 두 제도개선보고서는 내인설의 권고안으로 실리긴 했지만, 기술적 원인과 구조적 원인을 성공적으로 연결하지는 못했다.

선조위는 특조위보다 순조롭게 출발했지만, 과거의 유산은 선조위의 운영에 지속적인 영향을 주었다. 먼저 세월호 진상규명 운동과 특조위 강제 종료 등의 경험을 통해 자유한국당 추천 위원들에 대한 깊은 불신이 뿌리내렸다. 대통령 탄핵이라는 어마어마한 변화 속에서도 여전히 세월호 참사 관련 정부 책임자들 대부분은 법적 책임을 지지 않았다는 분노가 위원회 안팎에 강하게 존재했다. 사회 구조적 원인 규명을 위한 조사 방식의 혼란과 빈약한 경험, 재난조사의 종결이란 어떤 의미이며 어떻게 종결할 수 있는지에 대한 불완전한 합의도 선조위가 물려받은 유산이었다. 이 모든 부정적 유산 속에서도, 선체 조사는 계속 진행되고 있었다. 아직 아무도 두 개의 보고서를 상상하고 있지는 않았다.

2. 침몰 원인 논쟁

진영 구도의 고착

2018년 2월 초 타기펌프 개방 검사가 이뤄지기 직전까지도 선체 조사를 담당한 조사1과는 솔레노이드 밸브 고착을 유력한 가설로 생각하지 않았다. 1월 31일 진행된 조사점검회의 기록을 보면, 조사1과장은 브룩스벨이 솔레노이드 밸브 고착 가능성을 언급한 점을 비판적으로 검토할 것을 지시하고 있다.[38] 그런데 불과 며칠 뒤에 타기펌프 개방 검사에서 한쪽 솔레노이드 밸브가 고착된 상태로 모습을 드러냈다. 종합보고서 집필진들은 2018년 3월 24일 선조위 워크숍에 참석해 관련 결과를 들었다. 조사점검회의에 참석해 그간의 분위기를 알고 있던 집필진들도 놀라기는 마찬가지였다. "법원이 대단하네." 한 집필진이 나에게 말을 건넸다. 솔레노이드 밸브 고착 가능성을 지적하며 조타 실수를 원인으로 인정하지 않은 2심 판결을 떠올리며 한 말이었다. '인양을 하니 새로운 증거가 나오는구나!' 하는 놀라움과 '진짜 그 작은 부품 때문이었던 건가?' 하는 복잡한 마음이 동시에 들었다. 어찌됐든 침몰 원인의 실마리가 겨우 풀리기 시작할 것처럼 보였다.

그런데 타기펌프 개방 검사를 통해 솔레노이드 밸브 고착이 확인되고 대다수 조사관들이 이전과는 달리 기계 결함을 유력한 가설로 보기 시작한 시기에, 선조위의 진영론적 갈등 구도를 강화·고착하는 사건이 발생한다. 2018년 2월 선조위 내부에서 자유한국당 추천 이동곤 위원에 대한 의혹이 제기되었다. 세월호 참사 직후 선박해양플랜트연구소(KRISO)에서 자유 항주 모형시험을 시행하고 이 결과를 검찰에 제출했는데, 이 시험에 이동곤 위원이 참여했었다는 것이다. 자유 항주 시험은 모형 배를 만들어 무게중심(GM), 속도, 타의 각도 등 다양한 변수에 따라 선회가 어떻게 달라지는지를 보기 위한 시험으로, 모형선을 자유롭게 항해하도록 한다는 의미에서 '자유 항주' 시험이라 불린다. 사고 당시의 항적을 구현하기 위한 방법으로는 컴퓨터 시뮬레이션과 자유 항주 시험의 두 방법이 있는데, 피해자 가족들은 이미 진행된 컴퓨터 시뮬레이션 외에 실제 모형 배를 만들어 시험해 사고 원인을 더 정확히 밝히기를 바라왔다.[39] 2014년 KRISO의 자유 항주 시험 결과는 검찰의 증거로 채택되지 않아서 널리 알려지지 않았는데, 의혹을 제기한 김성훈 팀장 및 선조위 구성원 일부는 검찰이 자신의 수사 결과를 뒷받침하지 않자 시험 결과를 일부러 증거에서 제외한 것이라고 보았다. 또 선조위가 자유 항주 시험을 설계할 때 이동곤 위원이 기존 시험 결과가 어떠했는지를 충분히 공유할 수 있는데도 이를 이야기하지 않은 것은 무엇인가 은폐할 의도가 있었기 때문이라고 보았다.[40] 의혹은 검찰과 이동곤 위원 양쪽을 모두 겨냥했다. 2018년 3월 6일 '현 선조위 위원이 선체 모형 자유 항주 모의실험 결과를

은폐'했다는《SBS 뉴스》의 단독 보도로 이 사실이 사회적으로 알려진다.●41

검찰은 KRISO가 제출한 자유 항주 시험 결과에서 잘못된 데이터가 있음을 발견했고, 그 결과 증거 가치가 인정되지 않아 증거로 사용하지 않았을 뿐 시험 결과를 은폐한 것이 아니라는 입장을 발표했다.42 그러나 검찰 해명의 진위 여부를 가리는 것에 선조위 일부와 4·16연대는 별다른 관심이 없었다. 4·16연대는《SBS 뉴스》단독 보도 다음 날 바로 논평을 내 자유 항주 시험 결과를 은폐해온 이동곤 위원을 강력히 규탄하고, 3월 23일에는 이동곤 위원 외에 추가로 3명을 지목해 은폐 가담 여부를 밝혀야 한다는 기자 회견을 진행했다.43 추가로 지목된 2명(김철승, 김영모)은 검경합수부나 해양심판원 등 세월호 참사 조사를 담당했던 기관의 자문위원 등의 이력이 있었고, 나머지 1명(공길영)은 2014년 9월 KRISO를 방문해 모형시험을 진행했다는 사실을 '들어서 알고 있었다.'는 이유로 은폐에 가담했을 수 있다고 지목받았다.44 초기에 자유한국당 추천 2인의 위원만을 경계했던 4·16연대는 2018년 3월에는 전 정부하에서 조금이라도 세월호 참사 조사에 관여한 경력이 있는 이들까지 총 4명의 위원을 '해양 적폐 세력'으로 지목하며 적대하기 시작했다.

제대로 된 자유 항주 시험을 피해자 가족들이 바라왔고, 선조위

● 《뉴스타파》김성수 기자에 따르면, 당시 선조위 대외협력담당관이《한겨레》,《경향신문》,《SBS 뉴스》를 대상으로 해당 사안을 설명하고 기사화를 타진했다고 한다.《한겨레》,《경향신문》은 위 의혹을 기사화하지 않았으나《SBS 뉴스》가 단독 보도를 진행한 후 다수의 언론이 유사한 보도를 내보냈다.

의 중요한 임무 중 하나가 자유 항주 시험이었다는 점에서, 위원들 중 이 분야의 가장 전문가인 이동곤 위원이 2014년에 진행된 자유 항주 시험에 대해 함구한 것을 두고 시험 결과 은폐를 의심하는 것은 가능하다. 하지만 이 의심은 KRISO의 자유 항주 시험 결과를 기술적으로 신뢰한다는 전제하에 제기될 수 있는 것이다. 다른 문제에서는 모든 기존 데이터나 조사 결과를 의심해봐야 한다는 입장이었던 이들이, 급하게 진행된 KRISO의 시험 결과를 아무 의심 없이 신뢰하는 태도는 일관성이 떨어진다. 검찰 해명의 진위 여부를 가리려 하지 않았다는 점도 마찬가지다. 아마 이들에게는 KRISO 시험 결과 자체가 중요했다기보다 '시험 결과 은폐 시도'라는 상징이 중요했던 것이 아니었을까.

은폐 가담자로 3명의 위원을 추가로 지목한 근거가 취약하다는 점도 이런 추정을 뒷받침한다. 은폐 가담자로 낙인찍힌 것은 몇몇 위원들의 입장에서 부당한 일이었다. 예를 들어 4·16연대에 의해 추가로 지목된 3명 중 1명인 김철승 위원은 국과수에 디지털 기기 포렌식을 의뢰할지 여부에서 피해자 가족의 의견을 지지했고, 선체처리위원회에 피해자 가족을 위원으로 위촉해야 한다는 의견을 제출해왔다.[45] 회의록에 기록된 발언을 보면, 김철승 위원은 대체로 국가기관과 피해자 가족 간의 신뢰 회복을 중시하는 입장이었다. 그가 해양 적폐 세력으로 지목받은 이유는 오로지 세월호 참사 당시 해양안전심판원 특별조사부 전문가 자문위원이었다는 이유뿐이었다.

이처럼 4·16연대의 해양 적폐 세력 낙인찍기에는 논리의 비약이 심했지만 이는 피해자 가족에게 상당한 영향을 미쳤다. 해양 적폐 세력 프레임은 피해자 가족들의 전문가 및 보수 정당에 대한 불신과 공명했다. 4·16가족협의회 선체 인양분과장은 2018년 4월 17일 위 4명(이동곤, 김영모, 김철승, 공길영)의 위원들이 종합보고서 작성에 관여하지 말 것을 요구하며 단식 농성을 시작했다.[46] 4·16 가족협의회의 공식 항의가 아니었지만, 이 행동은 선조위에 상당한 압박이 된 것으로 보인다. 4월 27일 19차 전원위원회에서 권영빈 소위원장이 증거인멸, 위증을 범죄 혐의로 보고 선조위법 29조 1항•에 따라 이동곤 위원에 대한 검찰 고발 안건을 제안했고, 격론 끝에 의결되었다. 동시에 위원회는 나머지 3명(김영모, 김철승, 공길영)의 위원이 은폐에 가담하지 않았음을 공식 확인했다.[47] 그러나 가담자로 계속 추궁을 받은 위원 3명이 5월 초 위원장에게 사퇴서를 제출하면서 선조위는 파행 직전까지 간다.[48]

> 처음에는 유가족들[과] [……] 엄청 관계가 좋았어요. 그런데 아마 솔레노이드 밸브 고착 확인되고 나서부터 조금씩 냉랭해지더니만 갑자기 이동곤 위원이 증거 은폐했다는 얘기가 나오고 또 나랑 다른 위원들도 공범이라고 하고, 완전히 분위기가 확 바뀐 거예요. 4·16연대는 학교 정문 앞에 적폐 세력 물러나라고 플래카드까지 걸어놓고, 맨날 언론에 나오고, 진짜 더 이상은 못 해먹겠다 싶어서 선조위원 때려

• 「세월호 선체조사위원회의 설치 및 운영에 관한 특별법」 제29조(고발 및 수사 요청) ① 위원회는 조사 결과 조사한 내용이 사실임이 확인되고 범죄 혐의가 있다고 인정되는 경우 검찰총장에게 고발하여야 한다. 다만, 피고발인이 군인 또는 군무원인 경우에는 피고발인이 소속된 군 참모총장이나 국방부장관에게 고발하여야 한다.

치우려고 했어요. 유가족이랑 4·16연대 상대로 명예훼손 고소장까지 써놨는데 정의당 윤소하 의원이 전화해서 말리더라고요. 나도 가만히 생각해보니까 유가족까지 고소하는 건 차마 못 하겠더라고요. 그래서 4·16연대한테만 공식 사과받고 고소 않기로 하고 마음 다잡고 다시 전원위원회 들어간 거예요. (김철승 위원 인터뷰)[49]

　4·16가족협의회도 선조위의 파행을 막고자 했다. 2018년 5월 16일 가족협의회는 '세월호 침몰원인 논란에 대해' 성명을 발표해 "최근 일부의 모습, 특히 성급히 결론을 내려버리거나 다른 의견이 있는 사람들에게 감정적, 인신공격적 비난을 퍼붓는 모습들을 보면서 매우 심각하게 우려하게 되었"으며 "선조위 내부에서조차 일부 위원과 조사관들이 조사방향을 놓고 대립하고 자신들의 입장만을 관철시키기 위해 언론과 여론을 이용하려는 모습"을 보인다고 비판했다.[50] 다음날인 5월 17일 20차 전원위원회 회의에서 4·16가족협의회가 위원회의 조사 결과를 받아들이기로 하고, 위원들도 사퇴 의사를 철회하면서 다시 위원회 활동이 재개되었다.[51] 그러나 일련의 과정을 거치며 위원들 간의 신뢰는 무너지고, 위원 내부의 진영은 고착되었다. 전원위원회에서 침몰 원인 논쟁이 본격화되기 이전인 3~5월에 이미 해양 적폐 세력 대 진상규명 세력이라는 틀이 짜여졌다.

　일단 위원 간 진영이 나눠지자, 위원들의 세부 전문 분야의 차이도 진영을 고착하는 데 영향을 주기 시작했다. 내인설과 열린안으로 나눠진 선박 해양 분야 위원들의 전문 분야는 공교롭게도 전자

[표 11] 선조위 위원 구성

성명	소속 및 직업(전문분야)	추천단위	담당소위
김창준	변호사(해운 분쟁 전문)	더불어민주당	위원장
김영모	한국해양수산연수원(선장)	자유한국당	부위원장/2소위원장
권영빈	변호사(특조위 진상규명소위원장)	유가족	1소위원장
공길영	한국해양대학교(항해학, 조선공학)	유가족	1소위
김철승	목포해양대학교(항해학, 항해사)	국민의당	1·2소위→2소위
이동곤	선박해양플랜트연구소(조선공학)	자유한국당	1·2소위
이동권	대우조선해양 구조 기본설계팀장	유가족	1·2소위
장범선	서울대 조선해양공학부(조선공학)	바른미래당	1·2소위

는 항해 분야, 후자는 설계 분야로 나눠졌다.([표 11] 참조) 또 항해 분야 전문가들은 주로 선장·선원 등 실무자들을 양성하는 역할을, 설계 분야는 선박 설계 전문가들을 양성하는 역할을 담당하고 있었다. 항해 분야 전문가들은 자신들의 경험적이고 맥락적인 지식도 활용할 수 있도록 고려해달라고 요청했는데, 이는 때로 설계 분야 전문가들을 무시하는 태도로 여겨져 대립은 더 강화되었다.

> 김영모 부위원장: 저나 우리 김철승 위원이나 우리 나름대로 평생을 항해 분야, 해양 분야 쪽에서 종사했던 사람입니다. 그러면 아마 1소위에서 우리 장범선 위원님이나 이동권 위원님 같은 경우에는 [……] 조선 쪽에 기여를 한 부분이 있을 수 있겠지만, 저희는 선박 항해 쪽에, 특별히 세월호 사고 같은 경우에는 항해에 굉장히 비중이 높지 않습니

까? 그러면 저희들이 기여를 할 부분이 있어야 됩니다. 지금 현 시스템에서는 1소위에서는 저희들은 일체 배제되어있고 [……] 자료도 못 받았습니다.[52]

이인규 과장: 제가 한번 물어보겠습니다. 여기서 경사 시험이 제대로 된 데에 가서 시험해본 사람이 있습니까?[53]

장범선 위원: 이걸 해봐야 코멘트를 할 수 있습니까? 이거는 교과서에 나오는 기본적인 겁니다.[54]

'항해 분야 전문가들은 곧 해양 적폐 세력'이라는 프레임은 세부 전문 분야가 서로 다른 전문가들이 조사와 해석을 상호 보완할 기회를 차단했다. 해양 적폐 세력이 지지하는 가설(내인설)은 박근혜 검찰이 내린 결론과 유사하기 때문에 믿을 수 없다는 4·16연대의 주장은 선조위 내에서도 유사한 논리가 통용될 수 있도록 했다.

권영빈 소위원장: 내인설이 시나리오가 훌륭한 게 아니라, 지금까지 해심원이나 검경합수부 발표 내용에서 더 나간 게 없는 겁니다. [……] 선조위 1소위원장 입장에서는 지금까지 이 반대편의 입장은 해심원 수준하고 같다……[55]

권영빈 소위원장의 위 발언은 내인설의 재난 서사가 박근혜 정부에서 이뤄진 조사 내용과 크게 다르지 않다는 점을 강조하기 위한 것이었다. 이처럼 진상규명 세력 대 해양 적폐 세력이라는 진영론적 프레임의 강력한 작동은 정치적 갈등에 익숙하지 않은 공학자들의 운신의 폭을 좁혔을 것으로 추정된다. 처음 회의록을 읽으며 들었던 의문은, 왜 위원회가 파행으로 치닫는데도 은폐 가담자로 지목되지 않은 위원, 특히 외력설을 지지한 적이 없던 장범선 위원 등이 해당 문제에 대해 침묵하고 조정 노력을 전혀 하지 않는가 하는 것이었다. 한참 시간이 지난 후에야 유가족이 단식 농성까지 하는 상황에서 이들이 취할 수 있었던 다른 입장이 없었을 것이라는 생각에 이르렀다. 사안별로 판단 차이는 있었지만, 명백하게 조사위원회를 방해하겠다는 특조위 새누리당 추천 위원들과 달리, 선조위 위원들은 대체로 진상규명을 통해 피해자 가족의 아픔을 조금이라도 달래겠다는 생각이 있었다. 전문가로서 말이다. 그러나 박근혜 정부 시절의 조사에 조금이라도 관여된 이들은 '해양 적폐 세력'으로 몰리고, 조금이라도 이전의 검찰 수사 결론과 유사한 의견을 표명하면 역시 적폐 세력으로 낙인찍히는 상황에서, 전문가들에게는 답이 정해져있는 닫힌 질문만이 주어졌다. 진상규명 세력으로 남아있기 위해서라도 나머지 위원들은 외력설에 가까운 입장을 취해야만 했다. 이것이 이후에 두 개로 나눠진 보고서 속에서도 독특한 방식으로 발현된다.

외력 검증 TF의 설립

선조위 내부에서는 초기 외판 조사 등에서 충돌 흔적이 발견되지 않았기 때문에 외력 가능성을 낮게 보고 있었다. 그러나 선조위 외부에서는 끊임없이 의혹이 제기되었다. 2017년 11월 24

일에는 《시사저널》이 침몰 원인이 과적이 아니었다고 단독 보도했고 선조위가 이에 대해 섣불리 보도하지 말아달라는 입장을 내기도 했다.[56] 2018년 1월 17일 조사점검회의 기록을 보면, 조사팀장들이 기자들로부터 '앵커 침몰설'에 대한 질문을 받기도 했으며, 언론이 제기하는 외력설을 위원회가 조사하고 있는지 피해자 가족으로부터 문의를 받았다는 내용이 기록되어있다.[57] 2018년 3월 중순에는 앵커 침몰설을 제기하는 「그날, 바다」의 예고편이 공개되면서 외력설에 대한 관심이 더욱 높아졌다.[58] 선조위 내부와 외부 분위기는 달랐다. 외력설을 유력한 가설로 보는 외부 분위기와 이를 조사하라는 사회적 압력은 선조위 내 소수였던 외력설 지지세력이 관련 조사에 나설 수 있는 기회를 만들어주었다. 2018년 4월 13일, 18차 전원위원회 회의에서 '세월호 핀안정기 외력 검증 TF(외력 검증 TF)'가 구성되면서, 그동안 주요 가설로 다뤄지지 않은 외력설에 공식적 지위가 부여된다.[59]

외력 검증 TF는 명칭에서 알 수 있듯이 세월호 좌현 핀안정기에 대한 조사를 목적으로 구성되었다. 핀안정기는 [그림 5]처럼 배의 평형을 유지하는 것을 돕는 작은 날개와 같은 장치이다. 세월호는 좌현, 즉 왼쪽으로 누운 상태로 인양이 되었는데 그 과정에서 좌현에 있던 핀안정기는 인양에 방해가 된다는 이유로 절단되었다.[60] 그런데 잘라낸 핀안정기가 본래 설계된 최대 가동 범위(25도)보다 훨씬 더 많이 돌아간 것(50.9도)이 선조위 용역 결과를 통해 드러나면서 여기에 외력이 가해졌을 수 있다는 주장이 등장했다. 이를 검증하기 위한 팀이 외력 검증 TF였다. 외력 검증 TF는 제1소위원회 소속 이동권 위원을 팀장으로, 6명의 팀원(위원장 보좌관 및 조사관

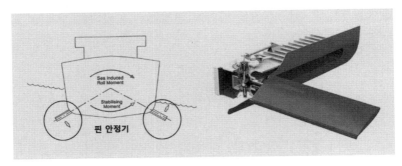

[그림 5] 핀안정기(스테빌라이저)(출처: 선조위, 『세월호 선체조사위원회 종합보고서 부속서 4』, 2018, 379~380쪽)

5명)을 두고 권영빈 소위원장 및 장범선 위원이 자문으로 활동했다.([그림 5] 참조)**61**

　외력 검증 TF의 출범은 침몰 원인 논쟁의 본격화를 알리는 신호탄이었다. 선조위 내의 논쟁은 크게 세 주제로 나눠볼 수 있다. 첫째, 복원성 수치(GM 및 GoM)**•**에 영향을 미치는 변수들을 둘러싼 논쟁이다. 복원성 값은 세월호 증축부터, 증축 이후 무게중심을 측정하기 위한 시험의 적절성, 침몰 당시의 평형수의 양, 화물의 양과 적재 방식 등 무수히 많은 변수에 의해 달라진다. 세월호 선체가 외력 없이도 급선회할 수 있었는지 여부는 결국 복원성 수치에 달린 것이었기 때문에 복원성 수치는 침몰 원인을 밝히는 데 핵심 논쟁 지점이었다. 둘째, AIS 기록에서 관찰되는 세월호 사고 당시

- 선박의 무게중심(G)과 메타 센터(M) 사이의 거리. GM수치가 클수록 복원성이 좋다. GoM은 평형수 등 배 안에 실린 액체가 흔들리며 무게중심을 상승시키는 효과를 반영한 수치다. 선조위의 두 안은 보고서에 출항 시, 사고 당시의 추정 GM값과 추정 GoM값을 적시하고 있다.

의 급격한 선회율(Rate of Turn, RoT)과 복원한 블랙박스에서 관찰한 급격한 횡경사율(Rate of Heel, RoH)의 해석 문제이다. 뱃머리가 순식간에 정반대로 돌아가고 급격한 횡경사가 발생한 것을 기계적 오류가 아니라 실제라고 보았을 때, 이것이 외력 없이도 도출될 수 있는 숫자인지가 중요했다. 특히 선회율(RoT)과 횡경사율(RoH)은 마린의 1·2차 자유 항주 시험의 해석에 대한 입장과 관련이 있기 때문에 중요하다. 셋째, 외력을 왜 주요한 가설로 남겨둬야 하는지에 대한 문제였다. 외판 조사에서 눈에 띄는 흔적이 없었는데도 가설을 기각하지 않는 것 자체가 문제라는 것이다. 100% 재현이 불가능한 사고 조사에서 복원성 수치와 선회율, 횡경사율을 가지고 외력을 주요 가설로 세울 수 있는가, 설사 핀안정기에 무언가가 부딪혔다고 하더라도 핀안정기를 크게 손상시키지 않는 힘으로 선체가 그렇게 급격히 회전할 수 있는가 하는 질문들이 제기되었다. 이는 핀안정기에 외력을 가한 마린의 3차 시험에 대한 해석과 연관된다.

선조위가 진행한 논쟁을 하나하나 모두 짚기 위해서는 많은 기술적 설명이 필요하다. 이 책에서는 범위를 좁혀 마린의 자유 항주 시험을 둘러싼 입장 대립을 중심으로 침몰 원인 논쟁을 살펴본다. 마린의 세 차례의 자유 항주 시험은 복원성, 선회율과 횡경사율, 외력 가설의 타당성 등 앞서 분류한 세 쟁점을 모두 포함하며, 이에 대한 해석의 차이가 결과적으로는 두 안이 나눠진 핵심 이유이기 때문이다.

마린은 총 세 차례 자유 항주 시험을 진행했다. 1·2차는 일반적인 자유 항주 시험이었고, 3차는 핀안정기에 외력을 준 시험이었다.[62] 1차 시험은 2018년 1월 16일부터 28일까지, 2차 시험은 2월 21일부터 3월 4일까지 이뤄졌으며, 2018년 5월 말 마린의 용역 책임자 3명이 한국에 와 두 차례의 시험 결과를 보고했다.[63] 이 중간 보고에서 마린은 사고 당시 세월호 항적(AIS 데이터)과 시험 결과를 비교해 선조위가 제시한 GM값 범위 내에서 사고 당시의 항적이 구현된다는 결론을 도출했다.([그림 6] 참조)[64]

외력 검증 TF는 1·2차 마린 시험 결과를 받아들이지 않았다. 쟁점은 선회율이었다. 뱃머리가 얼마나 빨리 돌았느냐에 대해서 외력 검증 TF가 AIS 데이터에서 유도해낸 데이터와 마린의 시험 결과가 맞지 않는다는 것이었다. '유도해낸 데이터'라는 표현에서 알 수 있듯이 여기에는 데이터 해석의 차이가 있었다. 1장에서 살펴보았듯이 AIS데이터와 관련해서는 세월호 참사 직후부터 조작 여부 등 여러 의문이 있었다. 선조위 내에서는 AIS 데이터가 조작되지 않았다는 것에 대해서는 의견이 일치했다. 마린과 외력 검증 TF 사이의 핵심 쟁점은 AIS 데이터에 기록된 뱃머리(선수) 방향의 급격한 변화를 어떻게 해석할 것이냐에서 발생했다.

세월호의 급선회를 기록한 AIS 데이터에는 1초 만에 뱃머리가 199도에서 213도, 이후 191도로 변화하는 물리적으로 불가능한 데이터를 기록하고 있었다.[65] 외력 검증 TF는 이를 그대로 믿지도 않았지만 완전히 잘못된 데이터라고도 하지 않았다. 이들은 AIS 기

- 마린 모형시험은 선조위가 제시한 다섯 단계의 GM값에 화물의 위치와 움직임, 타각 시나리오, 선수 또는 선미 트림값, 속도에 조금씩 변화를 주면서 모형 배를 항해시켜 항적을 기록했다. 이 그림은 GM2(0.45m)의 조건에서 조건을 조금씩 달리한 항적을 기록한 것이다. 끝에 배 모양이 없는 두꺼운 선이 4월 16일 기록된 세월호의 항적이다.

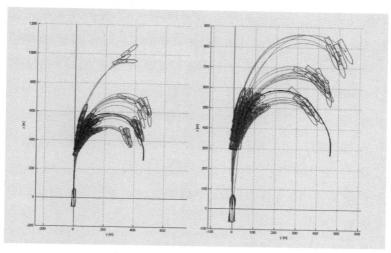

[그림 6] 모형시험 궤적과 세월호 AIS 궤적 비교 동일한 GM2(0.45m) 조건에서 1차·2차 시험 •
(출처: 선조위, 『세월호 선체조사위원회 종합보고서 본권 I: 침몰원인조사(내인설)』 2018, 134쪽)

록을 보정해 급격한 선수 방향 변화를 현실에서 가능하도록 조정 (smoothing)하고, 실제로는 세월호의 선수 방향이 191도→199도 →213도로 변화했을 것이라 추정했다.[66] 외력 검증 TF는 조정한 AIS 데이터를 바탕으로 도출된 높은 선회율을 재현해야 항적이 제대로 재현되었다고 볼 수 있다고 생각한 반면, 마린은 AIS 시스템이 직접 기록한 정보가 아니라 이를 추가 계산(미분)해 얻은 정보에는 불확실성이 크다고 보았다. 비현실적인 데이터는 GPS 기록이 갑자기 튀는 것처럼 노이즈로 해석해야 한다는 것이었다.[67]

이러한 의견 차이가 외력을 시험하는 3차 시험을 추진한 배경이었다.[68] 마린 3차 시험(2018년 6월 26일~7월 2일)은 핀안정기에 철사를 걸어서 이를 당기는 방식으로 외력이 어떤 영향을 주는지를 알아보는 시험이었다. 3차 시험 결과는 외력 TF에게 그리 만족스럽지 않았다. 시험에서 얻을 수 있었던 가장 높은 선회율은 초당 2.6~2.7도였다(1·2차 시험에서는 초당 2.0도). 이는 시험 계획 단계에서 외력의 크기를 계산하는 데 사용한 초당 3.3도라는 선회율 값에 미치지 못하는 수치였다.[69] 마린은 시험 결과 중 가장 높은 선회율을 만들어낸 외력 조건에서 횡경사는 오히려 감소했다는 점도 지적했다. 선회율은 AIS 기록에 가까워지는 듯 보이며 높아졌지만, 그 밖의 다른 데이터와는 더 멀어졌다는 것이다. 마린은 3차 시험 이후에도 1차와 2차 시험의 결론이 여전히 유효하다는 입장을 밝혔다.[70]

이러한 시험 결과에도 외력 검증 TF는 외력 가능성을 포기하지 않았다. 그러나 외력이 작용했다면 어떤 외력인지, 무엇을 현실적인 가능성으로 검토해야 하는지 가설을 제시하지 않았다. 예를 들어 포항 지진의 경우 자연 지진론 대 유발 지질론을 주장하는 학자들이 자기 가설을 입증하려 했다면,[71] 세월호 선조위 내부의 논쟁은 '내인설 대 외력설'이라기보다 최종 보고서의 명칭대로 '내인설 대 열린 결론'이라는 형태로 진행되었다. 회의록에는 반복적으로 '외력을 특정하는 것이 아니라 외력의 가능성을 확인하는 것'이 목표라는 점이 언급된다.[72]

> 장범선 위원: 그러니까 저희는 외력이 있다는 의혹에 대해서 밝히는 거지, 외력을 찾는 것이 목적이 아닙니다.[73]

이는 '외력에 의해서 넘어간 거냐, 아니면 순수하게 넘어간 거냐'가 궁금한 피해자 가족들의 입장에서는 답답한 일이었고,[74] 내인설에 동의하는 전문가들에게는 과학적인 태도가 아니었다.[75] 회의록에는 외력 검증 TF에 예상 가능한 인과관계를 추정해달라는 요청이 지속적으로 등장한다. 외력이 있었다면 그 정체가 무엇인지, 잠수함인지 아니면 다른 물체인지 몇 개의 가설이라도 도출해달라고 말이다. 피해자 가족도, 다른 위원들도, 종합보고서 집필진도 동일한 질문을 던졌다.

> 4·16가족협의회 인양분과장: 세월호가 저런 식으로 데이터가 나오려면 과연 무엇이 필요한지 저는 묻고 싶은 거예요. [……] 우리가 많은 외력 실험을 했지만 [……] [저 수치가 나오려면] 과연 어떠한 게 밀어야만 저 정도가 나오는지……[76]

> 김창준 위원장: 외력 팀장님, 언제 뭐 이렇게 큰 시나리오가 나오나요?[77]

> 이동권 위원: 시나리오라고 말씀하시니까 당황스럽긴 한데요. 조사 외력 TF의 조사결과보고서는 지금 저희가 다음 주 수요일, 내일 일단 1차 취합을 할 거고요.[78]

2018년 7월 초만 하더라도 외력 검증 TF 소속의 장범선 위원은 유가족의 질문에 대해 외력을 찾는 것이 목적은 아니지만 "외력이 현실적으로 가능한지, 그 힘을 적당한 잠수체가 낼 수 있는 건지 따져볼 것"이라고 답변하고 있다.[79] 즉 외력을 준 물체를 특정할 수는 없지만 가설을 어느 정도 좁혀가겠다는 의지는 있었던 것이다. 그러나 외력 검증 TF는 최종보고서에서 결국 어떤 경우의 수를 현실적으로 상정할 수 있는지에 대한 답을 내놓지 않았다. 외력 검증 TF의 결론은 "사고의 원인 중 하나로 외력의 가능성을 확인했고, 그 외력은 배제한 상태에서 나머지에서 침몰 원인을 찾아야 할 이유는 없다."라는 것이었다. 가설, 즉 서사가 없어지더라도 결론을 열어두는 것이 과학적으로 더 올바른 태도라는 것이 외력 검증 TF의 공식적인 입장이었다.

> 권영빈 소위원장: 그러니까 쉽게 얘기하면 외력은 있었다. 그런데 그 외력의 정체를 찾는 것은 그다음 문제인 것이죠. 그러니까 TF한테 외력을 찾은 다음에 너희가 이 시나리오를 설명했느냐? 이렇게 물어보는 것은 좀 곤란한 질문이라고 답변 드리겠습니다.[80]

> 김철승 위원: 저는 소위원장님 의견에 동의를 할 수가 없고요. 왜냐하면 일단 과학을 하고 공학을 하는 사람들은 가설을 세웁니다. 가설을 세우고 그걸 갖다가 모델링을 해서 실험적이나 이론적이나 확률적으로 검증을 해서 그 가설에 대한 오류를 갖다가 평가하는 게 기본적인 스탠스라고 보고 있거든요.[81]

외력 검증 TF가 조사를 진행할수록 가설은 모호해졌다. 가설을 좁혀가는 대신 외력 검증 TF는 '법정에서의 과학 논쟁'에서 관찰되는 현상과 유사한 전략을 취했다. 과학자 공동체 내에서는 어떤 해석에 의심을 품는 것만으로 이를 부인할 수 없지만, 법정에서는 다르다. 법정에서의 과학은 상대방이 '합리적 의심을 넘어선 정도로' 입증될 수 없게만 하면 된다.[82] 그것이 실제 법정이든 사회라는 법정(society as a court)이든 반대 신문을 수행하는 사람은 의문을 던지기만 해도 그 효과를 얻을 수 있다. 김철승 위원 등은 외력 검증 TF에 가설 검증이라는 과학자 사회의 규범을 따를 것을 요청했지만, 외력 검증 TF는 자기 가설을 검증하기보다 상대방의 가설을 반증하는 데 더 노력을 기울였다. 선회율 수치가 비현실적으로 큰 이유에 대해 조사1과에서 자이로(gyro)• 오작동에 따라 데이터가 튄 것이라고 해석하면, 외력 TF는 잠수함에 의한 추돌로 인해 선회율 수치가 크다고 증명하는 것이 아니라 왜 자이로 오작동으로 볼 수 없는지를 주장하는 식이었다.[83] 계속되는 반론 제기는 추가 증거를 요청했기 때문에 조사결과보고서는 검토 과정을 거치며 점점 더 세세한 기술적 내용의 설명에 집중하게 되었다. 물론 이는 작은 의혹이라도 남기고 싶지 않은 세월호 진상규명 운동의 입장과 공명하는 것이기도 했다.

그러나 이러한 입장은 내인설의 신뢰도를 낮출 수는 있어도 외력설의 신뢰도를 높이는 것은 아니었다. 위원들의 논의와 동시에 작성되고 있었던 종합보고서는 외력 검증 TF가 보기에 내인설에 좀 더 가깝게 작성되고 있었다.[84] 우선 종합보고서 작성을 위해 참고

• 자이로는 회전하는 물체의 축 안정과 세차 운동을 이용한 각종 계측에 사용되는 기구다. 자이로콤파스의 형태로 선박, 비행기 등에 실려있으며, 전자 자이로 센서 형태로 자동차는 물론 스마트폰 등에도 사용된다. AIS 기록의 선수 방향은 세월호의 자이로 콤파스의 수치에서 기록된 것이다.

한 선조위의 조사결과보고서 대부분과 마린 보고서, 브룩스벨 보고서 등이 모두 외력설을 지지하지 않고 있었다. 즉 자료의 압도적 대부분이 외력설을 뒷받침하지 않고 있었다. 게다가 외력설은 독립된 가설로 제시되지 않고 내인설에 대한 이견으로만 제시되고 있었기 때문에 종합보고서의 서술에 포함되기가 어려웠다.

소수 지위에서 벗어나고자 외력 검증 TF, 특히 권영빈 소위원장은 자신과 의견이 다른 전문가들의 신뢰도를 떨어뜨리는 전략을 취했다. 특히 해외의 전문기관이 주요 공격 대상이 되었다. 브룩스벨이 보고서를 지연 제출한 것은 '용역 업체로서의 가치가 없는 행위'를 한 것이므로 해당 보고서를 종합보고서에 인용하면 안되며,[85] 마린의 용역 담당자는 매니징 파트너일 뿐 모형시험 분석에 있어서 전문성이 떨어진다며 갑자기 마린의 실력을 문제 삼았다.[86] 외력설을 지지하지 않던 대다수 조사관들과의 이견에 관해서는 '소위원장이 찬성하지 않는 것은 원안으로 올릴 수 없다.'며 조사위원회 체계상의 권한으로 조정하려 했다.[87]

기술적 쟁점으로 논쟁하는 것이 아니라 소위원장의 권한을 이용해 특정 조사 결과를 인정하지 않으려는 행동에 오히려 피해자 가족이 반발하기도 했다. 조사관들의 조사결과보고서를 존중하면서도 위원회의 권위를 세워야 한다는 것이 피해자 가족들의 입장이었다. 조사위원회가 국민의 세금으로 진행한 조사를 입맛에 맞는 것만 취사선택할 수 없다는 생각도 분명했다. 당시 4·16가족협의회 진상규명분과장은 브룩스벨 보고서를 종합보고서에 인용하지 않는 것은 말도 안 된다며 반발했고,[88] 조사관들의 조사결과보고서 원안이 상정되지 않자 이에 대해 매우 강력히 문제를 제기했다.

4·16 가족협의회 진상규명분과장: 이게 잘못된 것 같은데요. '급선회 항적 및 횡경사에 관한' 조사결과보고서 이걸 왜 별첨으로 넣었죠? 이게 원래 원안 아닙니까?

권영빈 소위원장: 아닙니다. [⋯] 전원위원회 안건을 올리는 것은 소위원장의 권한이고요. 소위원장은 조사결과보고서를 올릴 수도 있고 진상규명보고서를 올릴 수도 있습니다. 진상규명보고서가 원칙이고, 조사결과보고서는 보조적인 방안입니다.

4·16 가족협의회 진상규명분과장: 이해가 안 돼서 제가 다시 한 번 질문을 드리겠는데요. 조사를 한 거는 조사관이죠. [⋯] 지금 본말이 전도됐는데요. 제가 알기로 급선회 항적 및 횡경사에 관한 조사보고서가 300페이지가 넘는 것으로 알고 있는데, 이게 어떻게 뒤로 빠집니까? 이게 앞으로 나오고 그다음에 소위원회에서 조사 결과보고서의 문제점이 있으면 그 문제점을 [⋯] 뒤로 붙이는 거로 제가 알고 있는데.[89]

그러나 회의 이후 권영빈 소위원장은 300페이지가 넘는 조사결과보고서에 대해 이견이 있다며, PPT로 만들어진 몇 장짜리 보고서를 진상규명보고서로 상정했다. 4·16가족협의회 진상규명분과장의 질의에 대해 권영빈 소위원장은 '안건 상정 권한은 자신에게 있다.'며 수차례 같은 대답만을 반복했고, 진상규명분과장은 소위원장이 상정한 보고서를 찢고 퇴장했다.

결국 브룩스벨 보고서를 종합보고서에 인용하고, 조사결과보고서는 위원들이 각각 찬반 의견을 밝히는 방식으로 의결하기로 결정되었다.[90] 그러나 그 뒤에도 소위원장의 지위 혹은 용역 업체에 대한 선조위의 권한을 들어 이견을 강제로 조정하려는 시도는 반복되었다. 가장 극적인 사건은 마린의 3차 모형시험 결과보고서에 대한 수정 요청이었다. 마린은 핀안정기에 외력을 가한 3차 시험 결과 "외력 가설은 기각되었다."라고 보고서에 적었는데, 외력 TF 소속이었던 선조위의 용역 담당자인 허성환 팀장이 발주처의 권한을 이용해 결론의 해당 부분을 삭제해달라고 요청했다.[*91]

재난조사는 불충분한 물리적 증거와 시간이 지날수록 흐릿해지고 재구성되는 관련자들의 기억을 더듬으며 당시의 상황을 재구성해야 한다. 선조위의 침몰 원인 논쟁은 급선회와 침몰이라는 사건(event)에서 조직적·사회적 원인으로 거슬러 올라가는 것이 아니라 사건을 설명하는 변수 하나하나의 세세한 부분을 파고드는 방식으로 이뤄졌는데, 끝없이 기술적 엄밀함을 추구해도 증거의 부족으로 추정의 영역이 남을 수밖에 없는 재난조사의 성격상 완벽한 재현은 어려웠을 것이다. 내인설과 열린안 지지자들은 각각 상대방이 추정한 부분에 대해 더 엄격했으며, 특히 외력 검증 TF의 경우 추정을 하느니 공백으로 남기는 것이 더 과학적이라는 태도를 강하게 유지했다.

- 삭제된 조항은 내인설 각주 117번에 언급되어 있다. "윈치 힘과 그 방향 및 지속 시간을 현실적인 범위 안에서 아무리 조합해도 AIS 선수 방위각 원자료에서 도출한 선회율은 얻을 수 없다. 따라서 그처럼 높은 선회율을 발생시키는 외력에 대한 가설은 기각할 수 있다."(선조위, 2018b, 228쪽)

상대방의 불확실성을 지적하고 신뢰도를 떨어뜨리는 논쟁 방식은 조사의 범위를 좁히고 기술주의를 강화한 반면 구조적 관점이 설 자리를 협소하게 만들었다. 블랙박스 시간 동기화의 기준, 배의 기울기를 추정하는 데 물줄기를 사용할지 쇠사슬을 사용할지, AIS 데이터의 여러 해석 사이에 무엇이 맞는지, 평형수 탱크에 평형수가 98% 실렸는지 95%를 실렸는지를 논의해야만 하는 상황에서 선사의 조직적 문제나 구조적 원인은 완전히 잊혀졌다.[92] 원인 논쟁이 격화되면서 대다수 위원과 조사관들은 계속해서 기술 논쟁으로 미끄러져갔다. 조사 범위 확장을 통해 구조적 원인에 접근하려던 계획은 세월호가 침몰한 순간에만 집중하는 기술적 조사로 축소되었다.

'내인설'과 '열린안'

조사위원회의 종료일(2018년 8월 6일)이 다가오면서, 전원위원회에 조사결과보고서를 상정하는 것을 더 미룰 수 없게 되었다. 선조위는 6월 말과 7월 초에 복원성 수치, 세월호 급경사 발생 시점, 레이더 미확인 물체, 선회율 및 횡경사율 등 주요 쟁점 사항을 논의한 후, 7월 10일부터 3~4일에 한 번씩 전원위원회 회의를 열고 오전부터 저녁까지 조사결과보고서 의결을 위한 논의를 진행했다.[93] 그러나 몇 차례의 집중 토론에도 쟁점이 합의될 기미는 보이지 않았다. 선조위 위원들은 점점 이견을 병기해 조사결과보고서를 의결해야겠다는 생각을 하기 시작했다. 7월 17일 25차 회의에서는 복원성 조사보고서가 상정되었는데, 복원성 수치에 영향을 주는 변수들 하나하나에 대한 이견이 충돌했다. 위원장은 세세한 기술적 쟁점을 모두 판단하는 방식으로는 복원성 수치가 도저히 합의될 수 없을 것이라 생각했다.[94]

김창준 위원장: 좀 단순히 크게 봐야지 이거를 아이템 바이 아이템으로 항목별로 다 이렇게 검증을 하기 시작하면 저는 답이 안 나올 것 같습니다.[95]

김창준 위원장: 지금 오늘 논의를 해봐도 어떤 근본적인 판단이랄까요? 그런 점에서 차이가 있어서 제가 한계를 느끼고 [……] 아직 시간이 있습니다. 그래서 7월 25일 날 최종 결론을 내릴 때 그때 합쳐질 수도 있을 거고 그때도 안 되면 병기라도 하는 것이 하여튼 차선책이 아닌가.[96]

김창준 위원장이 종합보고서를 두 개의 안으로 내자고 제안한 것은 아니다. 복원성 수치와 선회율 등 이견이 있는 쟁점 사항은 두 의견을 나란히 적더라도, 종합보고서는 하나로 내야 한다고 전제하고 있었다. 7월 19일 종합보고서기획단 전체회의에서도 보고서기획단은 복원성 수치에 대한 판단을 위원회 차원에서 내려달라고 요청하고 있다.[97] 여전히 합의를 기대하고 있었던 것이다.

전치형 교수(종합보고서 외부집필위원): 지금 선조위에서 처음으로 출항 당시에 배의 상태에 대한 얘기가 나가는 것인데, 결국에는 1장의 그거를 궁금해하고 있는 거죠, 밖에서는. 그래서 배가 어땠다는 것이냐?[98]

허성환 팀장(복원성 보고서 담당): 그러면 그 배 자체가 출항할 때 아주 출항해서는 안 될 정도로 컨디션이 안 좋은 배였나? 출항할 만했냐, 출항해서는 안 되었냐 이런 판단까지 저희가 해주시기를 바라는 건가요? 아니면 수치만 주면 어떻게 판단을 하실 건지.[99]

이정일 사무처장: 팀장님이 그런 판단을 해도 되고 안 해도 되고. 그런데 위원회에서는 어쨌든 위원들은 판단을 해줘야 된다는 게 집필진의 기본적인 입장이라는 말씀을 드리고 싶어요.[100]

종합보고서기획단은 재난조사를 통한 당시 상황의 완전한 복원은 현실적으로 불가능하며, 증거가 부족한 부분은 합리적인 추정을 통해 설명해야 하고, 데이터에 대한 해석에는 합의가 필요하다는 점을 인지하고 있었다. 동시에 이러한 합의를 이뤄내는 것이 재난조사위원회가 해야 할 기본적인 역할이라고 생각하고 있었다.[101] 그런데 바로 합의와 판단이 필요하다고 요청하는 이 부분이 외력 검증 TF와 갈등을 일으켰다. 앞서 언급했듯이 외력 검증 TF는 소위 내인설이 증거가 부족한 상태에서 섣불리 추정을 하고 있다고 생각했고, 이를 공백으로 남겨두는 것이 필요하다고 여겼기 때문이다. 7월 23일 외력 검증 TF 소속 위원 3명은 종합보고서기획단 전체 회의에 참석해 현재까지 집필된 종합보고서가 한쪽에

치우쳐있다는 의견을 피력했다.[102]

> 권영빈 소위원장: 이 종합보고서작성기획단은 "외력설은
> 근거를 안 준다." 그러면서 어느 한쪽으로 쭉 정리가 되고
> 있어요. [……] 대립되는 의견들이 이미 밝혀져 있고, 쟁점
> 들이 어느 정도 형성되어 있다면 이 종합보고서 원고도 그
> 런 이중적인 측면에서 초안이 잡혀야 된다.[103]

일주일 동안 종합보고서 집필진은 외력 검증 TF의 조사 결과를
반영해, 쟁점이 합의되지 않은 부분은 1안, 2안으로 나눠서 종합보
고서 초안을 재작성했다. 7월 31일 30차 전원위원회에서 종합보고
서 초안이 발표되었다. 그러나 이견을 병기한 서술은 외력 검증 TF
의 입장에서 여전히 부족해 보였다. 하나의 서사에 서로 다른 해석
이 포함되기는 어려웠던 것이다. 외력 검증 TF 소속인 장범선 위
원이 먼저 보고서의 분리를 제안한다.[104]

> 장범선 위원: 어떤 수치적인 부분은 분명히 1안, 2안 해서 구
> 분은 잘 지어진 것 같아요. 그런데 브룩스벨이라든지 마린
> 실험에서 인용하는 부분은 어떻게 보면 공통적인 내용인데
> [……] 기술하는 뉘앙스가 서로 의견이 다르거든요. [……]
> 그런 부분들은 1안, 2안을 내기가 참 어렵거든요. [……] 저
> 는 깔끔하게 2개를 나눠서 분리해서 쓰는 것을 희망합니
> 다.[105]

국가기구인 선조위가 결론을 합의하지 못하는 부분에 대한 부위원장의 우려가 있었으나 이미 논쟁을 포기한 위원장을 포함해 다른 위원들은 모두 찬성했다.[106] 활동 기한 종료를 단 일주일 앞두고, 선조위는 두 개의 조사결과보고서를 발표하겠다고 결정했다. 결국 원래 하나의 안으로 쓰였던 종합보고서는 6명의 위원들이 각각 3 대 3으로 나뉘어 '내인설'과 '열린안'이라는 두 보고서로 발간되었다.•

'내인설'에서 설명하는 세월호 침몰 원인은 다음과 같다. 세월호는 증개축으로 인해 무게중심이 올라가 많은 짐을 실어서는 안 되는 배였지만, 항상 짐을 많이 싣고 평형수를 빼 복원성 기준을 어긴 채 출항했으며, 2014년 4월 15일에도 여객선이 지켜야 할 복원성 기준 10가지 중 7가지를 어긴 채 출항했다. '내인설'은 세월호를 '출항해서는 안 될 배'로 보았다.

이렇게 복원성 기준을 어긴 채 항해하던 세월호의 급선회를 촉발한(triggered) 원인은 검찰이 기소한 조타 실수가 아니라 솔레노이드 밸브 고착이다. 전기 신호가 지시한 만큼 타의 각도를 변경하도록 유압을 조절하는 역할을 하는 이 밸브가 고착되면서 본래 5도만 돌리려고 했던 타가 최대 각도인 30도까지 계속 돌아간 것으로 추정된다. 복원성이 양호했다면 타가 최대한 돌아가더라도 배가 옆으로 넘어져서는 안 된다. 그러나 복원성이 나빴던 세월호는

• 선조위 위원은 총 8명이지만 종합보고서에 사인한 위원은 6명뿐이다. 위원 8명 중 이동곤 위원은 증거인멸 혐의가 제기된 시점에 사퇴 의사를 밝혔고, 공길영 위원은 21차 위원회 회의(2018. 6. 21.)까지 출석했으나 그 이후로는 회의에 불참했다. 공길영 위원이 왜 종료 직전에 회의에 불참했고 보고서 의결에 참석하지 않았는지 밝힌 바는 없다.

[그림 7] 고착된 솔레노이드와 정상 솔레노이드 비교(출처: 선조위, 『세월호 선체조사위원회 종합보고서 본권 I 침몰원인조사(내인설)』, 2018, 84쪽)

과도하게 기울었고, 화물 고박이 제대로 되어있지 않아 D데크°에 실려있던 철근이 이동하면서 옆에 있던 대형 트레일러와 충돌하며 연쇄적인 화물 이동이 시작되었다. 이미 화물이 이동한 세월호는 다시 일어날 수 없었다.

침수는 세월호가 왼쪽으로 45도 정도 기울었을 때부터 시작되었다. C데크 외판 루버 통풍구를 통해 처음 바닷물이 들어왔고 배가 더 기울면서는 C데크 창문, 각종 통풍 구조를 통해서도 침수가

- 세월호는 총 5층 구조로 되어있었는데, 맨 상위 층이 A데크, 가장 하위 층이 E데크이다. A, B데크가 여객 층이며, C~E데크는 화물을 싣는 칸이다. E데크에는 기관실이 있어 화물을 실을 공간이 적어, 주요하게는 C, D데크에 화물이 실리는데, C데크보다 D데크에 무거운 화물이 실린다.

되었다. 여객선은 만일 침수가 일어나더라도 일부 구획만이 물에 잠기도록 설계되어 있으며 세월호도 마찬가지다. 그러나 세월호는 본래 닫혀있어야 했던 맨홀, 수밀문 등이 모두 열려있던 상태였기 때문에 한번 들어온 바닷물은 빠르게 다른 구역으로 흘러 들어갔다. 전문가들의 예상보다 빠른 속도로 침몰한 이유는 이 때문이었다.[107]

'열린안'의 핵심 주장은 외력의 가능성이 열려있다는 것이다. 보고서는 많은 부분을 '내인설'의 취약한 지점을 지적하거나 동일한 데이터를 다르게 해석할 수도 있다는 점을 설득하는 데 할애하고 있다. '내인설'의 취약 지점은 고착된 솔레노이드 밸브가 '인천행' 타기펌프의 것이었다는 데 있었다. 타기펌프는 조타 시스템에서 전기 신호를 받아 유압을 보내 타를 돌리는 역할을 한다. 세월호에는 2개의 타기펌프가 있었고, 임의적으로 '인천행'과 '제주행'을 구별해 사용하고 있었다. 또 입·출항 시와 날씨가 나쁠 때는 2개의 타기펌프를 모두 사용하지만, 출항 후에는 하나를 끄는 것이 관례였다.[108] 그런데 왜 하필 2014년 4월 16일 제주로 가는 세월호가 인천행 타기펌프를 켜고 있었단 말인가? 열린안은 제주로 향하고 있던 세월호가 평소처럼 제주행 타기펌프만을 사용했을 것이라 보았다. 즉 인천행 타기펌프를 사용하지 않았을 것이기 때문에 솔레노이드 밸브 고착은 급선회를 촉발한 원인이 될 수 없다는 것이었다.

또 내인설이 외력을 기각한 마린의 결론을 받아들인 데 비해, 열린안은 3차 시험에서 외력을 도입하자 세월호 AIS에서 관찰되는 큰 선회율에 더 가까이 갈 수 있었으므로 외력 가능성이 있다고 보았다. 화물 고박 불량에 대해서도 내인설이 세월호가 18~20도 기울었을 때 일부 화물이 움직이기 시작했다는 점을 강조한 반면, 열린안은 일부 화물이 18~20도 사이에 움직이기 시작했지만, 세월호가 최대로 기운 이후에도 다수의 차량의 본래의 위치에 고박된 채 그대로 남아있었다고 보았다.[109] 화물 이동이 세월호를 급격히 기울게 한 원인이 아니라는 점을 강조하기 위함이었다.

여기서 독특한 지점은 열린안 내부에도 통일되지 않은 의견이 실려있다는 점이다. 장범선 위원은 세 부분에서 열린안의 다수 의견과 다른 의견을 제출했다. 첫 번째는 타기펌프와 관련한 이견이다. 솔레노이드 밸브는 타가 움직이기 시작할 때와 멈출 때밖에 작동하지 않는다. 그러므로 인천행 타기펌프의 솔레노이드 밸브 고착은 그 펌프가 당시에 사용되고 있었으며 고착도 사고 당시에 발생했다고 판단할 근거가 된다. 당시에 펌프를 2개 다 사용했는지 그러지 않았는지는 알 수 없지만 인천행 타기펌프가 켜져있었다는 점만은 분명하다는 것이 장범선 위원의 의견이었다.[110] 둘째는 마린의 3차 모형시험 결과의 해석에 관한 이견이다. 열린안은 핀안정기에 외력을 가한 실험이 선회율은 증가시켰지만 선속(船速)과 횡경사는 AIS 기록과 멀어진 결과를 실험 설계의 한계라고 간단히 언급한 반면, 장범선 위원은 선박의 특정 부위에 힘이 가해진다고 오로지 선회율만 높아질 수는 없다고 보았다.[111] 즉 실험을 더 정교하게 설계해도 선속과 횡경사 등의 수치가 AIS 항적과 달라질 가능성이 크다는 것이다. 마지막은 좌현 핀안정기실 주변 및 후미의 파손과 외력과의 연관성 여부이다. 선조위 종료 직전 외력 TF의 다른 두 위원인 권영빈, 이동권 위원은 좌현 핀안정기실 주변과 세월호 후미의 파손이 외력의 증거일 수 있다는 의혹을 제기했다.*[112] 그러나 장범선 위원은 좌현 핀안정기실 주변과 후미 파손은 함몰 부위가 깊고 넓지 않아 선회율을 증가시킬 정도로 큰 힘이 가해졌다고 판단하기 어렵다고 보았다.[113]

장범선 위원의 위와 같은 의견은 사실 내인설의 주장과 가깝다. 《뉴스타파》는 여기에 주목해 선조위 보고서가 실제로는 내인설 4 대 외력설 2의 구도라고 보도하기도 했다.[114] 이견이 있는데도 왜 장범선 위원이 열린안에 이름을 올렸는지는 정확히 알 수 없다. 그는 계속해서 자신은 정치적인 입장은 배제하고 과학적인 자세로만 임했다고 하지만, 이것이 그가 열린안에 사인한 이유를 충분히 설명해주지는 못한다. 나는 해양 적폐 세력 대 진상규명 세력으로 단순화된 구도, 항해 분야와 설계 분야 간 대립 속에서 설계 전문가라는 위치 등이 그의 선택에 영향을 주었다고 생각한다. 결국은 학연 때문이라고 말하는 사람들도 있었다.(열린안을 지지한 위원들은 전원 같은 대학 출신이었고, 장범선 위원은 그중 가장 학번이 낮았다.) 이 모든 이유들이 사실이 아니라고 하더라도, 앞으로의 효과에 대한 아무런 고려 없이 본인의 결정에는 '정치성'이 없다며 열린안에 사인한 것은 재난조사위원회의 역할과 전문가로서 사회적 책무에 대한 성찰이 부족했음을 보여준다.

• 이 행동은 내인설을 지지하는 위원들에게 매우 강력한 비난을 받았다. 첫째는 해당 부위의 파손 및 함몰 검토 후 외력의 흔적이 아니라고 기각한 이전의 조사 결과를 전혀 존중하지 않았다는 점에서, 둘째는 스테빌라이저에 가해진 외력을 주장하다, 마린의 3차 시험이 그 결론을 지지하지 않자 가설을 바꾼 행위였다는 점에서였다.(선조위, 2018r) 과학기술학자인 홍성욱은 선체 인양 후의 이러한 외력설은 모든 증거를 자신의 주장에 맞춰 해석하는 음모론의 성격을 띠었다고 논평한다.(홍성욱, 2020)

[표 12] 선조위 보고서 주요 내용 비교

	내인설	열린안
복원성 수치 (GoM)	출항 시 0.406m, 사고 시 0.306m 여객선 복원성 기준 10개 중 7개 위반	출항 시 0.71m, 사고 시 0.59m 여객선 복원성 기준 10개 중 3개 위반
사고 당시 타기펌프 사용 여부	인천행, 제주행 둘 다 사용했을 것으로 추정	제주행 펌프만 사용했을 것으로 추정 /둘 다 사용하지 않았을 수 있으나 인천행 펌프는 사용했을 것으로 추정(장범선)
침수 전 최대 횡경사 발생 시점	8시 49분 40초에 45도 횡경사 발생	8시 49분 48초에 47도 횡경사 발생
최초 화물 이동	D갑판 철근의 고박이 풀리면서 옆에 있던 대형 드라이어와 부딪혀 연쇄적으로 화물 이동	D데크의 블랙박스 영상이 없으므로 확인 불가
마린 3차 모형시험 해석	좌현 핀안정기에 외력을 작용해도 세월호의 당시 선회와 횡경사를 설명할 수 없으므로 외력 가설 기각	외력 조건을 주면 기존 실험에서 확인하지 못한 급격한 선회율이 어느 정도는 구현 /외력으로 선회율은 증가했지만 속도와 횡경사에는 다른 변화 발생(장범선)
외력 가능성	외부 물체로 인한 손상 없으므로 외력 가능성 없음	외력 가능성 배제할 수 없음 /외력 가능성은 낮음(장범선)

    한계를 알면서도 두 안이 사실로 받아들이기로 합의한 '추정'도 있었다. 바로 침수 과정이다. 두 안은 마린의 자유 항주 모형시험 결과에 대해서는 의견이 나뉘었지만, 다음과 같은 침수 모형시험의 결과는 받아들였다. "C갑판으로 유입된 물이 차량 이동용 경사로를 따라 D갑판으로 유입되고 선박 위쪽 객실 갑판들로"도 물이 들어갔다. 대부분의 승객이 머물던 A갑판과 B갑판, 객실 부분의

"침수는 불과 15~20분 안에 대단히 빠른 속도로 이루어졌다." 세월호가 공식적으로 침몰한 오전 10시 30분 무렵 에어 포켓은 D갑판과 C갑판 일부에만 존재했으며 "객실 갑판에는 이른바 '에어 포켓'이 존재하지 않았다".[115] 또 선조위는 수밀 구역이 모두 닫혀있었을 경우의 시나리오에도 아래와 같이 합의했다.

> 선조위의 최종 시나리오대로 [E갑판 기관 장비 구획의 수밀문이 모두 닫혀있어] 세월호가 좌현 65도 가량의 횡경사를 유지한 채 상당 기간 떠있었다면, 본격적인 구조 세력이 선내로 진입해 승객들의 탈출을 도울 수도 있었을 것이다.[116]

솔레노이드 밸브가 사고 당시에 고착된 것이라는 추정이 마린의 침수 시뮬레이션을 통한 침수 경로의 추정보다 덜 과학적이라고 보기는 어렵다. 선조위 전문가들이 합의한 추정과 그렇지 않은 추정의 경계를 가른 것은 과학 그 자체가 아니라 책임 배분의 문제에 대한 판단이었다. 침수 과정의 시나리오가 쉽게 수용될 수 있었던 이유는 첫째, 침수와 관련해서는 이전에 다른 가설이 제기된 적이 없어 사회적 압력이 없었고, 둘째, 침수 과정의 기술적 원인 규명의 내용이 책임자를 명확히 지목하는 것으로 이어질 수 있었기 때문이다. 선원들이 수밀문이 제대로 작동하도록 관리하고 침수가 시작되었을 때 수밀문을 닫아야 하는 법적 의무를 지키지 않았다고 말이다. 「선박구획기준」에 따르면 수밀문은 원격으로 제어할 수 있어야 하고, 세월호에도 조타실에 기관구역과 E갑판 화물칸의 수밀문 5개를 원격으로 폐쇄할 수 있는 스위치가 있었다.[117] 조타

실에 있었던 선원들이 이 스위치를 작동시키지 않았기 때문에 열린 수밀문에 대한 책임자는 명확했다.

역으로 합의가 어려웠던 부분에는 다음과 같은 요인이 작용했다. 선조위 외부로부터 외력설에 대한 검증 요구가 적지 않았고, 특히 4·16연대 등은 낮은 복원성, 부실한 화물 고박 등을 언급하는 것 자체가 전 정부가 규정한 프레임에 휘둘리는 것이라 보았다.[118] 또 솔레노이드 밸브 고착과 낮은 복원성은 개인 책임을 분산시키는 효과가 있었으며 이러한 조사 결과를 통해 책임자로 지목할 사람이 없었다. 앞서 언급했듯이 선조위 조사관 대부분, 브룩스벨·마린 등 외국의 전문기관은 모두 외력이 아니라는 입장이었다. 그러나 진영론적 사고와 책임의 인격화로 인해 선조위는 내인설의 압도적 우세 속에서도 피해자 가족과 세월호 진상규명 운동에 내인설을 충분히 설득하고 확산시키지 못했다.

3. 두 보고서가 의미하는 것

선조위의 두 개의 보고서는 재난조사의 종결에 관한 쟁점을 제기한다. 특조위가 외부의 방해와 신청사건 형태의 조사 방식 선택으로 초기부터 공식적인 종결을 할 수 없었던 조건이었다면, 선조위는 결론에 이를만한 조사를 진행하고도 공식적인 종결의 거부를 능동적으로 택했다. 선조위의 종결 거부라는 선택을 어떻게 보아야 할까. 하나로 작성된 보고서를 불과 일주일 전에 찢어서라도 외력설의 가능성을 무겁게 남겨두려는 선택은 어떤 효과를 남겼나.

모든 공식적 종결이 반드시 선(善)은 아니다. 이를 가장 잘 보여주는 사례는 보팔 가스 누출 참사일 것이다. 과학기술학자 실라 재서노프는 1989년 모회사인 유니온카바이드가 4억 7000만 달러의 합의금을 지급하라는 합의가 사실상 보팔 피해자들의 정당성을 인정한 일종의 종결로 볼 수 있다고 말한다. 그러나 피해자들은 이에 납득하지 않았고 지금도 책임과 기억을 위한 싸움은 지속되고 있다. 재서노프는 이러한 종결의 거부, 해결책의 결여도 학습의 한 형태라고 주장한다. 그녀가 보기에, 종결의 거부로 보팔은 산업 재해 사례를 '세계적인 불평등과 불의의 문제로 재구성'하려는 '사회적 저항의 전통을 낳았다'.[119] 재서노프가 보팔 참사의 종결 거부를 해석한 것처럼, 선조위의 종결 거부를 긍정적으로 해석할 수 있을까? 이것이 나의 중요한 고민 중 하나였다.

그러나 아무리 생각해보아도 그런 결론을 내릴 수는 없었다. 보고서 발간을 아예 포기하고 모든 걸 사참위에 넘기는 게 좋지 않겠냐는 일부 활동가들의 의견, 조사위원회의 종결이 세월호 참사를 잊게 하지는 않을까 걱정했던 피해자 가족들의 우려를 안다. 그러나 선조위의 합의 포기와 종결 거부는 명백히 부정적 효과를 남겼다. 두 개의 보고서로 스스로의 권위를 무너뜨림으로써 어느 쪽도 '읽히지 않는 보고서'를 만들었다는 점에서 그렇다.

두 안은 앞서 설명한 쟁점 외에는 매우 많은 부분이 일치한다. 선조위는 블랙박스 영상 복원을 통해 세월호가 1분 정도의 짧은 시간 동안 좌현으로 45도 이상 크게 기울었고, 화물이 어떤 방식으로 이동했는지도 알아냈다. 수밀이 되어야 할 곳이 모두 열려있었던 점도 새롭게 알게 된 사실이다. 마린 시험을 통해 세월호의 복원성이 배가 일단 10도 정도 기울면 그 이후 약 30도까지 빠르게 기우는 특징이 있다는 점, AIS 데이터 해석에서는 의견이 나뉘었지만 조작이 없었다는 부분에 대해서는 합의를 이뤘다는 점도 큰 성과다.[120]

밝혀진 사실들은 분명 늘어났다. 그러나 선조위 종료 이후 한국 사회가 세월호 참사에 대해 아는 것은 더 줄어들었다. 사람들이 이해할 수 있는 서사가 사라졌기 때문이다. 구의역 스크린 도어 사고를 다룬 글에서 김성은이 지적한 서사의 중요성을 곱씹을 필요가 있을 것이다. "그릇 없이는 어떤 물도 담아낼 수 없는 것처럼, 납득할만한 내러티브가 없는 사건 해석은 아무리 기술적으로 정교할지라도 사회적 공감대를 얻을 수 없다."[121] 언론 보도의 문제도 작지 않다. 선조위 활동 종료 후 지난한 논쟁은 대부분 1000자 내외의 짧은 기사로 대중에게 전달되었다.[122] 보고서의 내용 자체를 주요하게 다룬 언론은 많지 않았다.* 세월호 선체라는 직접적 증거, 수많은 사람들의 시간과 노력은 '아직 밝혀지지 않았다.'는 한마디로 끝났다.

어떻게든 열린안을 별도 안으로 남기려고 노력한 위원들과 4·16 연대 등은 '아무것도 밝혀지지 않았다.'는 서사가 계속 대중의 분노를 자아내 세월호 진상규명 운동의 불씨가 커지길 바랐을 것이다. 그러나 밝혀진 사실이 충분히 소통되지 못해 생겨난 정보의 격차는 오히려 세월호 진상규명 운동을 서서히 고립시켰다. 세월호 진상규명을 지지하는 이들은 이 재난을 일으킨 어떤 사회적 문제를 해결하기 위해 노력해야 하는지 알 수 없는 상황에 이르렀다. 한편 보수 언론은 다시 프레임을 짜기 시작했다. 이들은 2014년 검찰 수사부터 조사위원회, 이후 특검 조사까지를 모두 포함해 조사 기구가 종료할 때마다 '7번째, 8번째, 9번째 조사에도 밝혀진 것이

• 《한겨레》가 다른 언론보다 긴 분량을 할애하고 독자의 이해를 돕기 위한 비교표를 만들고, 종합보고서 집필진의 기고를 실었다.(《한겨레》, 2018년 8월 6일; 종합보고서집필진, 2018년 8월 11일) 《뉴스타파》가 열린안 내부의 차이에 주목해 '사실상 내인설 4 vs 2 외력설'이라는 헤드라인의 기사를 내보냈으며, 《JTBC》의 '이규연의 스포트라이트'에서 '두 개의 결론, 세월호 진실은?'이라는 내용으로 보고서의 내용을 소개했다.(《뉴스타파》, 2018월 8월 7일; 《JTBC》, 2018년 8월 8일)

없다.'는 보도를 반복하고 있다.

사참위는 침몰 원인 규명 과제를 이어받아 3년 반 동안 조사를 진행했다. 선조위가 해결하지 못한 쟁점을 해결하겠다는 강박으로 인해 사참위는 솔레노이드 밸브 고착 시점 등에 대한 조사에 집중한 반면, 청해진해운이나 한국선급 등 출항 전 세월호를 불안정하게 만든 기관들에 대한 조사는 전혀 진행하지 않았다. 아이러니하게도 긴 잠복기 혹은 구조적 원인을 살피는 조사는 특조위, 선조위, 사참위를 거치며 점점 줄어들어, 검찰과 감사원의 수사가 세월호 참사의 원인에 대해 가장 구조적으로 접근한 조사가 되었다. 선조위의 두 보고서는 사참위의 직권사건 선정, 조사의 우선순위에 영향을 줌으로써 사참위의 조사를 세월호 특별법을 만들어낸 문제의식과 전혀 다른 결과로 향하게 했다.

결론
재난조사와 책임

선조위 종료를 수개월 앞두고, 세월호 참사의 차기 재난조사위원회인 사회적참사특별조사위원회(사참위)는 이미 출범을 준비하고 있었다. 이동곤 위원의 자유 항주 시험 은폐 의혹으로 선조위 내부가 들썩이던 2018년 3월 22일, 문재인 대통령이 사참위 위원 아홉 명을 임명하며 사참위 출범 준비가 본격화되었다. 선조위 종료 4개월 뒤인 2018년 12월 11일에는 조사 개시가 결정되며 향후 최대 2년간 이어질 사참위 활동이 공식적으로 시작됐다.

사참위가 출범을 준비하며 조사 쟁점을 정리하고 사업 계획을 세우는 동안 옛 동료들에게 몇 차례 연락이 왔다. 때로는 모르는 사람이 내가 예전에 쓴 글을 읽었다며 연락해오기도 했다. 부서별 칸막이를 없애라거나, 진상규명과 안전사회 과제를 잘 연결하지 않으면 안 된다거나, 청와대를 박근혜 대통령 한 명이 아니라 시스템으로 보고 조사하라거나…… 이런 말들을 했던 기억이 난다. 하지만 나의 말이 진지하게 고려된 것 같지는 않았다. 사참위가 자신의 길을 찾아 앞으로 나아가는 동안, 나는 과거를 돌아보기 위해 멈췄다. 세월호 특별법 제정 운동기의 자료를 다시 뒤적이고, 특조위와 선조위의 회의록을 찾아읽었다.

2년 뒤인 2020년 말, 몸은 연구실로 향하면서도 온 신경은 국회에 가있었다. 국회 앞에 가족 잃은 이들의 농성장이 하나둘씩 늘어나고 있었다. 2020년 12월 9일, 활동 종료를 하루 앞둔 사참위의 조사 기한을 1년 6개월 연장하는 '사회적참사법'이 국회에서 통과되었다. 피해자 가족들이 국회 본청 앞 농성에 나선 지 4일째 되는 날이었다. 특조위와 달리 사참위가 충분한 준비 기간을 가지고 2년 가까이 활동했음에도 또 한 번의 기한 연장이 필요했다는 점은 세월호 참사 조사가 모종의 곤란에 처해있음을 보여주었다.

사회적참사법이 통과된 그날, 국회 본회의장 바깥의 상황은 또 다른 난점을 보여줬다. 최예용 사참위 부위원장이 사퇴를 발표한 것이다. 사참위가 담당하는 또 하나의 재난인 가습기 살균제 참사에 대한 진상규명 업무가 제외되었기 때문이었다. 한편 세월호 참사 피해자 가족들이 농성을 접은 이날, 산재사망 사고의 유가족들은 중대재해기업처벌법 제정을 요구하며 여전히 농성을 하고 있었다. 어떤 유가족은 돌아가고 어떤 유가족은 남겨진 채로, 농성은 한 달이나 더 이어졌다. 유가족들의 단식 끝에 중대재해처벌법은 해를 넘긴 2021년 1월 8일, 청원안의 핵심 조항이 상당수 삭제된 채 임시국회 마지막 날에 통과되었다. 더불어민주당 다수의 국회는 세월호 참사의 진상규명 기한은 연장하면서 가습기 살균제 참사에 대한 조사 기한 연장은 하지 않고, 세월호 참사 진상규명과 중대재해처벌법 요구는 분리해 수용했다. 이 두 장면은 세월호 참사 진상규명 요구가 안전 사회를 위한 다른 요구와 분리되어 수용될 수 있음을, 또 세월호 참사 진상규명이 안전사회를 향한 다른 흐름과 반드시 연결되지 않을 수 있다는 점을 보여주었다. 세월호 진상규명 운동의 한 순환이 완전히 끝나는 순간이었다.

매년 4월이 돌아오면 사람들은 세월호 참사가 여전히 이 사회에 제기하는 과제가 있다고 기억한다. 그러나 "잊지 않겠습니다."라는 말을 반복할 수 있을 뿐 이제 사회운동의 언어는 빈곤하다. 수많은 사회적 자원의 투여에도 참사의 원인은 계속해서 미궁에 빠지고, 진상규명 운동은 존재감을 잃은 이 곤란함의 원인을, 이 책은 '책임'이라는 문제에 주목하여 정리했다. 이 책이 구체적으로 다룬 2014년부터 2018년까지의 4년간은 물론, 나는 우리 사회가 지금까지도 재난에 대한 책임이 무엇이고, 이 책임을 누구에게 어떻게 물어야 하며, 사회는 또 재난에 대한 책임을 어떻게 공동으로 져야 하는지에 대한 답을 찾지 못하고 있다고 본다.

2014년 세월호 특별법 제정 운동 당시의 이중의 요구, 즉 사법적 조사를 통한 책임자 처벌과 구조적 조사를 통한 사회 시스템 전환의 요구는 법적 책임과 정치적·사회적 책임을 동시에 추구해야 한다는 문제의식하에서 나온 것이었다. 돌이켜보면 이 균형은 불안한 토대 위에 있었고, 일시적으로만 유지되었다. 그동안 한국에서는 대형 참사가 발생하면 검경에서 즉시 수사를 시작해 재난의 책임을 법적으로만 배분해왔다. 그러나 행위와 결과가 선형적으로 연결되어야 하는 법적 책임의 한계상, 대부분은 말단 책임자들만이 처벌을 받고 끝났다. 세월호 참사에서도 같은 일이 반복되었고,

특히 정부 책임자에 대한 법적 처벌이 좌절되면서 책임자 처벌이 세월호 진상규명 운동의 가장 절실한 목표이자 재난조사위원회가 해결해야 하는 핵심 과제가 되었다. 정부의 계속된 탄압은 '감추는 자가 범인'이라는 구호를 낳았고, 세월호 침몰과 구조 실패를 의도하고 지시한 자가 있을 것이라는 생각을 강화했다. 국가 폭력에 대응해온 사회운동과 과거사위원회의 역사적 경험은 '체제로서의 국가' 이해를 밀어내고 '인격화된 국가' 이해를 강화하며 이를 부분적으로 뒷받침했다. 2016~2017년 촛불집회를 통해 대통령을 탄핵했음에도 세월호 참사에 대한 책임을 헌법재판소에서 인정하지 않으면서 대통령을 법적으로 처벌할 증거를 찾겠다는 열망은 더 강해졌다.

세월호 진상규명 운동 내의 구조적 관점을 대표하던 안전사회운동 역시 국가 책임의 문제를 제대로 해결하지 못했다. 안전사회운동은 상대적으로 기업의 책임에 집중했고 국가에 대해서는 기업을 감시·통제하지 못한 책임을 묻고자 했다. 그러나 대중들은 국가가 인명 구조라는 직접적 의무를 다하지 못한 책임에 집중하길 바랐다. 한편 정부는 책임을 회피하기 위해 기업의 책임을 강조하고, 보수 언론은 '사회적 책임'의 프레임을 책임 회피의 의미로 선점했다. 사람들은 기업 책임을 향한 강조가 국가 책임을 회피하려는 전략은 아닐까 의심했다.

외부적 조건이 특조위·선조위의 구조적 원인 규명 활동에 우호적이지 않았던 것은 맞지만, 국가의 조사위원회는 자신에게 주어진 책임을 다했어야 했다. 그러나 특조위는 제대로 된 조사 계획을 단 한 번도 세우지 않은 채 피해자들의 신청사건에만 의존해 '가설 없는 조사'를 진행했다. 특조위 본연의 역할을 피해자 가족에게 전가한 것이다. 또 진상규명소위원회는 자신의 법적 임무가 아니라는 이유로, 안전사회소위원회는 정책적 대안 마련에 집중해야 한다는 이유로 구조적 조사 임무를 방기해버렸다. 위원들 중 구조적 조사의 중요성을 인식한 사람들이 분명 있었다. 그러나 특조위 전체는 어떤 조사가 구조적 조사인지를 깊이 고민하지 못한 채 대체로 사법 처벌을 목표로 조사를 진행했다. 그 결과 특조위의 활동은 개인 처벌만을 목표로 하는 사법적 관점의 조사와 거시적 안전 대책 마련으로 이원화되었다.

그렇다면 선조위의 상황은 어땠을까. 정치적 호조건 속에서 출범한 선조위는 최소한 침몰 원인에 대한 결론을 내릴 수 있었지만, 위원들은 합의된 종결을 거부했다. 세월호가 복원성 문제, 선박의 결함 등이 결합해 침몰했다고 보는 '내인설'을 '전(前) 정권이 만들어낸 서사'라고 거부한 진영론이 상당한 영향력을 행사했기 때문이다. 국가의 직접적 가해 행위를 밝히고 싶어 한 4·16연대 등은 단순하지만 위험한 논리, 즉 '감춘 자가 범인일 것이다', '박근혜 정부하의 모든 조사는 틀렸다'는 논리를 내세워 선조위에서 내인설을 지지하는 위원들을 공격했다. 이들에게 책임은 행위와 결과가 직접적으로 연결된 서사가 아니면 물을 수 없는 것이었기 때문이다. 또한 이들은 책임자를 특정할 수 있는 기술적 가설을 선택적으로 지지했는데, 이는 가설과 서사 없이 내인설의 결함만을 찾아내기 위한 기술 논쟁에 정당성을 부여했다. 이 과정에서 침몰의 순간에 집중한 기술 논쟁의 격화로 구조적 조사를 진행하려던 일부 흐름은 사장되었다. 선조위 내부에서 내인설을 지지한 과학자와 기술자들은 기계 결함과 같은 기술적 원인과 책임의 문제를 잘 연결하지 못했고, 이 과정에서 책임이 흩어져 보이는 서사에도 운용자와 기업, 국가의 책임이 존재한다는 사실은 잊혀졌다.

　같은 실패를 반복하지 않기 위해 우리가 해결해야 할 문제는 무엇일까. 먼저 5·18 광주 항쟁의 발포 명령자를 찾듯이 세월호를 고의로 침몰시키거나 승객들을 구조하지 말라고 명령한 사람을 찾기란 불가능하다는 점을 인정해야 한다. 그리고 사법적 관점에 압도당하지 않고 구조적 조사를 진행하면서도 피해자와 대중들의 책임 배분 요구를 적절히 소화할 방법을 찾아야 한다. 수많은 사람의 잘못과 부주의, 무능으로 발생한 재난의 책임을 어떻게 배분해야 하는지 사회적 논의가 진척되지 않는다면, 책임의 인격화는 언제든 발생할 수 있기 때문이다.

　먼저 재난조사위원회가 법적 책임을 추궁하는 조사에 과도하게 집중하지 않기 위해 책임자 처벌이 목적인 '수사'와 이에 한정되지 않는 인과 관계를 밝히는 '조사'를 분리하는 국제 기준을 한국에 적용할 방안을 고민할 필요가 있다.* 그러나 이러한 분리를 택한다고 해도, 재난조사가 기술적 조사에만 머무를 수 있다는 점에서 문제의 일부만을 해결할 수 있을 뿐이다. 또한 이 방법은 조직 위계

---

* 이러한 기준을 채택해도 논의할 사항이 적지 않다. 재난조사위원회와 수사기관의 역할을 나눈다고 했을 때, 조사와 수사의 순서나 수사기관과의 조사 정보 공유 여부 등이 쟁점이 된다. 위축 효과를 최소화하려면 조사를 먼저 시작하고, 수사는 범죄 혐의가 의심될 때만 진행하며, 조사 정보는 기본적으로 수사기관과 공유하지 않는다는 원칙을 지켜야 한다. 그러나 국가별로 채택하는 기준은 조금씩 다르다.(김송주, 2014; 服部, 2003)

에서 말단만 책임을 지는 문제를 해결할 수 없기 때문에 재난조사 위원회가 상층 책임자를 기소하기 위한 조사의 역할을 다시 떠안을 수 있다.

다음으로 중대재해기업처벌법과 같은 조직적·사회적 책임에 대한 사법적 해결책,[1] 공권력의 행사뿐 아니라 불행사, 즉 조직적 부작위나 정부 정책의 시행으로 인한 해악까지 국가 범죄로 파악하자는 제안을 숙고할 필요가 있다.[2] 이 두 제안은 구조적 원인에 주목하며 현행법을 넘어서는 해결책을 제안한다는 점에서 재난의 책임 배분에 관한 딜레마를 해결하려는 가장 진전된 제안으로 받아들여진다. 그러나 이 방안의 제안자들이 주의를 요청하듯이 구조적 원인과 관련한 내용이 법의 구성 요건이 되지 않으면 기소와 재판 과정에서 또다시 개인 책임만이 강조되는 '개인화'나 여러 배경적 원인이 사상(捨象)되는 '탈맥락화'로 이어질 수 있다.[3] 또한 국가 범죄 개념 역시 "국가의 의인화나 국가 범죄에 대한 의도주의적인 접근을 강화하는 방식으로 이해"될 수 있다.[4] 즉 이러한 제안이 그 자체로 의도한 효과를 낼 수 있을지는 알 수 없다.

법 이론에서 집단적 책임 이론이 발전하고 있더라도, 법적 책임 방식을 확대하여 구조적 부정의에 대한 책임을 묻지 말고, 책임에 관한 개념을 '다르게' 만들자는 제안도 있다. 이를 제안한 아이리스 영은 특정인이나 특정 집단에 책임을 물음으로써 우리의 책임, 즉 사회의 책임을 면제해버릴 수 있다고 우려한다. 그녀가 보기에 구조적 부정의에 대한 책임은 그 구조를 바꾸는 집단행동을 통해서만 면제될 수 있다. 이것이 영이 말하는 정치적 책임이다.[5]

영의 주장을 재난조사위원회의 임무와 연결한다면, 재난조사위원회의 고유한 임무는 구조적 원인 규명과 이를 바탕으로 한 권고를 통해 구조를 바꾸는 집단행동을 촉구하는 것일 테다. 재난조사위원회의 결론이 사법부의 결론만큼 사회적 권위를 가질 수 있도록 재난조사위원회의 권위를 높이고, 제도의 개선 역시 책임을 묻는 한 방법으로 여길 수 있는 실천이 누적되어야 한다. 재난조사위원회의 권고는 기본적으로 국가기관을 향하지만, 이윤보다 생명을 우선하는 사회 원리는 구조를 생산하는 사회 구성원 모두의 실천을 통해 뿌리내릴 수 있다.

또한 다이앤 본이 지적하는 것처럼 구조적 원인을 다루지 않은 채 이 구조를 만드는 데 중요한 역할을 한 사람들을 책임자로 지목하기도 사실 어렵다. 즉 구조적 원인 규명은 개인 책임을 면제하려는 것이 아니며 오히려 상층 책임을 짚어내는 데 유의미하다. 컬럼비아호 사고조사보고서는 다음과 같이 규정하며 백악관과 의회에 대한 책임을 물었다. "고위 운영진은 자신들의 결정이 시스템에 미치는 영향을 항상 주시함으로써 위험과 실패 및 안전에 대한 책임을 져야 한다."[6] 이 말은 국가의 정책 결정자들을 기소하기 위한 문장이 아니라 책임에 대한 정치적 선언이다. 그러나 전자보다 후자가 사회의 변화로 이어질 가능성이 높다면 이는 결코 공허한 선언이 아니다.

세월호 진상규명 운동이 기여할 바가 남아있다면, 이 역시 재난에서의 책임 배분 문제와 관련해서다. 2018년 선조위 활동 당시 사법주의와 진영론의 선두에 섰던 4·16연대는 2020년 총회에서 '적폐 세력과 타협해서는 안 되지만 진영화의 덫에 갇히지 말' 것과 '특정 진상규명 과제나 이슈에 매몰되기보다 진상규명, 책임자 처벌, 구조 개혁, 재발 방지 대책 등을 포괄적으로 추구'해야 한다는 입장을 명시하는 등 일정한 자기 정정을 거쳤다.[7] 이는 선조위 활동 당시의 진영론적 주장에 대한 자기 정정이자 몇몇 쟁점에 매몰되어 사회운동의 큰 방향을 잊어서는 안 된다는 기조의 확인이었다. 그 후 4·16연대의 활동이 이러한 기조에 맞게 이뤄졌는지는 평가해봐야 하지만, 그와 별개로 여전히 세월호 참사가 제기한 문제들을 중요하게 생각하는 시민사회단체와 활동가들이 적지 않을 것이다. 사회운동은 적을 명확히 하는 방식으로 운동의 지지자를 확보하기도 하지만, 사회의 자기 성찰을 촉구하는 역할도 동시에 해왔다. 세월호 진상규명 운동의 보편성을 보존하면서도 피해자 가족의 마음을 달래는 공적 애도의 방식은 누구보다 이들 곁에서 활동해온 사회운동이 제안할 수 있다. 재난 인식론의 공동 생산자로서 사회운동의 역할은 작지 않다.

세월호 참사 조사 과정을 정리하면서, 나는 변화를 지향하는 사회의 흐름이 어떻게 익숙한 인식론으로 회귀하는지, 즉 변화가 얼마나 어려운지를 확인했다. 생각보다 많은 이들이 재난조사가 잘못을 저지른 개인의 법적 처벌을 최우선 목표로 삼아야 한다는 점을 의심하지 않았다. 사법적 조사의 한계를 지적한 이들이 있었지만 대안적 제도와 새로운 인식론을 구성하기는 어려웠다. 구조적 조사를 담보하기 위해 구상한 제도도 의도와는 다른 효과를 낳았다. 사회운동 역시 재난이라는 새로운 의제에 익숙한 방식으로 대응하려 함으로써 곤란에 부딪혔다.

그러나 동시에 나는 변화의 가능성이 결코 사라지지 않는다는 사실도 발견했다. 조사위원회가 사법적 관점으로 끌려가는 과정에서도 구조적 관점은 계속 살아남았다. 사법적 조사에서 벗어나기는 쉽지 않지만, 구조적 조사에 대한 요구도 결코 사라지지 않을 것이다. 그러므로 이 책을 새로운 문제의식이 계속 약화되는 과정으로 읽을 수도 있지만, 반대로 기존의 방식이 다시 강화되는 가운데서도 새로운 문제의식이 소멸하지 않는 과정으로 읽을 수도 있을 것이다. 우리에게 미래는 열려있다.

마지막으로 이 책을 쓰는 나의 책임에 대해서도 말해야 할 것이다. 아이리스 영의 말을 다시 빌리자면, "책임을 져야 할 제삼자를 찾았다고 해서 우리가 책임에서 면제되는 것은 아니다."[8] 사회운동과 재난조사위원회가 잘못된 선택을 내린 그 순간에 더 결정적인 역할을 했던 이들이 분명히 존재한다. 그러나 그 사람들에게 책임을 나눠주고 나서도 나는 스스로에게 전혀 면죄부를 줄 수가 없었다. 내가 사회운동의 일원이자 특조위의 일원이었기 때문이다. 영은 의도하지 않은 결과를 낳은 행위자들에게도 책임이 있고, 그 책임은 집단행동을 통해서만 면제될 수 있다고 했다. 그러므로 나는 제안한다. 재난 책임의 딜레마를 해결하기 위한 사회적 논의를 시작할 것을. 그럼으로써 피해자들이 지고 있던 무거운 짐을 조금이라도 덜어줄 것을. 이를 제안하고 그 논의 과정에 함께하는 것, 그것이 내가 져야 하는 최소한의 책임일 것이다.

주

1장 세월호 특별법을 제정하라

1. 민주사회를위한변호사모임, 2014; 진실의 힘, 2016.
2. 진실의 힘, 2016; 서울중앙지방검찰청, 2018.
3. 대한변호사협회, 2015, 8쪽.
4. 진실의 힘, 2016.
5. 《연합뉴스》 2014년 4월 17일.
6. 대검찰청, 2014.
7. 《경향신문》 2014년 10월 6일.
8. 민변, 2014, 166쪽(2차 자료); 변협, 2015, 14쪽.
9. 대검찰청, 2014.
10. 《서울경제》 2014년 4월 18일.
11. 《경향신문》 2016년 6월 30일.
12. 《한겨레》 2016년 7월 11일.
13. 《연합뉴스》 2014년 4월 29일; 2014년 5월 19일.
14. 《아시아경제》 2014년 5월 19일.
15. 《한겨레》 2019년 11월 24일.
16. 감사원, 2014.
17. 민변, 2014, 167쪽(2차 자료).
18. 조영관, 2015, 33쪽; 변협, 2015, 14쪽.
19. 나익주, 2016.

20. 최형섭 외, 2016, 45쪽.

21. 《한겨레》 2014년 4월 18일.

22. 《중앙일보》 2014년 4월 23일.

23. 《동아일보》 2014년 5월 1일.

24. 《중앙일보》 2014년 4월 23일.

25. 《동아일보》 2014년 5월 1일.

26. 민변 세월호 특위, 2014.

27. 《경향신문》 2014년 4월 20일.

28. 김철, 2014; 박상은, 2016.

29. 《한겨레》 2014년 4월 29일; 지주형, 2014.

30. 《경향신문》 2014년 5월 1일.

31. 《머니투데이》 2014년 4월 30일.

32. 변협, 2015, 211~212쪽.

33. 변협, 2015, 213쪽.

34. 《법률신문》 2014년 5월 15일.

35. 가족대책위, 2014a.

36. 변협, 2015, 213~215쪽.

37. 민변, 2014(1차 자료).

38. 국민대책회의, 2014a.

39. 국민대책회의 홈페이지.

40. 민변, 2014(1차 자료).

41. 《슬로우뉴스》 2014년 7월 16일.

42. 변협, 2015, 231~232쪽.

43. 《연합뉴스》 2014년 7월 14일.

44. 《한겨레》 2014년 8월 16일.

45. 《연합뉴스》 2014년 8월 28일.

46. 변협, 2015, 230~262쪽.

47. 《시사IN》 2014년 7월 24일.

48. 《한겨레》 2014년 8월 29일.

49. 최은영, 2016.

50. 《오마이뉴스》 2014년 9월 7일.

51. 《한겨레》 2014년 9월 13일.

52. 변협, 2015, 259쪽.

53. 국민대책회의, 2014b.

54. 국민대책회의, 2014b.

55. 가족대책위·변협·국민대책회의, 2014.

56. 변협, 2014, 222쪽.

57. 강성현, 2016.

58. 페로, 2013; 리즌, 2014.

59. 가족대책위·국민대책회의, 2014; 국민대책회의, 2014b.

60. 국민대책회의, 2014b, 61~63쪽.

61. 국민대책회의, 2014a.

62. 김혜진, 2014b; 미류, 2015.

63. 《연합뉴스》 2014년 7월 24일; 《한겨레》 2014년 7월 29일.

64. 국민대책회의 홈페이지.

65. 《경향신문》 2014년 7월 29일; 강수돌, 2017; 전치형, 2019a.

66. 전치형, 2019a.

67. 박민규, 2014.

68. 이호중, 2013; 노진철, 2016, 60~62쪽.

69. 4·16아카이브, 2014.

70. 국민대책회의 존엄안전위원회, 2014; 국민대책회의·민주노총, 2014.

71. 국민대책회의 존엄안전위원회, 2014, 10쪽.

72. 국민대책회의, 2015a.

73. 박상은, 2015, 162쪽.

74. 기업살인법 간담회, 2015.

75. 중대재해기업처벌법 제정연대, 2015.

76. 이호중, 2015; 박상은, 2015.

77. 이호중, 2015; 중대재해기업처벌법 제정연대, 2015; 박상은, 2015.

78. 이호중, 2015, 21쪽.

79. 박태현, 2016.

80. 박상은, 2015, 171쪽.

81. 황희정, 2018.

82. 채만수, 2014.

83. 미류, 2017.

84. 김영욱 외, 2017; 황희정, 2018.

85. 김영욱 외, 2017.

86. 기업살인법 간담회, 2015.

87. 이호중, 2015, 14쪽.

88. 존엄안전위원회, 2015.

89. 미류, 2019; 4·16연대, 2020a.

90. 4·16연대, 2017a.

91. 《경향신문》 2016년 5월 30일.

92. 《한겨레》 2016년 6월 2일.

93. 《노컷뉴스》 2016년 4월 16일.

94. 민변, 2014, 36~37쪽.

95. 진실의 힘, 2016, 423~424쪽.

96. 《한겨레》 2014년 10월 14일.

97. 진실의 힘, 2016, 568쪽.

98. 4·16가족협의회·4·16연대, 2015.

99. 《경향신문》 2014년 5월 15일.

100. 《경향신문》 2014년 5월 16일.

101. 진실의 힘, 2016, 532쪽.

102. 민변, 2014, 169쪽.

103. 진실의 힘, 2016, 539쪽.

104. 오준호, 2015; 진실의 힘, 2016.

105. 민변, 2014, 58~59쪽.

106. 《연합뉴스》 2014년 4월 16일a; 2014년 4월 16일b.

107. 민변, 2014, 54쪽.

108. 4·16가족협의회·4·16연대, 2015.

109. 변협, 2015, 214~216쪽.

110. 변협, 2015; 강성현, 2016; 특조위 위원장실, 2016; 허준영 외, 2017.

111. 국민대책회의, 2014b; 2014c.

112. 4·16가족협의회, 2015c; 박주민, 2016, 236~237쪽.

113. 국민대책회의, 2014b.

114. 《프레시안》 2016년 1월 14일.

115. 국민대책회의, 2014b.

116. 특조위 위원장실, 2016, 2쪽.

117. 변협, 2015, 226~228쪽.

118. 《연합뉴스》 2014년 7월 16일.

119. 《오마이뉴스》 2014년 7월 28일; 《연합뉴스》 2014년 11월 7일.

120. 《한겨레》 2014년 5월 4일; 《경향신문》 2014년 5월 16일.

121. 박태현, 2016.

122. 이재승, 2016.

123. 《미디어스》 2014년 9월 16일.

124. 4.16세월호참사 작가기록단, 2015; 《시사저널》 1999년 9월 9일.

125. 강원택, 2017; 박종희, 2017.

126. 《오마이뉴스》 2014년 4월 20일; 《시사저널》 1999년 9월 9일.

127. 《오마이뉴스》 2014년 5월 9일; 《시사저널》 1999년 9월 9일.

128. 《시사IN》 2017년 3월 23일.

129. 특조위 위원장실, 2016, 4~8쪽.

130. 국민대책회의, 2015b.

131. 박주민, 2016.

132. 선조위, 2018a.

133. 《한겨레》 2014년 11월 13일; 《고발뉴스》 2015년 1월 27일.

134. 가족대책위, 2014b; 2015.

135. 4·16가족협의회, 2015a.

136. 해양수산부, 2015.

137. 《동아일보》 2015년 4월 2일; 《조선일보》 2015년 4월 2일; 《중앙일보》 2015년 4월 2일.

138. 4·16가족협의회, 2015b.

139. 《한겨레》 2015년 4월 12일.

140. 《연합뉴스》 2015년 4월 17일.

141. 《뉴스타파》 2015년 4월 28일.

142. 《연합뉴스》 2015년 5월 2일.

143. 《연합뉴스》 2015년 5월 5일.

144. 《연합뉴스》 2015년 5월 6일.

145. 《한겨레》 2015년 5월 2일.

146. 오창룡, 2014.

147. 임희섭, 1999; 신진욱, 2007.

148. 오창룡, 2014.

2장 우리는 왜 재난을 조사하는가

1. 전치형, 2019b.

2. Knowles, 2003; Juraku, 2017.

3. Juraku, 2017.

4. Zagart, 2004; Kirchhoff, 2009.

5. Zagart, 2004; 오영신, 2019.

6. Jasanoff, 2005.

7. Fortun,2001.

8. 박상은, 2015.

9. Jasanoff, 2005.

10. Jasanoff, 2005; Fortun, 2012.

11. 김지원, 《주간경향》 2017년 4월 4일; 《경향신문》 2018년 8월 1일.

12. 박상은, 2015.

13. Department of Transport, 1987, 14쪽.

14. 세월호 침몰사고 대응방안 마련을 위한 T/F, 2014, 150~151쪽.

15. Vaughan, 1996.

16. Vaughan, 2006a.

17. Vaughan, 1996, 1999.

18. CAIB, 2003.

19. Vaughan, 2006a, 295쪽.

20. CAIB, 2003, 6쪽.

21. CAIB, 2003, 196쪽.

22. CAIB, 2003, 203쪽.

23. CAIB, 2003, 195쪽.

24. Jasanoff, 2005; Vaughan, 2006a, Kirchhoff, 2009.

25. Vaughan, 2006, 297쪽.

26. 장준갑·심인보, 2014, 120~121쪽.

27. 장준갑·심인보, 2014, 126~131쪽.

28. 9/11 Commission, 2004.

29. 9/11 Commission, 2004, 347~348쪽.

30. Kirchhoff, 2009, 4.

31. Jasanoff, 2005, 224쪽.

32. Vaughan, 2006a.

33. 최형섭 외, 2016.

34. 国会事故調, 2012, 12쪽.

35. 国会事故調, 2012, 16~17쪽.

36. 《파이낸셜뉴스》 2022년 4월 17일.

37. 인천지방해양안전심판원, 1994.

38. 《한국일보》 1993년 10월 29일.

39. 《한국경제》 1993년 12월 2일.

40. 전라북도, 1994, 152쪽.

41. 《안전저널》 2018년 2월 2일.

42. 서울지방검찰청, 1995, 107쪽.

43. 서울지방검찰청, 1995, 366쪽.

44. 서울지방검찰청, 1995.

45. 박희정·이호연, 2017.

46. 《동아일보》 2003년 2월 28일.

47. 《동아일보》 2003년 3월 19일; 《한국경제》 2003년 4월 23일.

48. 최형섭 외, 2016; 《조선일보》 2004년 7월 2일.

49. 대구광역시, 2005, 473쪽.

50. 대구광역시, 2005, 473쪽.

51. 백승대, 2003.

52. 대구 지하철 참사 시민 사회단체 대책위원회, 2003.

53. Tierney, 2007.

54. Fortunetal, 2017.

55. Vaughan, 2005; 2006a; 리즌, 2014.

56. ESReDA, 2009, 4쪽.

57. 리즌, 2014.

58. Vaughan, 2006a.

59. Le Coze, 2013.

60. 벡, 1997.

61. 페로, 2013.

62. Vaughan, 1996.

63. Kirchhoff, 2009, 28쪽.

64. 오창룡, 2014; 나익주, 2015.

65. Juraku, 2017.

66. 송성룡, 2010; 김성주, 2014.

67. 服部, 2003.

68. 服部, 2003; 송성룡, 2010.

69. 김송주, 2014.

70. 服部, 2003; 김송주, 2014.

71. Hilgartner, 2007, 154~155쪽.

72. Hilgartner, 2007; Knowles, 2014; Fortun et al., 2017.

73. Vaughan, 2006b.

74. Knowles, 2014, 781쪽.

75. 오철우, 2016.

76. Kirchhoff, 2009.

77. 서울지방검찰청, 1995, 19쪽.

78. 최형섭 외, 2016.

79. 기업살인법 간담회, 2015.

80. 《한국경제》 2003년 4월 23일.

81. 리즌, 2014.

82. 최형섭 외, 2016.

83. 재난안전가족협의회, 2014.

84. 박상은, 《한겨레21》 2021. 4. 16.

85. 영, 2018.

3장 세월호 특별조사위원회 활동

1. 변협, 2015.

2. 특조위 위원장실, 2016, 그림2 참조.

3. 구의역사고진상규명위원회, 2016; 석탄화력특조위, 2019.

4. 정호기, 2004, 247쪽.

5. 홍석률, 2005, 112쪽.

6. 특조위 위원장실, 2016, 11쪽.

7. 「세월호 특별법 시행령」 제2조.

8. 특조위 사무처, 2016, 22~25쪽.

9. 《법률신문》 2020년 10월 26일.

10. 안전사회소위원회, 2016a, 15.

11. 《프레시안》 2016년 5월 3일.

12. Fortun_et al. 2017.

13. 특조위 사무처, 2016.

14. 国会事故調, 2012, 591쪽.

15. Liverpool Echo, 2012. 9. 12.

16. Jasanoff, 2005.

17. 구의역조사위, 2016; 석탄화력조사위, 2019.

18. 「세월호 특별법」 제6조.

19. 《조선비즈》 2015년 7월 15일.

20. 「의문사위특별법」 제21조, 「과거사정리기본법」 제19조.

21. 진실과화해위원회, 2010.

22. 「세월호 특별법」 제22조; 《참세상》 2015년 9월 8일.

23. 특조위 위원장실, 2016.

24. 특조위 사무처, 2016.

25. 놀스·전치형, 《한겨레》 2018년 4월 16일.

26. 특조위, 2016a; 《경향신문》 2018년 5월 20일.

27. 4·16가족협의회·4·16연대, 2015.

28. 특조위, 2015c.

29. 특조위, 2015c, 51~52쪽, 이호중 위원 발언.

30. 특조위, 2015c, 2015d.

31. 《참세상》 2015년 9월 8일.

32. 박상은, 2018.

33. 특조위 위원장실, 2016; 특조위 사무처, 2016.

34. 홍석률, 2005; 김영수, 2011.

35. 변협, 2015, 13~14쪽.

36. 특조위 위원장실, 2016, 14쪽.

37. 이용우, 2012.

38. 《한겨레21》 2014년 6월 26일; 《경향신문》 2015년 4월 19일.

39. 참여연대, 2014.

40. 《조선일보》 2014년 8월 29일.

41. 특조위 위원장실, 2016, 35~36쪽.

42. 특조위, 2016d, 736쪽.

43. 특조위, 2016d; 특조위 위원장실, 2016.

44. Vaughan, 2006b; Kirchhoff, 2009.

45. Kirchhoff, 2009, 50쪽.

46. 특조위 사무처, 2016, 48~49쪽.

47. 특조위, 2015b.

48. Kirchhoff, 2009.

49. 특조위, 2015c, 34쪽.

50. 특조위, 2015c.

51. 특조위, 2015e, 13쪽.

52. 특조위, 2015e, 24쪽.

53. 특조위, 2015f.

54. 이소망, 2015; 권영빈, 2017.

55. 특조위, 2015f.

56. 특조위, 2015f, 22~24쪽.

57. 특조위, 2015f, 24쪽.

58. 특조위, 2015f.

59. 세월호 특조위 사무처, 2016, 48~51쪽.

60. 「진상규명 조사규칙」.

61. 특조위, 2015g, 14쪽.

62. 특조위, 2015g, 14쪽.

63. 특조위, 2015c, 2015e, 2015f.

64. 특조위, 2015g.

65. 조사관 모임, 2017.

66. 특조위, 2015g, 19~20쪽.

67. 특조위 사무처, 2016.

68. 《프레시안》 2016년 1월 22일.

69. 「세월호 특별법」 25조 1항.

70. 김동춘, 2012.

71. 《프레시안》 2016년 1월 22일.

72. 박상은, 2018.

73. 진상규명소위원회, 2015b; 특조위, 2015g.

74. 진상규명소위원회, 2015b; 특조위, 2015h.

75. 특조위, 2015h; 특조위 위원장실, 2016.

76. 특조위, 2016a, 20쪽.

77. 진상규명소위원회, 2016a; 2016b.

78. 특조위 위원장실, 2016.

79. 문병효, 2016; 전치형, 2019a.

80. 특조위, 2015a; 안전사회소위원회, 2015a.

81. 특조위 위원장실, 2016, 63~65쪽.

82. 안전사회소위원회, 2015a, 7~8쪽.

83. 안전사회소위원회, 2015a.

84. 특조위, 2015e.

85. 특조위 위원장실, 2016.

86. 특조위, 2016b.

87. 특조위, 2016c.

88. 특조위, 2016b.

89. 특조위, 2016b, 2016c.

90. 특조위, 2016b, 33쪽.

91. 특조위, 2016c, 28쪽.

92. 특조위, 2016c, 31쪽.

93. 홍석률, 2005, 121쪽.

94. 특조위, 2015b.

95. 「조사규칙」, 27~28조.

96. 김동춘, 2011.

97. 특조위, 2016f.

98. 진상규명소위원회, 2015b; 특조위, 2015h, 8~9쪽.

99. 진상규명소위원회, 2015b.

100. 진상규명소위원회, 2015b, 5쪽.

101. 진상규명소위원회, 2015b, 5쪽.

102. 특조위, 2015e, 60쪽.

103. 진상규명소위원회, 2015a, 19~22쪽.

104. 진상규명소위원회, 2015a, 2쪽.

105. 특조위, 2015e, 61~62쪽.

106. 특조위, 2016a, 24쪽.

107. 특조위, 2015e, 60~61쪽; 2016e.

108. 진상규명소위원회, 2016h, 2쪽.

109. 안전사회과, 2015; 전규찬, 2015.

110. 특조위 사무처, 2016.

111. 조사관후속모임, 2017.

112. 진상규명소위원회, 2016e, 5; 2016d, 5; 안전사회소위원회 2015b, 33~34쪽.

113. 《경향신문》 2018년 5월 20일.

114. 특조위 위원장실, 2016, 51.

115. 조영관, 2015.

116. 진상규명소위원회, 2016h, 3쪽; 특조위 위원장실, 2016, 53쪽.

117. 특조위 위원장실, 2016, 55쪽.

118. 진상규명소위원회, 2016i.

119. 특조위 위원장실, 2016, 21쪽.

120. 특조위, 2016f.

121. 진상규명소위원회, 2016f, 11~13쪽.

122. 진상규명소위원회, 2016f; 2016g.

123. 진상규명소위원회, 2016f; 2016g.

124. 특조위 위원장실, 2016, 52쪽.

125. 《연합뉴스》 2014년 4월 25일.

126. 이영준, 2010.

127. 강성현, 2016, 236~237쪽; 대한변협, 2015, 262쪽.

128. 「세월호 특별법」 제5조.

129. 이재열, 2017, 31~40쪽; 리즌, 2014, 21쪽; ESReDA, 2009.

130. 특조위 위원장실, 2016; 《오마이뉴스》 2016년 7월 30일.

131. 특조위 위원장실, 2016; 특조위 안전사회소위원회, 2016a.

132. 특조위 안전사회소위원회, 2015b, 2016.

133. 특조위 안전사회소위원회, 2015b, 2016.

134. 안전사회소위원회, 2016, 23~24쪽.

135. 안전사회소위원회, 2016, 40쪽.

136. 특조위 위원장실, 2016, 77~92쪽.

137. 「안전사회소위원회 종합대책 보고서」 초안.

138. 특조위 안전사회소위원회 전문/자문위원, 2016.

139. 특조위 위원장실, 2016.

140. 특조위 조사관모임, 2017.

141. 정근식, 2010; 이영재, 2015.

142. 김동춘, 2011, 215쪽.

4장 2016~2017년 탄핵 정국과 선체조사위원회의 출범

1. 《연합뉴스》 2016년 12월 3일.

2. 《오마이뉴스》 2016년 3월 29일.

3. 《한겨레》 2017년 9월 8일.

4. 박근혜정권퇴진비상국민행동 기록기념위원회 백서팀, 2018.

5. 퇴진행동 백서팀, 2018, 51~56쪽.

6. 《연합뉴스》 2017년 1월 7일.

7. 4·16연대 홈페이지; 4.16연대, 2017a.

8. 《중앙일보》 2016년 12월 26일.

9. 《한겨레》 2014년 5월 13일.

10. 4·16가족협의회, 2017.

11. 헌법재판소, 2017. 강조는 필자.

12. 헌법재판소, 2017.

13. 《JTBC》 2017년 3월 10일.

14. 4·16연대, 2017b.

15. 김현경, 2016.

16. 4·16연대, 2016.

17. 이호영, 2017.

18. 박래군, 2016.

19. 4·16연대, 2015; 박래군, 2016.

20. Tarrow, 2011, 144~145쪽.

21. 김혜진, 2016.

22. Snow & Benford, 1992, 137쪽.

23. Tarrow, 2011, 144~147쪽.

24. 4·16연대 홈페이지.

25.《한겨레》2017년 5월 11일;《연합뉴스》2017년 12월 19일.

26.《연합뉴스》2017년 10월 12일.

27.《경향신문》2017년 10월 16일.

28. 서울중앙지방검찰청, 2018.

29. 4·16연대, 2017c.

30. 4·16연대, 2017d.

31. 4·16연대, 2017e; 2017f.

32. 4·16연대 홈페이지.

33. 4·16연대, 2017d.

34. 4·16연대, 2018b.

35. 4·16연대, 2018c.

36. 4·16연대, 2018d, 17~18쪽.

37. 4·16연대, 2018d, 12~13쪽.

38. 전상진, 2014, 200~211쪽.

39. 전상진, 2014, 217쪽.

40. 선조위, 2018a, 46~52쪽.

41.《중앙일보》2017년 11월 24일.

42. 전치형, 2019.

43. 선조위, 2018a, 46~47쪽.

44. 「세월호 특별법」 제5조, 「세월호선체조사위법」 제5조.

45. 선조위, 2018a, 356쪽.

46. 「세월호선체조사위법」 6조.

47. 선조위, 2018a, 249쪽.

48. 선조위, 2017a; 2017b.

49. 선조위, 2018a.

50. 선조위, 2017c, 37~40쪽.

51. 선조위, 2018a, 50쪽;《중앙일보》2017년 4월 7일.

52. 선조위, 2018a, 53쪽.

53. 선조위, 2017b, 57쪽; 2017d, 53~54쪽.

54. 《중앙일보》 2017년 4월 7일.

55. 《한겨레》 2018년 1월 23일; 4·16연대, 2018a.

5장 선체조사위원회의 두 보고서

1. 세월호 선체조사위원회 종합보고서기획단 외부집필진, 2018년 8월 11일.

2. 《중앙일보》 2017년 11월 24일.

3. 선조위, 2017e, 58쪽.

4. 선조위, 2017e, 59~60쪽.

5. 선조위, 2017e, 60쪽.

6. 선조위, 2018f, 13쪽.

7. 선조위, 2017e, 2018f.

8. 선조위, 2018t, 5쪽.

9. 《법률신문》 2017년 3월 29일.

10. 4.16가족협의회·국민조사위원회·4·16연대, 2017a.

11. 4·16가족협의회·국민조사위원회·4·16연대, 2017b.

12. 선조위, 2017c.

13. 선조위, 2017c, 27쪽.

14. 선조위, 2017c, 29쪽.

15. 선조위, 2017c.

16. 김기흥, 2020.

17. 선조위, 2018a; 2018n.

18. 선조위, 2018d, 426쪽.

19. 진실의 힘, 2016, 394~405쪽.

20. Knowles, 2014, 781쪽.

21. 선조위, 2018a, 298~308쪽.

22. CAIB, 2003.

23. 선조위, 2018t, 36쪽.

24. 「선조위법」 제42조.

25. 선조위, 2018a, 158쪽, 305쪽.

26. 선조위, 2018a, 306쪽.

27. 선조위, 2018g.

28. 선조위, 2018e; 2018t, 15쪽.

29. 선조위, 2018o, 124~125쪽.

30. 선조위, 2018u, 15쪽.

31. 선조위, 2018a, 302쪽.

32. 선조위, 2018d.

33. 선조위, 2018o; 2018p.

34. 선조위, 2018o, 20쪽.

35. 선조위, 2018o, 26쪽.

36. 선조위, 2018r, 133~134쪽.

37. 선조위, 2018o, 2018r, 141쪽.

38. 선조위, 2018a, 169쪽.

39. 《한겨레》 2018년 1월 23일.

40. 선조위, 2018a, 372쪽.

41. 《SBS 뉴스》 2018년 3월 6일.

42. 《노컷뉴스》 2018년 3월 14일.

43. 4·16연대, 2018b; 4·16연대, 2018c.

44. 4·16연대 공동대표 안순호, 2018.

45. 선조위, 2017c, 15쪽, 2018g, 29쪽.

46. 선조위, 2018a, 364쪽.

47. 선조위, 2018i.

48. 선조위, 2018a; 372쪽.

49. 김성수, 2021, 76쪽에서 재인용.

50. 4·16가족협의회, 2018.

51. 선조위, 2018j.

52. 선조위, 2018k; 83.

53. 선조위, 2018n, 63쪽.

54. 선조위, 2018n, 63쪽.

55. 선조위, 2018q, 156쪽.

56. 《미디어오늘》 2017년 11월 28일.

57. 선조위, 2018a, 161쪽, 166~167쪽.

58.《서울경제》 2018년 3월 13일.

59. 선조위, 2018c, 185쪽; 선조위, 2018h.

60.《노컷뉴스》 2016년 9월 27일.

61. 선조위, 2018h.

62. 선조위, 2018b, 18쪽.

63. 선조위, 2018a, 428~430쪽.

64. 선조위, 2018b, 134쪽.

65. 선조위, 2018b, 111쪽; 2018c, 124쪽.

66. 선조위, 2018c, 134쪽.

67. 선조위, 2018b, 133쪽.

68. 선조위, 2018a, 149쪽.

69. 선조위, 2018c, 144~185쪽.

70. 선조위, 2018b, 149~153쪽.

71. 김기흥, 2020.

72. 선조위, 2018l; 2018p.

73. 선조위, 2018l, 43쪽.

74. 선조위, 2018l, 44쪽.

75. 선조위, 2018q, 140쪽.

76. 선조위, 2018l, 44~45쪽.

77. 선조위, 2018n, 92쪽.

78. 선조위, 2018n, 93쪽.

79. 선조위, 2018l, 45쪽.

80. 선조위, 2018a, 139쪽.

81. 선조위, 2018q, 140쪽.

82. 이얼리, 2018, 268쪽.

83. 선조위, 2018l, 3쪽~45쪽.

84. 선조위, 2018x.

85. 선조위, 2018m, 18쪽.

86. 선조위, 2018x, 54쪽.

87. 선조위, 2018o, 99쪽.

88. 선조위, 2018v, 8~9쪽.

89. 선조위, 2018o, 99~101쪽

90. 선조위, 2018p.

91. 《뉴스타파》 2018년 8월 2일.

92. 선조위, 2018b; 2018c.

93. 선조위, 2018a.

94. 선조위, 2018n.

95. 선조위, 2018n, 86쪽.

96. 선조위, 2018n, 88쪽.

97. 선조위, 2018w.

98. 선조위, 2018w, 80쪽.

99. 선조위, 2018w, 81쪽.

100. 선조위, 2018w, 81쪽.

101. 선조위, 2018v; 2018w.

102. 선조위, 2018x.

103. 선조위, 2018x, 13쪽.

104. 선조위, 2018r.

105. 선조위, 2018r, 147~148쪽.

106. 선조위, 2018r.

107. 선조위, 2018b, 158~199쪽.

108. 선조위, 2018b, 88쪽.

109. 선조위, 2018c.

110. 선조위, 2018c, 101쪽, 107쪽, 188쪽.

111. 선조위, 2018c, 185쪽.

112. 《목포MBC》 2018년 8월 1일.

113. 선조위, 2018c, 185쪽.

114. 《뉴스타파》 2018년 8월 7일.

115. 선조위, 2018b, 199쪽; 2018c, 233쪽.

116. 선조위, 2018b, 199쪽; 2018c, 233쪽.

117. 선조위, 2018b; 2018c.

118. 4·16연대, 2018c.

119. Jasanoff, 2005.

120. 선조위, 2018b, 202~208쪽; 2018c, 236~243쪽.

121. 김성은, 2019, 54쪽.

122. 《중앙일보》 2018년 8월 6일.

결론 | 재난조사와 책임

1. 이호중, 2015; 최정학, 2020.

2. 이재승, 2016.

3. 최정학, 2020.

4. 이재승, 2016.

5. 영, 2018, 183~199쪽.

6. CAIB, 2003, 203쪽.

7. 4·16연대, 2020b.

8. 영, 2018, 191쪽.

참고문헌

1차 자료

감사원, 2014, 「세월호 침몰사고 대응 및 연안여객선 안전관리 감독 실태」(2014. 10. 10.)

구의역사고진상규명위원회, 2016, 『구의역 사고 조사보고서』(2016. 7. 28.)

기업살인법 간담회, 2015, 「기업살인법 노동시민사회 워크숍 1차」(2015. 2. 24.)

김철, 2014, 「세월호 참사의 구조적 원인과 한국 사회에 던진 과제들」, 『안전한 일터, 안전한
　　사회 만들기 국제 심포지엄』(2014. 12. 2.)

김혜진, 2014, '안전 사회를 만들기 위한 법과 제도에 대한 우리의 고민', 청와대 농성장 앞
　　발언 녹취록(2014. 09. 22.)

대검찰청, 2014, '세월호 침몰사고 관련 수사 설명자료'(2014. 10. 6.)

대구광역시, 2005, 『대구지하철 중앙로역 화재사고 백서』

대구 지하철 참사 시민 사회단체 대책위원회, 2003, '대구 지하철 참사 시민 사회단체
　　대책위원회 진상조사단 경과 및 입장'(2003. 2. 26.)

대한변호사협회, 2015, 『4·16 세월호 참사 백서』

미류, 2019, '4·16연대 운영위원을 사퇴합니다', 인권운동사랑방 활동가의 편지(2019. 9. 28.)

민주사회를 위한 변호사모임, 2014, '각 당의 세월호 진상규명 특별법에 대한 검토
　　의견서'(2014. 7. 13.)

민주사회를 위한 변호사모임 세월호 참사 진상규명과 법률지원 특별위원회, 2014, '세월호
　　참사 진상규명 17대 과제'(2014. 5. 8.)

박근혜정권퇴진비상국민행동 기록기념위원회 백서팀, 2018, 『박근혜정권 퇴진 촛불의 기록
　　1』

보건복지부, 2016, 『2015 메르스 백서-메르스로부터 교훈을 얻다!』(2016. 7.)

4·16가족협의회, 2015a, '세월호 인양촉구 대국민 호소 기자회견 기자회견문'(2015. 3. 17.)

———— 2015b, '시행령안을 폐기하고 세월호 선체 인양을 공식 선포할 때까지 배보상 절차를 전면 중단하라!!'(2015. 4. 2.)

———— 2015c, '해양수산부의 「4·16 세월호참사 진상규명 및 안전사회 건설 등을 위한 특별법 시행령」 수정안에 대한 4·16 가족협의회의 의견'

———— 2017, 「지나온 선체인양 과정을 돌이켜보다」, 『세월호 인양/미수습자 수습/ 선체조사의 쟁점 국회 토론회』(2017. 3. 23.)

4·16가족협의회, 2018. '세월호 침몰원인 논란에 대해: 더이상 '선'을 넘지 않기를 바랍니다'(날짜?)

4·16가족협의회·국민조사위원회·4·16연대, 2017a, '진실규명·미수습자 수습의 희망이 인양되다'(2017. 3. 23.)

———— 2017b, '잘려나간 램프·진실의 보존을 촉구한다'(2017. 3. 24.)

4·16가족협의회·416연대, 2015, '세월호 인양, 진상규명, 안전사회 대안마련과 추모지원을 위한 82대 과제 발표 기자회견'(2015. 7. 29.)

4·16세월호참사 특별조사위원회, 2015a, '제3차 위원회 회의 회의록'(2015. 4. 2.)

———— 2015b, '제7차 위원회 회의 회의록'(2015. 6. 4.)

———— 2015c, '제9차 위원회 회의 회의록'(2015. 7. 13.)

———— 2015d, '제10차 위원회 회의 회의록'(2015. 7. 27.)

———— 2015e, '제13차 위원회 회의 회의록'(2015. 9. 21.)

———— 2015f, '제14차 위원회 회의 회의록'(2015. 10. 5.)

———— 2015g, '제16차 위원회 회의 회의록'(2015. 11. 2.)

———— 2015h, '제19차 위원회 회의 회의록'(2015. 11. 23.)

———— 2016a, '제24차 위원회 회의 회의록'(2016. 1. 25.)

———— 2016b, '제30차 위원회 회의 회의록'(2016. 4. 18.)

———— 2016c, '제31차 위원회 회의 회의록'(2016. 5. 2.)

———— 2016d, 『1차 청문회 자료집』(2016. 3.)

———— 2016e, 『2차 청문회 자료집』(2016. 6.)

———— 2016f, '4·16세월호참사 초기 구조구난 작업의 적정성에 대한 진상규명 사건의 특별검사 수사를 위한 국회 의결 요청 사유서'(2016. 6.)

———— 2016g, '4·16세월호참사 특별조사위원회 진상규명조사보고서: 세월호 도입 후 침몰까지 모든 항해시 화물량 및 무게에 관한 조사의 건'(2016. 6. 27.)

4·16세월호참사 특별조사위원회 사무처, 2016, 『4·16세월호참사특별조사위원회 청산
　　백서』

4·16세월호참사 특별조사위원회 안전사회과, 2015, '전규찬 교수 초청 강연'(2015. 9. 22.)

4·16세월호참사 특별조사위원회 안전사회소위원회, 2015a, '제1차 안전사회소위원회 회의
　　회의록'(2015. 8. 17.)

_____ 2015b, '제13차 안전사회소위원회 회의 회의록'(2015. 12. 21.)

_____ 2016, '제14차 안전사회소위원회 회의 회의록'(2016. 1. 4.)

4·16세월호참사 특별조사위원회 안전사회소위원회 자문/전문위원, 2016, 『안전사회
　　실현과제 보고서(초안)』

4·16세월호참사 특별조사위원회 위원장실, 2016, 「중간점검보고서」

4·16세월호참사 특별조사위원회 진상규명소위원회, 2015a, '제1차 진상규명소위원회
　　회의록'(2015. 9. 15.)

_____ 2015b, '제5차 진상규명소위원회 회의록'(2015. 10. 27.)

_____ 2016a, '제11차 진상규명소위원회 회의록'(2016. 1. 5.)

_____ 2016b, '제12차 진상규명소위원회 회의록'(2016. 1. 19.)

_____ 2016c, '제15차 진상규명소위원회 회의록'(2016. 2. 16.)

_____ 2016d, '제16차 진상규명소위원회 회의록'(2016. 2. 29.)

_____ 2016e, '제17차 진상규명소위원회 회의록'(2016. 3. 22.)

_____ 2016f, '제18차 진상규명소위원회 회의록'(2016. 4. 14.)

_____ 2016g, '제19차 진상규명소위원회 회의록'(2016. 4. 28.)

_____ 2016h, '제21차 진상규명소위원회 회의록'(2016. 5. 26.)

_____ 2016i, '진상규명조사보고서(안): 선내 대기방송 경위'(2016. 6. 7.)(미공개)

4·16세월호참사 특별조사위원회 조사관 모임, 2017, '세월호 특조위 운영 및 활동 평가 설문
　　결과(요약)'

4·16아카이브, 2014, '세월호 참사 대응 및 존엄과안전위원회 구성 제안을 위한 범인권단체
　　간담회 속기록'(2014. 5. 16.)

4·16연대, 2015, '광주민중항쟁 35주년 4·16연대 5.18 교육자료'(2015. 5. 16.)

_____ 2016, '세월호참사 2주기 긴급 유인물'(2016. 4. 11.)

_____ 2017a, '2017년 4·16연대 3기 총회 자료집'(2017. 3. 5.)

_____ 2017b, '세월호 7시간 제외시킨 것은 상식 밖'(2017. 3. 10.)

_____ 2017c, '황교안을 즉각 처벌하고 관련자를 모두 수사하라'(2017. 5. 29.)

_____ 2017d, '박근혜 정부의 세월호 참사 당일 행적 은폐 조작, 진상규명 방해 행위와

관련된 모든 책임자를 즉각 수사하고 처벌하라!'(2017. 10. 13.)

———— 2017e, 「4·16세월호참사 특별조사위원회 진상규명(설립, 조사) 방해세력 명단 공개」,

『기자회견 자료집』(2017. 10. 17.)

———— 2017f, '세월호참사 진상규명 방해, 특조위 무력화 앞장선 13인 고발 기자회견문'

(2017. 10. 25.)

———— 2018a, '세월호 선체 침몰원인 모형 배 조사 실험'(2018. 2. 1.)

———— 2018b, '세월호 침몰원인 4년 동안 은폐, 국민을 속여 왔다'(2018. 3. 7.)

———— 2018c, '선체조사위 이동곤 위원 물러나고 가담자 전원 책임져라!'(2018. 3. 23.)

———— 2018d, '세월호참사, 전면적 재규명이 필요한 이유'(2018. 9. 3.)

———— 2020a, '2020년 정기총회 안건 2: 비상대책위원회 활동보고'(2020. 3. 22.)

———— 2020b. "2020년 정기총회 안건 7. 2020년 활동계획안."(2020.3.22.)

4·16연대 공동대표 안순호, 2018, '침몰 원인 자유항주 모형실험 은폐, 이동곤 등에 대한

보고: 19차 세월호선체조사위원회 전원위원회 방청 등을 통해 확인한 사실에 관한

보고'(2018. 4. 30.)

서울地方檢察廳, 1995, 『三豊百貨店 崩壞事件 搜査 및 原因糾明鑑定團 活動白書』(1995. 11.)

서울중앙지방검찰청, 2018, '세월호 사고 보고 시각 조작 및 대통령훈령 불법 변개 등 사건

수사결과발표'(2018. 3. 28.)

석탄화력발전소 특별노동안전조사위원회, 2019, 『고 김용균 사망사고 진상조사결과

종합보고서』

세월호 사고(참사) 희생자/실종자/생존자 가족 대책위원회, 2014a, '세월호 참사 진상 규명에

관한 가족대책위원회 성명서'(2014. 5. 16.)

———— 2014b, '팽목항 철수 반대 기자회견 기자회견문'(2014. 11. 18.)

———— 2015, 'MBC 보도행태 규탄 및 선체인양 촉구 기자회견 기자회견문'(2015. 1. 8.)

세월호 사고(참사) 희생자/실종자/생존자 가족

대책위원회·대한변호사협회·세월호참사국민대책회의, 2014, '4·16 진실규명 및

안전사회 건설을 위한 특별법 국민설명회'(2014. 7. 9.)

세월호 사고(참사) 희생자/실종자/생존자 가족 대책위원회·세월호참사 국민대책회의, 2014,

『해외 사례에서 본 세월호 참사 진상규명이 나아가야 할 길』(2014. 12. 9.)

세월호 선체조사위원회, 2017a, '세월호 선체조사위원회 제2차 전원회의 개최

결과보고(안)'(2017. 4. 24.)

———— 2017b, '제3차 전원위원회 회의록'(2017. 4. 28.)

———— 2017c, '제5차 전원위원회 회의록'(2017. 6. 13.)

_____ 2017d, '제8차 전원위원회 회의록'(2017. 8. 4.)

_____ 2017e, '제10차 전원위원회 회의록'(2017. 10. 20.)

_____ 2018a, 『眞立 진실을 세우다: 세월호 선체조사위원회 활동 백서』

_____ 2018b, 『세월호 선체조사위원회 종합보고서 본권 | 침몰원인조사(내인설)』

_____ 2018c, 『세월호 선체조사위원회 종합보고서 본권 | 침몰원인조사(열린안)』

_____ 2018d, 『세월호 선체조사위원회 종합보고서 부속서 4』

_____ 2018e, '제14차 전원위원회 회의록'(2018. 1. 12.)

_____ 2018f, '제15차 전원위원회 회의록'(2018. 1. 24.)

_____ 2018g, '제17차 전원위원회 회의록'(2018. 3. 16.)

_____ 2018h, '제18차 전원위원회 회의록'(2018. 4. 13.)

_____ 2018i, '제19차 전원위원회 회의록'(2018. 4. 27.)

_____ 2018j, '제20차 전원위원회 회의록'(2018. 5. 17.)

_____ 2018k, '제21차 전원위원회 회의록'(2018. 6. 21.)

_____ 2018l, '제22차 전원위원회 회의록'(2018. 7. 6.)

_____ 2018m, '제24차 전원위원회 회의록'(2018. 7. 13.)

_____ 2018n, '제25차 전원위원회 회의록'(2018. 7. 17.)

_____ 2018o, '제26차 전원위원회 회의록'(2018. 7. 20.)

_____ 2018p, '제27차 전원위원회 회의록'(2018. 7. 23.)

_____ 2018q, '제29차 전원위원회 회의록'(2018. 7. 27.)

_____ 2018r, '제30차 전원위원회 회의록'(2018. 7. 31.)

_____ 2018s, '제31차 전원위원회 회의록'(2018. 8. 3.)

_____ 2018t, '제1차 보고서작성기획단 회의 속기록'(2018. 5. 21.)

_____ 2018u, '선체조사위원회 종합보고서작성기획단 2차 회의 속기록'(2018. 6. 22.)

_____ 2018v, '제4차 종합보고서작성기획단회의 속기록'(2018. 7. 16.)

_____ 2018w, '제5차 종합보고서작성기획단회의 속기록'(2018. 7. 19.)

_____ 2018x, '제6차 종합보고서작성기획단회의 속기록'(2018. 7. 23.)

세월호 참사 국민대책회의, 2014a, '세월호 참사 국민대책회의 발족 선언문'(2014. 5. 22.)

_____ 2014b, 『세월호참사 진상규명 특별법, 어떻게 만들어야 하나(토론회 자료집)』(2014. 5. 28.)

_____ 2014c, 『세월호 참사 알고 싶은 것과 밝혀야 할 것들』(2014. 9. 15.)

_____ 2015a, '오룡호 사고책임 회피하는 사조산업 규탄한다!'(2015. 2. 5.)

_____ 2015b, '세월호 특별법 무력화하는 정부의 시행령안 즉각 폐기하라'(2015. 3. 27.)

세월호 참사 국민대책회의·전국민주노동조합총연맹, 2014, 『세월호 참사 이후 정부의
　　안전대책과 문제점』(2014. 10. 29.)

세월호 참사 국민대책회의 존엄과 안전위원회, 2014, 『안전한 사회를 위해 당장 실천해야 할
　　일』(2014. 6. 10.)

───── 2015, 『우리는 안전한 사회로 가고 있는가』(2015. 4. 22.)

세월호 침몰사고 대응방안 마련을 위한 T/F. 2014, 『연안여객선 사고 재발방지 개선방안』

이소망, 2015, '['기억'을 기억하다, 바꿈이 만난 얼굴들]김진 변호사, 세월호 특별조사위원회
　　비상임위원' (2015. 11. 24.)

이원준, 2007, 「다시 되돌아 본 대구지하철 참사와 철도·지하철의 안전 실태」, 『철도·지하철
　　안전과 공공성 강화를 위한 시민사회노동 네트워크(준) 심포지엄』(2007. 2. 14.)

이호중, 2015, 「기업살인법 제정의 필요성과 법안의 주요 내용」, 『세월호 1주기, 기업
　　책임법(기업살인법) 제정 미룰 수 없다』(2015. 4. 28.)

인천해양안전심판원, 1994, 『여객선 서해훼리호 전복사건 재결서』(재결서 제1994-006호)

재난안전가족협의회, 2014, '재난안전가족협의회 총회·출범식 및 세월호 가족들과
　　국민들의 뜻이 반영된 세월호특별법 신속 제정 촉구 기자회견 보도자료'(2014. 8. 12.)

전규찬, 2015, '인간, 시스템 그리고 안전사고', 특조위 강연 자료 PPT(2015. 9. 22.)

전라북도, 1994, 『위도 앞바다 서해훼리호』

조영관, 2015, 「진상규명 경과와 현황」, 『세월호참사 1주기 연속토론회 진상규명과
　　재발방지대책, 어디까지 진행되었나』(2015. 4. 9.), 7~44쪽.

중대재해기업처벌법 제정연대, 2015, '「시민·노동자 재해에 대한 기업·정부 책임자 처벌법」
　　중대재해 기업처벌법 청원입법 기자회견 보도자료'(2015. 7. 22.)

중앙사고 수습대책위원회 서해훼리호 선체 합동조사반,1993, 「서해훼리호 전복 침몰 사고
　　조사 보고서」(1993. 11.)

중앙특별지원단, 2003, 『대구지하철참사수습 중앙특별지원단활동백서』

진실·화해를위한과거사정리위원회, 2010, 『진실화해위원회 종합보고서 Ⅰ: 위원회의 연혁과
　　활동·종합권고』(2010. 12.)

최은영, 2016, 『쇼코의 미소』, 문학동네

해양수산부, 2015, '세월호 배·보상 절차 착수: 4월부터 지역별 현장 설명회 및 현장 접수반
　　운영 보도자료'(2015. 4. 1.)

헌법재판소, 2017, 「대통령 박근혜 탄핵 사건 선고 결정문」(2017. 3. 10.)

환경운동연합, 2009, 『사람과 자연, 생명의 연대를 위하여: 삼성중공업 기름유출사고 2주년
　　환경운동연합 활동백서』

언론기사

《경향신문》, 2014. 4. 20., 「세월호 참사, 한국사회 구조적 모순의 표출이다」

_____ 2014. 4. 24., 「구명조끼 착용 선실 대기, 부력으로 되레 탈출 방해」

_____ 2014. 5. 1., 「"세월호 책임 추궁, 당의 명운 걸겠다" 새정치, 국정조사 요구 '대여 전면전'」

_____ 2014. 5. 15., 「세월호 침몰, 국정원에 가장 먼저 보고됐다」

_____ 2014. 5. 16., 「9시 10분에 첫 보고 받은 국정원, 국회엔 "9시 44분에 알아" 답변」

_____ 2014. 5. 16., 「국가의 방기와 무능도 범죄…… 세월호, 진상규명·처벌 우선」

_____ 2014. 7. 29., 「세월호를 교통사고라 말하는 사람들」

_____ 2014. 10. 6., 「검찰, '부실 구조' 해경 책임만 물어…… 또 '꼬리 자르기' 수사」

_____ 2015. 4. 19., 「재난 후 대응: 미국과 일본은」

_____ 2016. 5. 30., 「컵라면과 공구 남기고 떠난 19살 노동자…… 애도 물결」

_____ 2016. 6. 30., 「이정현 전 청와대 홍보수석 KBS 세월호 보도 개입 녹취록 공개」

_____ 2017. 10. 16., 「검찰, '세월호 7시간 반 조작' 수사 돌입」

_____ 2018. 5. 20., 「원희복의 인물탐구: 제2기 세월호특조위원장 장완익」

_____ 2018. 8. 1., 「'20세기 최악 산재'에 최소의 보상…… 장애 대물림」

《고발뉴스》, 2015. 1. 27., 「이주영 "세월호 인양, 세금으로 부담…… 국민적 합의 필요?"」

《노컷뉴스》, 2016. 4. 16., 「세월호 선원은 왜 자기도 위험해지는 순간까지 대기방송을 했나」

_____ 2016. 9. 27., 「세월호 침몰 결정적 원인 장치 '스테빌라이저' 이미 절단했다」

_____ 2018. 3. 14., 「"세월호 모형시험 결과 은폐 아냐"…… 대검, 의혹 반박」

《뉴스타파》, 2015. 4. 28., 「세월호 시행령 '찔끔 수정' 후 강행…… 정부 수정안 입수」

_____ 2018. 8. 2., 「마린 3차 보고서 단독 입수…… "세월호 외력설은 비현실적 시나리오"」

_____ 2018. 8. 7., 「세월호 선조위 종합보고서 세부 분석…… 사실상 "내인설 4 vs 2 외력설"」

《동아일보》, 2003. 2. 28., 「대구 지하철 방화 "검찰수사 미흡" 국회 진상조사」

_____ 2003. 3. 19., 「대구지하철참사 대검이 직접 재수사」

_____ 2014. 5. 1., 「"미안하다, 못난 어른들 탓에"…… 무력감에 빠진 대한민국」

_____ 2015. 4. 2., 「세월호 희생 단원고 학생 8억 2000만, 교사 11억 4000만원」

_____ 2021. 6. 23., 「일본, 40년 넘은 노후 원전 사상 첫 재가동…… 최대 20년 연장 가능」

《머니투데이》, 2014. 4. 30., 「정의당, 세월호 국정조사·대책기구 구성 제안」

《목포MBC》, 2018. 8. 1., 「세월호 내부 변형 최초 확인…… 외력의 흔적?」

《미디어스》, 2014. 9. 16., 「대국민 담화 약속 말 바꾼 대통령…… "성실히 해명해주십시오"」

《미디어오늘》, 2017. 11. 28., 「시사저널 "세월호 과적 아니다" 선조위 "단정은 성급"」

《법률신문》, 2014. 5. 15., 「'세월호 참사' 이준석 선장 등 선원 4명 살인혐의 기소」

───── 2017. 3. 29., 「세월호 선체조사위원 8명 구성…… 김창준·권영빈 변호사 참여」

───── 2020. 10. 26., 「[판결] "세월호 특조위 활동 방해…… 국가, 위원 당 5000만원
지급하라"」

《서울경제》, 2014. 4. 18., 「20년 넘는 선박·60대 선원 대부분…… 부채율도 최고 1,000%
넘어」

───── 2018. 3. 13., 「『그날, 바다』다큐판 「인터스텔라」예고…… 세월호 침몰 원인을
추적한다」

《슬로우뉴스》, 2014. 7. 16., 「세월호 유가족 특별법에는 의사상자 지정, 특례입학 없다」

《시사저널》, 1999. 9. 9., 「훈장 반납한 씨랜드 참사 유족 김순덕 씨 "이 땅에서 살 의미를
잃었다"」

《시사IN》, 2014. 7. 25., 「세월호 참사 100일, 100시간의 기록: 7월24일 ②」

───── 2017. 3. 23., 유경근, 「언제든 청와대 오라더니 뒤에선 불순분자 취급했다」

《아시아경제》, 2014. 5. 19., 「대국민담화 "진정성 느껴졌다" vs "책임은 말뿐인 유체이탈
화법"」

《안전저널》, 2013. 8. 7., 「국교부, 건설사고조사위원회 설치」

───── 2018. 2. 2., 「안전불감증이란?」

《연합뉴스》, 2014. 4. 16a., 「세월호 침몰 원인 뭘까」

───── 2014. 4. 16b., 「선박전문가 "세월호 침몰, 이해 안 돼…… 결함 가능성"」

───── 2014. 4. 17., 「세월호 침몰 원인, '급격한 변침'에 무게 실린다」

───── 2014. 4. 25., 「세월호참사 열흘 ①: 침몰 원인과 남은 의문점」

───── 2014. 4. 29., 「朴대통령 "국민 여러분께 죄송"…… 세월호 참사 사과」

───── 2014. 5. 19., 「朴대통령 세월호참사 대국민담화 전문」

───── 2014. 7. 14., 「세월호 가족, 특별법 조속 제정 촉구 단식 돌입」

───── 2014. 7. 24., 「주호영 "세월호는 교통사고"…… 野 "유족 가슴에 대못"」

───── 2014. 7. 26., 「이완구 "세월호 특별법 수사권, 사법체계 흔들 수 있어"」

───── 2014. 8. 28., 「김영오 씨 단식 중단…… "장기적인 싸움 준비하겠다"」

───── 2014. 11. 7., 「세월호 유가족 "본회의 통과한 특별법 미흡하나 수용"」

───── 2015. 4. 17., 「세월호 1주년 추모객들 광화문 일대서 경찰과 충돌」

───── 2015. 5. 2., 「세월호 철야집회 등으로 총 42명 연행…… 경찰 10명 부상」

_____ 2015. 5. 5., 「노동절·세월호 시위 금속노조원 등 2명 구속」

_____ 2015. 5. 6., 「세월호 특별법 시행령, 국무회의 통과」

_____ 2017. 1. 7., 「"절대 잊지 않겠다" 세월호 1천일로 새해 연 촛불집회」

_____ 2017. 10. 12., 「세월호 '7시간', 실제론 '7시간 반'이었다」

_____ 2017. 12. 19., 「검찰, 해수부 세월호 특조위 활동방해 혐의 수사…… 동부지검 배당」

_____ 2020. 12. 17., 「'세월호 특조위 방해' 조윤선·이병기 2심 무죄로 뒤집혀」

《오마이뉴스》, 2014. 4. 20., 「16km '분노의 행진' 끝 정부가 내놓은 답변은」

_____ 2014. 5. 9., 「청와대, 대통령 면담 요청 거절 KBS 사장 "상처 드려 죄송하다"」

_____ 2014. 7. 28., 「법학자 229명 "세월호 특별법 수사권, 헌법상 문제없어"」

_____ 2014. 9. 7., 「피자 100판 먹으며 "일베가 나라의 중심" 폭식 투쟁」

_____ 2016. 7. 30., 「이영광의 거침없이 묻는 인터뷰 338: 이호중 서강대 법학전문대학원
교수 "특정 계정서 세월호 비난 글 올려, 상당히 조직적"」

《조선비즈》, 2015. 7. 15., 「세월호 特調委 민간 직원 중 선박전문가 '0'」

《조선일보》, 2004. 7. 2., 「尹 전 지하철사장 무죄 高法, 증거인멸 무혐의」

_____ 2014. 8. 29., 「野 세월호 국조특위, 2차 국정조사 촉구…… "청문회 실시해야"」

_____ 2015. 4. 2., 「'세월호 배·보상' 학생 1인당 8억 2000만원」

《주간경향》, 2020. 4. 20., 「원희복의 인물탐구: 세월호참사가족협의회 대표 장훈
"생명안전기본법 제정하라"」

《중앙일보》, 2014. 4. 23., 「어른인 것이 미안합니다」

_____ 2015. 4. 2., 「세월호 학생 유가족에 1인당 8억 2000만 원 배상, 위로금 지급」

_____ 2016. 12. 26., 「자로, 세월호 침몰 다룬 '세월X' 풀버전 전격 공개」

_____ 2017. 4. 7., 「세월호 선체 조사 7일부터 시작…… 육상 거치 빨라야 8일 오후에 가능」

_____ 2017. 11. 24., 「사회적 참사법 통과, 세월호 조사 2년 더…… '패스트 트랙'으로 첫
통과」

_____ 2018. 8. 6., 「"내인설 vs 열린 안" 세월호 선조위, 공통 결론 못 내고 활동 종료」

《참세상》, 2015. 9. 8., 「세월호 진상조사 신청 받는데도 감사원 자료 답변 없어」

《파이낸셜뉴스》, 2022. 4. 17., 「"이제는 돌려야 할 때" 일본 원전 재가동으로 우향우」

《프레시안》, 2016. 1. 14., 「MB때 협조공문 보내면 '불가' 한 줄 답장」

_____ 2016. 1. 22., 「세월호 특위 실패한다면, '중립성' 덫 때문」

_____ 2016. 5. 3., 「박근혜, 총선 민의 오독…… 세월호법 개정해야」

《한겨레》, 2014. 4. 18., 「MB 때 '규제 완화' 안했으면 '세월호 참사' 없었다」

_____ 2014. 4. 29., 「진짜 살인자는 선장이 아니라 신자유주의」

───── 2014. 5. 4., 「죄인의 삶 11년…… 진짜 아픔은 무관심」

───── 2014. 5. 13., 「잠수함 충돌? 손가락 골절 시신 발견? '세월호 6가지 루머'와 팩트 확인」

───── 2014. 7. 29., 「새누리 또 유족 가슴에 '못질'…… 홍문종 "세월호는 일종의 교통사고"」

───── 2014. 8. 16., 「"단식 유민이 아빠 꼭 안아주세요"…… 약속 지킨 교황」

───── 2014. 8. 29., 「광화문광장과 청운동에 '세월호 공동체'가 피었습니다」

───── 2014. 9. 13., 「일베, 세월호 유족 앞에서 이번엔 '초코바 패륜'」

───── 2014. 10. 14., 「유족들 세월호 항적 복원…… '사라진 29초' 찾아내」

───── 2014. 11. 13., 「새누리 김진태 "돈 너무 많이 들어"…… '세월호 인양 포기' 주장」

───── 2015. 4. 12., 「눈물 닦아주긴커녕…… 세월호 집회에 최루액 뿌린 경찰」

───── 2015. 5. 2., 「'최루액 물대포' 다시 쏴대는 경찰…… "끔찍한 수준"」

───── 2016. 6. 2., 「세월호 유가족, 구의역 사고 김 군 가족 위로…… 서로에게 "미안하다"」

───── 2016. 7. 11., 「'이정현 보도 통제' 녹취록 네 가지 포인트」

───── 2017. 5. 11., 「문 대통령, '국정농단·세월호 은폐' 진상조사 지시」

───── 2017. 9. 8., 「법원 "세월호 특조위 활동 기간 자의적 축소는 부당"」

───── 2018. 1. 23., 「세월호 모형 제작, 4년 만에 침몰원인 밝힌다」

───── 2018. 8. 6., 「세월호 침몰 원인 못 밝힌 채 '두 개의 결론'」

───── 2019. 11. 24., 「해경 수뇌부 면죄부 준 세월호 수사…… "전방위 조사 계획" 외압에 꺾였나」

《한겨레21》, 2014. 6. 26., 「해외 참사 진상조사, 피해자와 가족들이 중심이다」

《한국경제》, 1993. 12. 2., 「검찰, 서해훼리호 침몰사고 마무리 수사에 착수」

───── 2003. 4. 23., 「대검 특별수사본부 해체, 수사결과 발표」

《한국일보》, 1993. 10. 29., 「침몰원인 본격 규명작업/훼리호 오늘 제작사 옮겨」

《SBS 뉴스》, 2018. 3. 6., 「[단독] "참사 직후 모형 수조 실험"…… 4년간 은폐」

《JTBC》, 2017. 3. 10., 「"왜 세월호만 안 됩니까"…… 선고 지켜본 가족들 '눈물'」

───── 2018. 8. 8., 「이규연의 스포트라이트: 두 개의 결론, 세월호 진실은?」

법령

「4·16세월호참사 진상규명 및 안전사회 건설 등을 위한 특별법」(2015. 1. 1. 시행)

「4·16세월호참사 진상규명 및 안전사회 건설 등을 위한 특별법 시행령」(2015. 5. 11. 시행)

「4·16세월호참사 특별조사위원회 진상규명 조사에 관한 규칙」(2015. 9. 25. 시행)

「세월호 선체조사위원회의 설치 및 운영에 관한 특별법」(2017. 3. 21. 시행)

「의문사진상규명에관한특별법」(2002. 3. 25. 시행)
「진실·화해를 위한 과거사정리 기본법」(2005. 12. 1. 시행)

웹사이트

세월호참사 국민대책회의 홈페이지 http://sewolho416.org
4·16연대 홈페이지 http://416act.net
해양안전심판원 홈페이지 https://www.kmst.go.kr
항공철도사고조사위원회 홈페이지 https://araib.molit.go.kr

2차 자료

국내 문헌

강성현, 2016, 「피해자와 사회 중심의 진상 규명과 정의 수립은 가능한가: 과거사와 세월호
　　참사 진상 규명을 둘러싼 쟁점과 평가」, 김종엽 외, 『세월호 이후의 사회과학』, 그린비,
　　225~260쪽.

강수돌, 2017, 「세월호 참사와 기업·정부의 사회적 무책임: 중독조직 이론의 시각」,
　　서재정·김미경 엮음, 『침몰한 세월호, 난파하는 대한민국: 압축적 근대화와 복합적
　　리스크』, 한울아카데미, 84~126쪽.

강원택, 2017, 「사회적 이슈와 정치 갈등: 세월호 사건을 중심으로」, 이재열 외, 『세월호가
　　묻고, 사회과학이 답하다』, 도서출판 오름, 147~177쪽.

권영빈, 2017, 『머나먼 세월호』, 도서출판 펄침.

김근휘, 2020, 「국내 항공·철도사고조사위원회의 독립성 강화 방안 연구」, 『Crisisonomy』
　　16(6), 47~62쪽.

김기흥, 2020, 「포항지진과 시민인식론」, 김진희 외, 『포항지진 그 후: 재난거버넌스와 재난
　　시티즌십』, 나남, 135~187쪽.

김동춘, 2011, 「진실화해위원회 활동을 돌아보며」, 『황해문화』 72, 215~238쪽.

＿＿＿＿ 2012, 「지연된 진실규명, 더욱 지연된 후속작업: 진실화해위원회 활동의 완수를 위한
　　과제들」, 『역사비평』 99, 200~221쪽.

김성규, 2010, 「양벌규정의 문제점과 법인처벌의 개선방안」 국회입법조사처
　　정책연구용역보고서

김성수, 2021, 「세월호 침몰 원인 논쟁의 형해화(形骸化)와 언론: 저널리즘의 규범적 원칙을
　　중심으로 한 비평적 분석」, 『과학기술학연구』 21(2), 50~90쪽.

김성은, 2019, 「수리공은 왜 선로 안쪽에 들어가야만 했나?: 구의역 사고의 내러티브와 기계비평」, 전치형 외, 『기계비평들』, 워크룸프레스, 53~75쪽.

김송주, 2014, 「항공사고조사제도의 쟁점과 향후 과제」, 『국회입법조사처 현안보고서』 235(2014. 7. 15.)

김영수, 2011, 「한국 과거사정리와 국가의 전략」, 『역사연구』 21, 141~167쪽.

김영욱·함승경·김영지, 2017, 「세월호 침몰 사건의 미디어 담론 분석: 비판적 담론분석(CDA)과 빅데이터 언어네트워크 분석의 결합」, 『한국언론정보학보』 83, 7~38쪽.

김지원, 2017. 4. 4., 「"엄마, 숨이 안 쉬어져" 인도 보팔 참사 33년, 한국에 주는 교훈」, 《주간경향》

김현경, 2016, 「세월호와 동정피로」, 《한겨레》, 2016. 3. 21.

김혜진, 2016, 「800일의 세월호 참사, 800일의 진실 은폐」, 『워커스』 16호.

나익주, 2016, 「세월호 참사와 프레임 전쟁」, 이병천 외, 『세월호가 남긴 절망과 희망: 그날, 그리고 그 이후』, 한울아카데미, 162~191쪽.

노진철, 2016, 「국가 중심 신자유주의와 해양 안전 탈규제」, 『신자유주의와 세월호 이후 가야 할 나라』, 앨피.

놀스·전치형, 2018, 「세월호 특조위는 무슨 기구이며, 뭘 조사해야 하는가」, 《한겨레》, 2018. 4. 16.

리즌, 제임스, 2014, 『인재는 이제 그만』, 백주현 역, GS인터비전.

문병효, 2016, 「세월호와 법, 국가의 의미: '세월호 특별법'을 중심으로」, 이병천 외, 『세월호가 남긴 절망과 희망: 그날, 그리고 그 이후』, 한울 아카데미, 192~217쪽.

미류, 2015, 「특별법 이후, 416 운동으로 다시 한걸음」, 『진보평론』 63, 96~105쪽.

_____ 2017, 「세월호 참사, 진실과 정의를 이루기 위해」, 『진보평론』 72, 212~227쪽.

민주사회를 위한 변호사모임, 2014, 『416세월호 민변의 기록』, 생각의길.

박래군, 2016, 「세월호 참사의 현재적 의미와 사회운동의 과제」, 『의료와 사회』 4, 68~74쪽.

박민규, 2014, 「눈먼 자들의 국가」, 김애란 외, 『눈먼 자들의 국가』, 문학동네.

박상은, 2015, 『대형사고는 어떻게 반복되는가: 세월호 참사 이후 돌아본 대형사고의 역사와 교훈』, 사회운동.

_____ 2016, 「세월호 참사의 원인과 안전사회로 가는 길」, 『세월호가 남긴 절망과 희망: 그날, 그리고 그 이후』, 한울아카데미, 33~51쪽.

_____ 2018, 「세월호 특조위 사례를 통해 본 재난조사위원회의 역할」, 『문재인 정부 1년 생명과 안전의 권리는 어디쯤 왔나 토론회 자료집』

_____ 2021. 4. 16., 「왜 파도 파도 끝이 없을까」, 《한겨레21》 1358

박종희, 2017, 「왜 세월호 참사는 극단적으로 정치화되었는가?: 재난정치의 딜레마」, 이재열
　　외, 『세월호가 묻고, 사회과학이 답하다』, 도서출판 오름, 179~226쪽.

박주민, 2016, 「4·16 세월호 참사 특별조사위원회의 탄생과 그 의미」, 『세월호가 남긴 절망과
　　희망: 그날, 그리고 그 이후』, 한울아카데미, 218~254쪽.

박태현, 2016, 「세월호의 위험과 대응: 개인 책임을 넘어 기업·국가 책임으로」, 이병천 외,
　　『세월호가 남긴 절망과 희망: 그날, 그리고 그 이후』, 한울아카데미, 104~124쪽.

박희정·이호연, 2017, 「지역정치와 비용절감이 밀어낸 '안전'」, 4·16세월호참사 작가기록단
　　재난참사기억프로젝트팀, 『재난을 묻다』, 2017, 서해문집.

백승대, 2003, 「대구 지하철 사고와 시민단체의 대응: 2·18 지하철 사고를 중심으로」,
　　『대한정치학회보』 11(2), 79~96쪽.

벡, 울리히, 1997, 『위험사회-새로운 근대(성)를 향하여』, 홍성태 옮김, 새물결.

4·16세월호참사 작가기록단, 2015, 『금요일엔 돌아오렴: 240일간의 세월호 유가족
　　육성기록』, 창비.

세월호선체조사위원회 종합보고서기획단 외부집필진, 2018, 「다른 복원성 수치는 다른
　　결론으로 이어졌다」, 《한겨레》, 2018. 8. 11.

세월호특조위 조사관 모임, 2017, 『외면하고 회피했다』, 북콤마.

송성룡, 2010, 「항공 우주 해상 분야: 항공기사고에 대한 기술적 조사와 사법적 조사의
　　관계」, 『韓國航行學會論文誌』, 14(4), 467~478쪽.

신진욱, 2007, 「사회운동의 연대 형성과 프레이밍에서 도덕감정의 역할」, 『경제와 사회』 73,
　　203~245쪽.

영, 아이리스 매리언, 2018, 『정의를 위한 정치적 책임』, 이화여자대학교출판문화원,
　　허라금·김양희·천수정 옮김.

오영신, 2019, 「대형 인명사고·공적 관심사에 대한 영국의 공적 조사위원회 제도와 그
　　시사점」, 『입법학연구』 16(1), 65~88쪽.

오준호, 2015, 『세월호를 기록하다』, 미지북스.

오창룡, 2014, 「세월호 참사와 책임회피 정치: 신자유주의 국가권력의 무능 전략」,
　　『진보평론』 61, 37~52쪽.

오철우, 2016, 『천안함 '과학 논쟁'의 성격과 구조: 민군 합동조사단(JIG)의 증거와 실행에
　　대한 논쟁을 중심으로』, 서울대학교 과학사 및 과학철학 협동과정 박사논문.

이얼리, 스티븐, 2018, 『과학학이란 무엇인가』, 김명진 옮김, 그린비.

이영재, 2015, 「다층적 이행기 정의의 포괄적 청산과 화해 실험: 진실화해위원회의
　　진실화해모델을 중심으로」, 『정신문화연구』 38(4), 121~152쪽.

이영준, 2010, 「[대중예술과 테크놀로지] 사고의 트라우마와 그 치유책으로서의
　　　사고조사보고서: 괌 대한항공추락사고의 경우」, 『美學·藝術學研究』 31, 5~40쪽.

이용우, 2012, 「청문회 제도의 의의와 개요」, 『자치발전』 2012(2), 146~153쪽.

이재승, 2016, 「인권의 시각에서 본 세월호 사건」, 김종엽 외, 『세월호 이후의 사회과학』,
　　　그린비, 333~360쪽.

이재열, 2017, 「제1장 세월호 참사, 시스템 이론으로 본 원인과 대책」, 이재열 외, 『세월호가
　　　묻고 사회과학이 답하다』, 도서출판 오름, 17~68쪽.

이호영, 2017, 「세월호 특조위 활동과 박근혜 정부의 방해」, 『민주법학』 63, 205~243쪽.

이호중, 2013, 「사회안전과 형사실체법의 변화, 과제와 전망: 신자유주의 안전담론을
　　　중심으로」, 『刑事法研究』 25(3), 269~309쪽.

임희섭, 1999, 『집합행동과 사회운동의 이론』, 고려대학교 출판부.

장준갑·심인보, 2014, 「미국 9·11 진상조사위원회 활동과 보고서」, 『역사비평』 109,
　　　119~143쪽.

재서노프, 실라, 2019, 『누가 자연을 설계하는가』, 박상준·장희진·김희원·오요한 옮김,
　　　동아시아.

전상진, 2014, 『음모론의 시대』, 문학과지성사.

전치형, 2019a, 「고립된 배: 세월호라는 기계를 어떻게 해석할 것인가」, 전치형 외,
　　　『기계비평들』, 25~50쪽.

─── 2019b, 『사람의 자리』, 이음.

─── 2020, 「마린의 끈질긴 '세월호 과학', 국제 여객선 안전기준 바꾼다」, 《한겨레》, 2020.
　　　4. 4.

정근식, 2010, 「진실규명과 화해, 어디까지 왔는가」, 『황해문화』 67, 86~119쪽.

정용택, 2016, 「세월호를 해석하는 네 가지 프레임: 사고, 사건, 사태, 그리고 사화에
　　　관하여」, 김종엽 외, 『세월호 이후의 사회과학』

정호기, 2004, 「한국 과거청산의 성과와 전망: 과거청산 관련 국가기구의 활동을 중심으로」,
　　　『역사비평』 69, 238~261쪽.

지주형, 2014, 「세월호 참사의 정치사회학: 신자유주의의 환상과 현실」, 『경제와 사회』 104,
　　　14~55쪽.

진실의 힘 세월호 기록팀, 2016, 『세월호, 그날의 기록』, 진실의 힘.

진태원, 2017, 「3장 세월호라는 이름이 뜻하는 것: 폭력, 국가, 주체화」, 『을의 민주주의』,
　　　그린비.

참여연대, 2014, 「해외의 재난 후 진상규명위원회 사례: 미국·일본·호주의 사례와 세월호

특별법 제정을 위한 시사점」, 참여연대 이슈리포트, 2014. 6. 22.

최정학, 2020, 「중대재해 기업처벌법안(노회찬 의원안)에 대한 몇 가지 제언」, 『민주법학』 73.
283~311쪽.

채만수, 2014, 「세월호 학살에 대한 두 태도: 그 차이의 기원과 기능」, 『정세와노동』 103,
8~20쪽.

최형섭·전치형·홍덕화 외, 2016, 「해양/대형 재난사고의 원인 및 정부대책의 적정성 검토:
재난에서 배우지 않기: 서해훼리호에서 세월호까지 재난 이후 사회적 학습 실패의 역사」,
4·16세월호참사 특별조사위원회 안전사회 소위원회 자문/전문위원, 『안전사회 실현과제
보고서(초안)』

페로, 찰스, 2013, 『무엇이 재앙을 만드는가?』, 김태훈 옮김, RHK.

한국교통연구원, 2017, 「NTSB(미연방교통안전위원회) 사고조사체계에 대한 조사분석을 위한
국외출장보고서」, 2017. 9.

한성훈, 2013, 『기업처벌 법리의 재구성』, 한국학술정보.

허준영·윤건·임성근, 2017, 「한국과 일본의 재난사고 관련 조사위원회 비교 연구: 세월호
사고와 후쿠시마 원자력발전소 사고 사례」, 『한국비교정부학보』 21(3), 1~28쪽.

홍석률, 2005, 「의문사 진상규명: 과거청산을 위한 진상규명의 시도와 쟁점」, 『민주사회와
정책연구』 8. 103~137쪽.

홍성욱, 2020, 「'선택적 모더니즘'(elective modernism)의 관점에서 본 세월호 침몰 원인에
대한 논쟁」, 『과학기술학연구』 20(3), 99~144쪽.

황희정, 2018, 「양극화된 한국 정치담론과 사회갈등에 대한 분석: 세월호 참사 언론보도를
중심으로」, 한양대학교 정치외교학과 석사학위논문.

국외 문헌

9/11 Commission, 2004, Final Report of the National Commission on Terrorist
Attacks upon the United States, Washington DC: US Government Printing
Office.

CAIB(Columbia Accident Investigation Board), 2003, "Report of Columbia Accident
Investigation Board, Volume I"(2003. 8. 26.)

Department of Transport, 1987, mv HERALD OF FREE ENTERPRISE Report of Court
No. 8074. Formal Investigation.

ESReDA(European Safety Reliability and Data Association), 2009, "Guidelines for
Safety Investigations of Accidents."

Fortun, Kim, 2001, *Advocacy after Bhopal*, University of Chicago Press.

____ 2012, "Ethnography in Late Industrialism," *Cultural Anthropology*. 27(3), pp. 446~464.

Fortun et al, 2017, "Researching Disaster from an STS Perspective," *The Handbook of Science and Technology Studies*, The MIT Press.

Hilgartner, Stephen, 2007, "Overflow and Containment in the Aftermath of Disaster," *Social Studies of Science*, 37(1), pp. 153~158.

Jasanoff, Sheila, 2005, "Restoring reason: causal narratives and political culture," in Bridget Hutter and Michael Powe eds., *Organizational Encounters with Risk*, Cambridge University Press.

Juraku, Kohta, 2017, "Why Is It so Difficult to Learn from Accidents," in Joonhong Ahn ed., *Resilience: A New Paradigm of Nuclear Safety*, Springer International Publishing.

Kirchhoff, Christopher, 2009, "Fixing the national security state_commissions and the politics of disaster and reform," doctoral dissertation, Faculty of Politics, Psychology, Sociology, and International Stedies, Cambridge University.

Knowles, Scott, 2003, "Lessons in the Rubble: The World Trade Center and the History of Disaster Investigations in the United States," *History and Technology* 19(1) pp. 9~28.

_____ 2014, "Learning from Disaster? The History of Technology and the Future of Disaster Research," *Technology and Culture* 55(4), pp. 773~784.

Le Coze, Jean Christophe, 2013, "What have we learned about learning from accidents? Post-disasters reflections," *Safety Science* 51, pp. 441~453.

Liverpool Echo, 2012. 9. 12., "Who are the members of the Hillsborough Independent Panel?"

Snow, D. and Benford, R, 1992, "Master Frames and Cycles of Protest." In Morris, A. and Mueller, C.M eds., *Frontiers in Social Movement Theory*, Yale University Press.

Tarrow, Sidney, 2011, *Power in Movement: Social Movenents and Contentious Politics*, Cambridge University Press.

Tierney, Kathleen J, 2007, "From the Margins to the Mainstream? Disaster Research at the Crossroads," *Annual Reviews of Sociology* 33, pp. 503~25.

Vaughan, Diane. 1996. *The Challenger Launch Desision: Risky Technology, Culture, and Deviance at NASA*, University of Chicago Press.

_____ 2005, "Organizational rituals of risk and error," in Hutter, Bridget and Power, Michael eds., *Organizational Encounters With Risk*, Cambridge University Press, pp.33~66.

_____ 2006a, "The Social Shaping of Commission Reports," *Sociological Forum*, 21(2), pp.291~306.

_____ 2006b, "NASA Revisited: Theory, Analogy, and Public Sociology," *American Journal of Sociology*, 112(2). pp.353~393.

Zagart, Amy B, 2004, "Blue Ribbons, Black Boxes: Toward a Better Understanding of Presidential Commissions," *Presidential Studies Quarterly* 35(2), pp.366~393.

東京電力福島原子力発電所事故調査委員会, 2012,『国会事故調 報告書』

服部健吾, 2003,「事故調査における情報の取扱いを巡って-日米の航空事故調査を素材に-」,『科学技術研究論文集』 1, pp. 188~197.

세월호, 우리가 묻지 못한 것
재난 조사 실패의 기록

초판 1쇄 발행 2022년 7월 5일
지은이 박상은
펴낸이 박동운
펴낸곳 (재)진실의 힘
서울시 중구 세종대로 19길 16 성공회빌딩 3층
www.truthfoundation.or.kr   truthfoundation@hanmail.net

기획 김정은
편집 김희진
디자인 공미경
인쇄·제본 한영문화사

ISBN 979-11-957160-6-7 03330